Im Westen viel Schatten -

Die Wiederkehr des Faschismus in der modernen Politik

Ralf Schönert

Im Westen viel Schatten -

Die Wiederkehr des Faschismus in der modernen Politik

Ralf Schönert

Impressum

Bibliografische Information der Deutschen Nationalbibliothek:
Die Deutsche Nationalbibliothek verzeichnet diese Publikation in der
Deutschen Nationalbibliografie; detaillierte bibliografische Daten sind im
Internet über http://dnb.dnb.de abrufbar.

Verlag: BoD · Books on Demand GmbH, In de Tarpen 42,

22848 Norderstedt

Druck: Libri Plureos GmbH, Friedensallee 273, 22763 Hamburg

ISBN: 978-3-7597-9676-9

Inhaltsverzeichnis

1. Einführung...6

2. Historische Wurzeln des Konservatismus........................11

3. Aufstieg des Faschismus...21

4. Moderne rechte Ideologien..33

5. Konservatismus in der globalen Politik.........................44

6. Faschismus und seine Manifestationen im 20. Jahrhundert..........89

7. Rechtsextremismus heute...118

8. Psychologie des Extremismus.....................................161

9. Wirtschaftliche Aspekte..167

10. Kulturelle Einflüsse und Medien................................176

11. Gegenbewegungen..185

12. Bildung und Ideologie...191

13. Rechtsstaatlichkeit und Demokratie.............................217

14. Internationale Beziehungen......................................228

15. Zukunftsperspektiven..240

1. EINFÜHRUNG

Die Konzepte von Konservatismus, Faschismus und rechter Ideologie sind tief verwurzelt in der politischen Theorie und Geschichte. Diese Ideologien haben nicht nur die Politik vieler Länder geformt, sondern auch die Art und Weise, wie Gesellschaften ihre kollektiven Identitäten und Werte verstehen und artikulieren. Nachfolgend werde ich kurz die Definitionen und grundlegenden Prinzipien dieser Ideologien beschreiben, um ein solides Verständnis ihrer Ursprünge, Merkmale und ihrer unterschiedlichen Manifestationen zu entwickeln.

Konservatismus: Definition und Geschichte

In den verworrenen Wirren der Geschichte, in einer Epoche, als Europa von den Stürmen radikaler Ideen und revolutionärer Leidenschaften geschüttelt wurde, entstand eine politische und soziale Philosophie, die wie ein Fels in der Brandung stand: der Konservatismus. Dieser war nicht bloß eine Antwort auf die voranschreitende Moderne, sondern eine tiefe Sehnsucht nach Ordnung inmitten des Chaos.

Im späten 18. und frühen 19. Jahrhundert, als die Aufklärung den Kontinent mit einem neuen Licht der Vernunft und des kritischen Denkens erfüllte und die Französische Revolution wie ein mächtiges Beben die alte Welt erschütterte, fanden sich Männer und Frauen, die sich von der rasanten Geschwindigkeit des Wandels überwältigt fühlten. In dieser Zeit des Umbruchs, wo alte Strukturen bröckelten und neue Ideen das gesellschaftliche Gefüge herausforderten, war es Edmund Burke in Großbritannien, der die Stimme der Vorsicht und der Bewahrung erhob.

Burke, ein brillanter Denker und feinsinniger Beobachter der menschlichen Natur, verteidigte leidenschaftlich die Notwendigkeit geordneter Institutionen. Er warnte vor den Gefahren, die radikale Umstürze mit sich bringen können – vor allem die Erosion bewährter gesellschaftlicher Strukturen, die das Fundament der Zivilisation bildeten. Er argumentierte, dass gesellschaftliche Veränderungen organisch erfolgen sollten, in einem Tempo, das Traditionen respektiert und Chaos sowie Anarchie verhindert. Für Burke und seine Zeitgenossen war der Konservatismus nicht einfach eine politische Haltung, sondern eine Lebensweise, die die Bedeutung von sozialer Stabilität, die Beibehaltung traditioneller Normen und Werte und eine tiefe Skepsis gegenüber unerprobten Neuerungen betonte.

Diese philosophische Strömung entwickelte sich als ein mächtiger Gegenpol zu den revolutionären Ideen der Zeit. Konservative sahen sich als Bewahrer einer gefährdeten Ordnung, als Hüter eines kostbaren Erbes. Sie glaubten, dass jede Generation eine Brücke zwischen der Vergangenheit und der Zukunft darstellt, und dass es ihre heilige Pflicht sei, diese Brücke zu stärken und nicht leichtfertig einzureißen.

So wurde der Konservatismus mehr als nur eine Antwort auf politische Umwälzungen – er wurde zu einem Symbol der Kontinuität und der bedachten Evolution. In den Annalen der Geschichte erscheint der Konservatismus daher nicht als eine starre Ablehnung des Neuen, sondern als eine bedachte, ja ehrfürchtige Anerkennung der Weisheit, die in den Lehren der Vergangenheit schlummert.

Faschismus: Ursprünge und Kernideen

In den Schatten der modernen Geschichte, während das 20. Jahrhundert seine ersten Schritte machte, formte sich eine Ideologie, die wie ein dunkler Sturm heraufzog: der Faschismus. Diese politische Bewegung, radikal und autoritär, suchte die Macht in ihrer absoluten Form und setzte auf eine strikte Regime-Orientierung, die tief in das gesellschaftliche und wirtschaftliche Gefüge eingriff. Ihr auffälligster Vertreter, Benito Mussolini, trat in Italien auf die Bühne der Weltgeschichte, gefolgt von Adolf Hitler, der Deutschland unter seine eiserne Hand zwang. Der Faschismus zog seine Energie aus der Vorstellung einer nationalen Einheit, die als organische Ganzheit betrachtet wurde. In dieser Sichtweise waren die Bedürfnisse des Staates erhaben und unanfechtbar, gestellt weit über die individuellen Rechte und Freiheiten des Einzelnen. Dieses ideologische Konstrukt erforderte eine absolute Loyalität seiner Bürger, eine Loyalität, die durch intensive Propaganda und durch die systematische Unterdrückung jeglicher Opposition erzwungen wurde.

Die faschistischen Regime propagierten eine starke Ablehnung der Aufklärungsideale von Freiheit, Gleichheit und Brüderlichkeit. Diese Ideen, die einst als Leuchtfeuer der demokratischen Revolutionen dienten, wurden als schwächend und spaltend verurteilt. Stattdessen sollten die Bürger ihre individuellen Bestrebungen dem kollektiven Willen unterordnen, eine Doktrin, die die nationale Einheit und Stärke fördern sollte. Diese dunkle Vision des Faschismus baute auf der Angst vor dem Anderen und dem Fremden auf und nutzte soziale Unsicherheiten, um eine homogene, durch Autorität geeinte Gesellschaft zu schaffen. In der Erzählung des Faschismus war kein Platz für Widerspruch oder Abweichung; stattdessen wurde die Vision einer monolithischen Gemeinschaft beschworen, die in ihrer Gleichschaltung als Festung gegen die Unwägbarkeiten der modernen Welt stand. So entstand eine der gefährlichsten Ideologien des 20. Jahrhunderts, die nicht nur einzelne Nationen, sondern die ganze Welt in den Abgrund zu ziehen drohte. Der Faschismus, ein Begriff, der heute für viele das ultimative Beispiel für politische Unterdrückung und die Perversion staatlicher Macht darstellt, bleibt eine warnende Erinnerung an die dunklen Pfade, die eine Gesellschaft beschreiten kann, wenn sie die Werte der Menschlichkeit und der Vernunft hinter sich lässt.

Rechte Ideologie: Spektrum und Moderne

Im komplexen Geflecht der modernen politischen Ideen sticht die rechte Ideologie als ein weitreichendes Spektrum hervor, das tief verwurzelte Ansichten und Werte umfasst. Diese Strömung, die von einem Bestreben nach Bewahrung traditioneller, kultureller oder nationaler Werte gekennzeichnet ist, bildet das Fundament für eine Vielzahl politischer Haltungen, die von gemäßigt bis radikal reichen.

In den ruhigen Gewässern des konservativen Denkens findet sich oft ein Engagement für den demokratischen Diskurs, eine Achtung für etablierte Institutionen und eine Verteidigung der gesellschaftlichen Ordnung. Doch nicht weit davon entfernt, in den dunkleren Tiefen der politischen Rechten, formieren sich Strömungen wie der Rechtsextremismus und der Faschismus. Diese Strömungen, getrieben von autoritären, xenophoben und nationalistischen Impulsen, streben danach, die Gesellschaft radikal umzugestalten, oft auf Kosten der Freiheit und Gleichheit. Die Moderne hat den rechten Ideologien neue Formen und Plattformen geboten. Populismus und Nationalismus sind zu markanten Ausdrucksformen geworden, oft verstärkt durch politische Bewegungen, die eine starke Abwehrhaltung gegenüber globalen, multikulturellen oder liberalen Einflüssen einnehmen. In Europa und Nordamerika haben diese Bewegungen an Boden gewonnen, angetrieben durch tiefe Unsicherheiten bezüglich wirtschaftlicher Stagnation, rasanten kulturellen Veränderungen und der schwindenden Kontrolle über nationale Souveränität.

Solche Bewegungen nutzen die Ängste und Sorgen der Menschen, indem sie einfache Antworten auf komplexe Fragen bieten und die Sehnsucht nach einer klar definierten, oft idealisierten Vergangenheit schüren. Sie sprechen jene an, die sich von der rasanten Modernisierung und den unvorhersehbaren Strömungen der Globalisierung überwältigt fühlen. In ihren Versprechungen liegt die Rückkehr zu einer vermeintlich stabileren und sichereren Zeit, wo die Nation noch fest im Zentrum stand.

Die rechte Ideologie bleibt eine zentrale und prägende Kraft in der politischen Landschaft unserer Gegenwart. Sie wirkt wie ein Spiegel, der die tief verwurzelten Konflikte und Herausforderungen unserer Zeit widerspiegelt. Diese Ideologien sind nicht nur ein statisches Erbe vergangener Zeiten, sondern vielmehr lebendige und sich entwickelnde Bewegungen, die weiterhin Einfluss auf politische, soziale und kulturelle Strukturen nehmen. Sie zeigen eindrücklich, wie stark politische Ideen die Gesellschaft sowohl im positiven als auch im negativen Sinne formen können. Gleichzeitig erinnern sie uns daran, wie wichtig es ist, in einer immer komplexer werdenden Welt einen wachen, informierten und kritischen Diskurs zu führen.

Wenn wir einen genaueren Blick auf diese Ideologien werfen, wird deutlich, wie tief sie in das Fundament moderner politischer Systeme eingebettet sind. Die rechte Ideologie hat sich im Laufe der Geschichte nicht nur an wechselnde Umstände angepasst, sondern prägt auch heute die globale politische Landschaft auf vielfältige Weise. Um die Dynamik und die tiefen Verflechtungen der heutigen politischen Strömungen vollständig zu verstehen, ist es unerlässlich, sich mit den historischen und ideologischen Wurzeln des Konservatismus, Faschismus und anderer rechter Ideologien auseinanderzusetzen.

In den kommenden Kapiteln werde ich diese Strömungen detailliert untersuchen und ihre Entstehung, Entwicklung und ihren Einfluss auf die moderne Welt analysieren. Nur durch ein tiefgehendes Verständnis dieser ideologischen Strukturen wird es möglich, die gegenwärtigen politischen Dynamiken und ihre langfristigen Auswirkungen auf unsere Gesellschaft besser zu begreifen.

Ralf Schönert, 2017-2022

2. HISTORISCHE WURZELN DES KONSERVATISMUS

Konservatismus als politische und soziale Philosophie entwickelte sich in einer Epoche tiefgreifender Veränderungen, die Europa während der Aufklärung und der industriellen Revolution erschütterten. Diese Zeit markierte einen Wendepunkt in der Geschichte des Kontinents.

Die Aufklärung, oft als das „Zeitalter der Vernunft" bezeichnet, war geprägt von einem radikalen Wandel in den Denkweisen. Es war eine Ära, in der Intellektuelle, Philosophen und politische Theoretiker die herkömmlichen Vorstellungen von Autorität und Macht infrage stellten. Die Werte, die im Mittelpunkt dieser Bewegung standen – Rationalität, Wissenschaft, persönliche Freiheit und die Ablehnung der absoluten Herrschaft –, waren revolutionär und stellten die lange etablierten gesellschaftlichen Strukturen auf den Prüfstand.

Im Gegensatz dazu formierte sich der Konservatismus als eine Reaktion auf diese rasanten Entwicklungen. Konservative Denker sahen in den aufklärerischen Idealen, die Freiheit, Gleichheit und Brüderlichkeit proklamierten, eine potenzielle Gefahr für die soziale Ordnung und die Stabilität der Gesellschaft. Für sie lag der Schlüssel zu einem funktionierenden und gerechten Gemeinwesen nicht in radikalen Veränderungen oder der Auflösung traditioneller Machtstrukturen, sondern vielmehr in der Bewahrung bewährter Institutionen und Werte. Der Konservatismus hob die Bedeutung von Tradition hervor – jene unsichtbaren Fäden, die die Gesellschaft über Generationen hinweg zusammenhielten. Er betonte die Notwendigkeit einer stabilen sozialen Ordnung, die auf Hierarchien basierte und in der Autorität und Gehorsam zentrale Rollen spielten.

Für konservative Denker waren die Umwälzungen der Aufklärung eine Bedrohung, die die fragile Balance der Gesellschaft gefährden könnte. Sie glaubten, dass das Streben nach Gleichheit und unbeschränkter Freiheit leicht in Chaos und Anarchie münden könnte, wenn es nicht durch Tradition und moralische Normen reguliert wurde.

Der Konservatismus zielte darauf ab, diese fundamentalen Prinzipien zu bewahren und sie gegen die umstürzlerischen Kräfte des Fortschritts und der Veränderung zu verteidigen. So wurde er zur Stimme jener, die in der Vergangenheit eine Quelle der Weisheit und Stabilität sahen und die Zukunft durch den Filter historischer Erfahrung betrachteten.

Philosophen wie Edmund Burke in Großbritannien und Joseph de Maistre in Frankreich artikulierten eine der ersten konservativen Theorien.

Edmund Burke (1729–1797) war ein irisch-britischer Staatsmann, Philosoph und Mitglied der Whig-Partei. Bekannt wurde er durch seine Kritik an der Französischen Revolution in „Reflections on the Revolution in France" (1790), wo er die Bedeutung historisch gewachsener Institutionen und die Gefahren radikaler Umwälzungen betonte. Als Vordenker des modernen Konservatismus argumentierte Burke für eine organische, evolutionäre Entwicklung der Gesellschaft statt plötzlicher Brüche. Trotz seiner Verteidigung der traditionellen Ordnung unterstützte er progressive Anliegen wie die amerikanische Unabhängigkeit und Reformen im Handelssystem Irlands und Indiens. Seine Kritik am britischen Imperialismus, besonders gegen den indischen Gouverneur Warren Hastings, unterstrich Burkes komplexe Haltung zu Macht und Moral. Sein Werk wird auch für Widersprüche kritisiert, doch bleibt er als ein Denker, der die Bedeutung von Tradition und die Grenzen der Vernunft in der Politik betonte, einflussreich.

Joseph de Maistre (1753–1821) war ein führender Vertreter der Gegen-Aufklärung und politischer Philosoph, der eine monarchistische und katholische Ordnung verteidigte. In seinen Werken, wie „Betrachtungen über Frankreich" (1797) und „Vom Papsttum" (1819), sah er die Französische Revolution als katastrophale Folge des Verlusts religiöser und königlicher Autorität. De Maistre argumentierte, dass nur eine gottgegebene Monarchie und die katholische Kirche die natürliche Ordnung und Stabilität gewährleisten könnten. Er lobte die autoritäre Rolle des Papstes und forderte eine hierarchische Gesellschaftsstruktur. Kritiker werfen ihm seine Ablehnung demokratischer Prinzipien und seine Befürwortung repressiver Maßnahmen vor. Trotz dieser Kontroversen bleibt er eine Schlüsselfigur für das Verständnis konservativer Theorie.

Das 19. Jahrhundert war eine Zeit der politischen Umbrüche, in der die Ideen der Französischen Revolution in Europa weiter wirkten. In dieser Ära wurde der Konservatismus sowohl von politischen Führern als auch von Intellektuellen weiterentwickelt, um auf die Herausforderungen der Zeit zu reagieren. In Deutschland trug beispielsweise die Romantik, eine kulturelle Bewegung, die das Gefühl und die Individualität betonte, paradoxerweise zur Entwicklung des konservativen Denkens bei, indem sie die Bedeutung von Kultur, Geschichte und Nationalismus hervorhob.

In Preußen und später im Deutschen Reich war Otto von Bismarck ein Paradebeispiel für konservative Politik. Durch seine „Realpolitik" strebte er danach, die bestehende soziale Ordnung zu bewahren, während er gleichzeitig die Gesellschaft modernisierte, um revolutionären Ideen den Wind aus den Segeln zu nehmen. Bismarcks Sozialgesetzgebung, die als Reaktion auf die wachsende sozialistische Bewegung eingeführt wurde, war ein Versuch, die Arbeiterklasse innerhalb des bestehenden Systems zu integrieren und so potenzielle Konflikte zu entschärfen.

In den Vereinigten Staaten nahm der Konservatismus eine etwas andere Form an. Amerikanische Konservative konzentrierten sich traditionell auf individuelle Freiheit, Skepsis gegenüber zentraler staatlicher Macht und die Betonung freier Märkte.

Im Laufe des 20. Jahrhunderts sahen sich konservative Bewegungen neuen Herausforderungen gegenüber, darunter der Aufstieg totalitärer Regime, der Kalte Krieg und die zunehmende Globalisierung. In Reaktion darauf passten sich konservative Theorien an, um Themen wie Anti-Kommunismus, die Verteidigung westlicher Werte und später die Kritik an der globalen Liberalisierung und ihren sozialen sowie wirtschaftlichen Auswirkungen zu integrieren.

In Europa und den USA hat der Konservatismus seit dem Ende des Kalten Krieges eine Renaissance erlebt, teilweise als Reaktion auf die wahrgenommenen Auswüchse des Liberalismus und Multikulturalismus. Die politische Landschaft des frühen 21. Jahrhunderts, geprägt durch Figuren wie Angela Merkel in Deutschland und die Tea-Party-Bewegung in den USA, zeigt, wie der Konservatismus weiterhin eine zentrale Rolle in der politischen Diskussion spielt, aber auch, wie er sich weiterentwickeln und an neue Realitäten anpassen muss.[1]

Sir **Roger Scruton** (1944–2020) war ein einflussreicher britischer Philosoph, bekannt für seine Arbeiten zu Ästhetik, Moral, Politik und Kultur aus konservativer Perspektive. Er studierte und lehrte an der University of Cambridge und war eine prominente Figur, die konservatives Denken verteidigte und moderne linke Politik kritisierte. Scruton engagierte sich im Kampf gegen den Kommunismus in Osteuropa und veröffentlichte über 50 Bücher, darunter "Beauty" und "How to be a Conservative". Sein Vermächtnis prägt weiterhin Debatten über Ästhetik und konservative Philosophie.

Angela Merkel, die von 2005 bis 2021 das Amt der Bundeskanzlerin innehatte, hat zweifellos eine transformative Rolle in der CDU und deren konservativer Ausrichtung gespielt, allerdings nicht ohne erhebliche Kritik und Kontroversen zu provozieren. Indem sie die CDU von

1   Roger Scruton, How to be a conservative, 2014, ISBN: 9781472903785

ihren traditionellen konservativen Wurzeln wegführte, polarisierte sie innerhalb ihrer eigenen Partei. Besonders deutlich wird dies in ihrer Entscheidung, die Abstimmung zur gleichgeschlechtlichen Ehe im Bundestag freizugeben, was zwar zur Legalisierung führte, jedoch konservative Wähler tief spaltete und das konservative Profil der CDU nachhaltig schwächte.

Merkels pragmatische, oft als opportunistisch wahrgenommene Politik erweckte den Eindruck, dass sie mehr an Machterhalt als an konservativen Prinzipien interessiert war. Dies manifestierte sich insbesondere in ihrer Europapolitik, wo sie unter dem Deckmantel der Haushaltsdisziplin massive Rettungspakete und Unterstützungsmaßnahmen für EU-Mitgliedsstaaten befürwortete. Obwohl dies Deutschlands Rolle in Europa stärkte, erzeugte es erhebliche Spannungen und Unmut in der konservativen Basis, die eine strengere Schuldenpolitik bevorzugt hätte.

Die Flüchtlingskrise im Jahr 2015 markierte einen entscheidenden Wendepunkt in Angela Merkels Kanzlerschaft, der die politischen und gesellschaftlichen Landschaften Deutschlands nachhaltig veränderte. Ihre Entscheidung, die Grenzen offen zu lassen und damit Hunderttausenden von Flüchtlingen, vor allem aus Kriegsgebieten wie Syrien, Zugang zu gewähren, rief nicht nur international Aufmerksamkeit und Beifall hervor, sondern löste auch tiefgreifende innenpolitische Kontroversen aus. Die Devise „Wir schaffen das", die Merkel als Symbol für eine humanitäre Verpflichtung und das Selbstbewusstsein eines starken Deutschlands prägte, stieß insbesondere innerhalb ihrer eigenen Partei, der CDU, auf erheblichen Widerstand.

Die Entscheidung für offene Grenzen stellte die CDU und das konservative Lager vor eine Zerreißprobe. Für viele Mitglieder der Partei und konservative Wähler schien Merkels Vorgehen ein Bruch mit den traditionellen Werten und Grundprinzipien der CDU zu sein, die stets auf Sicherheit, Ordnung und die Kontrolle der Migration bedacht war.

Konservative Kritiker warfen Merkel vor, die nationale Sicherheit aufs Spiel zu setzen und das Vertrauen in die staatliche Kontrolle zu untergraben. Einige sahen in ihrer Politik der offenen Grenzen einen Verrat an den ideologischen Grundfesten der Partei, die ihrer Ansicht nach durch einen maßvollen Umgang mit Migration und einen Schutz der nationalen Interessen hätte gewahrt werden müssen.

Diese innerparteiliche Spaltung verstärkte sich in den folgenden Monaten und Jahren, als sich die gesellschaftliche und politische Stimmung weiter aufheizte. Während ein Teil der CDU Merkels humanitären Ansatz unterstützte und die Integration der Flüchtlinge als moralische Pflicht betrachtete, formierte sich ein immer größer werdender konservativer Flügel, der scharfe Kritik an ihrer Migrationspolitik übte. Dieser innerparteiliche Konflikt war nicht nur eine Frage der politischen Strategie, sondern auch eine Debatte über die Identität der CDU selbst: Sollte die Partei ihre traditionellen Werte hochhalten oder sich den Herausforderungen einer globalisierten, pluralistischen Welt anpassen?

Gleichzeitig trug Merkels Flüchtlingspolitik maßgeblich zum Aufstieg der rechtspopulistischen Alternative für Deutschland (AfD) bei. Die AfD, die sich ursprünglich als euroskeptische Protestpartei gegründet hatte, fand in der Flüchtlingskrise ein neues Kernthema, das sie zu nutzen wusste, um Unzufriedene und verunsicherte Wähler zu mobilisieren. Viele, die sich von Merkels Kurs abgewendet hatten, sahen in der AfD eine politische Heimat, die ihre Sorgen und Ängste aufgriff – vor allem jene, die glaubten, dass die Politik der offenen Grenzen zu einem Identitätsverlust und einem Kontrollverlust geführt habe.

So führte die Flüchtlingskrise nicht nur zu einer Verschiebung der politischen Kräfte in Deutschland, sondern auch zu einer tieferen Spaltung innerhalb der CDU und des konservativen Lagers. Die Frage, wie mit Migration umzugehen sei, wurde zu einem zentralen Thema, das nicht nur Merkels Kanzlerschaft, sondern auch die langfristige Ausrichtung der CDU entscheidend prägen sollte.

Auch wenn Merkel oft als „Klimakanzlerin" gelobt wurde, sehen Kritiker in ihrer Umweltpolitik eher eine Anbiederung an grüne und linke Wählerschichten statt einer echten konservativen Neuausrichtung. Die Verschiebung hin zu zentristischeren und europäisch orientierten Politiken unter ihrer Führung wird von vielen als eine Verwässerung der konservativen Identität der CDU angesehen, was zu einer Identitätskrise der Partei und einer Entfremdung von ihrer traditionellen Wählerschaft geführt hat. Merkels Einfluss auf den Konservatismus in Deutschland ist somit ein ambivalentes Erbe: Sie hat die CDU modernisiert, aber auch zentralen konservativen Werten den Rücken gekehrt.

Die Tea-Party-Bewegung[2], die um das Jahr 2009 in den USA entstand, hat einen tiefgreifenden Einfluss auf den Konservatismus und die politische Landschaft Amerikas gehabt. Ihre Entstehung und Entwicklung führten zu bedeutenden Veränderungen sowohl innerhalb der Republikanischen Partei als auch in der allgemeinen politischen Diskussion.

Die Tea-Party-Bewegung entstand als Reaktion auf das, was viele ihrer Anhänger als übermäßige Staatsausgaben und eine expandierende Regierungsrolle unter der Präsidentschaft von Barack Obama ansahen, insbesondere im Zuge der Reaktion auf die Finanzkrise 2008 und Maßnahmen wie das Konjunkturpaket und die Gesundheitsreform. Die Bewegung förderte eine Rückkehr zu fiskalkonservativen Prinzipien, die Betonung von Steuersenkungen und eine Reduzierung der Staatsverschuldung.

Die Tea-Party hatte einen erheblichen Einfluss auf die Republikanische Partei, indem sie eine Verschiebung nach rechts bewirkte. Viele

---

2 Thomas Greven, Die Republikaner-Anatomie einer amerikanischen Partei, C.H. Beck Verlag, München 2004, ISBN 9783406522031

ihrer Vertreter gewannen bei den Zwischenwahlen 2010 wichtige Sitze im Kongress. Diese neuen Mitglieder des Kongresses, oft als "Tea Party-Republikaner" bezeichnet, hatten eine viel stärkere konservative Agenda, insbesondere in Bezug auf Wirtschafts- und Budgetfragen. Die Bewegung brachte eine neue Ära der Konfrontation und Polarisierung in der amerikanischen Politik. Tea-Party-Mitglieder und -Unterstützer zeigten oft wenig Interesse an Kompromissen mit den Demokraten oder moderaten Republikanern. Diese Haltung führte zu zahlreichen Haushaltsstreitigkeiten und einem teilweisen Regierungsstillstand im Jahr 2013.

Ein wesentlicher Aspekt der Tea-Party-Bewegung war ihr populistischer Charakter. Sie stellte sich gegen das, was sie als politisches Establishment ansah, einschließlich der Führung der Republikanischen Partei. Diese Anti-Establishment-Haltung prägte auch die spätere Präsidentschaft von Donald Trump, dessen Aufstieg und Politikstile von vielen als Erweiterung oder Ergebnis der durch die Tea-Party geschaffenen Dynamik angesehen werden.

Die Tea-Party hatte einen direkten Einfluss auf bestimmte Politikbereiche, insbesondere in Bezug auf die Einwanderungspolitik, Umweltschutzregulierungen und Gesundheitsreformen. Ihre Vertreter setzten sich oft für strengere Einwanderungsregeln und eine Deregulierung in Umweltfragen ein und waren starke Gegner der Affordable Care Act (Obamacare). Die Tea-Party-Bewegung hat den amerikanischen Konservatismus durch eine stärkere Betonung fiskalkonservativer Prinzipien, einen deutlichen Rechtsruck innerhalb der Republikanischen Partei, eine erhöhte politische Polarisierung und eine verstärkte populistische, anti-establishment Haltung geprägt. Diese Faktoren haben nicht nur die politische Diskussion in den USA verändert, sondern auch die Art und Weise, wie Politik auf nationaler Ebene betrieben wird.

Die historischen Wurzeln des Konservatismus sind sowohl tief verwurzelt als auch vielschichtig, und sie reflektieren ein fortwährendes Spannungsverhältnis, das die politische Entwicklung in Europa und Amerika seit Jahrhunderten geprägt hat: der ständige Konflikt zwischen Tradition und Moderne. Dieses Spannungsverhältnis ist mehr als nur eine Auseinandersetzung zwischen Vergangenheit und Zukunft – es geht um den Kern gesellschaftlicher Stabilität und Wandel, um die Frage, wie man auf die Herausforderungen der Gegenwart reagiert, ohne die Errungenschaften und Werte der Vergangenheit zu opfern.

Der Konservatismus als Ideologie hat sich im Laufe der Geschichte immer wieder als eine dynamische und anpassungsfähige Kraft erwiesen. Anders als oftmals angenommen, handelt es sich nicht um eine starre Verteidigung von Traditionen um jeden Preis, sondern vielmehr um eine Philosophie, die die Bewahrung des Altbewährten mit der Erkenntnis verbindet, dass eine Gesellschaft in Bewegung bleiben muss, um bestehen zu können. In diesem Sinne zielt der Konservatismus darauf ab, die Werte und Strukturen zu schützen, die sich im Laufe der Geschichte als stabil und wirksam erwiesen haben, ohne dabei den Blick für notwendige Reformen zu verlieren. Diese Reformen jedoch erfolgen, so der konservative Gedanke, nicht überstürzt oder radikal, sondern bedacht und in einem Rahmen, der die soziale Ordnung nicht gefährdet.

Die Geschichte des Konservatismus zeigt deutlich, dass er nicht bloß ein bloßes Festhalten an vergangenen Idealen ist, sondern eine Ideologie, die auf die Erhaltung gesellschaftlicher Stabilität abzielt und dabei stets in Abwägung mit den Herausforderungen der Moderne steht. Besonders in Zeiten großer Umbrüche, wie der Aufklärung oder der industriellen Revolution, traten konservative Denker und Politiker auf den Plan, um einen moderaten, aber festen Kurs inmitten revolutionärer Ideen und Bewegungen zu vertreten. Sie sahen in diesen Zeiten des Umbruchs die Gefahr einer Überbetonung des Fortschritts, die die sozialen und moralischen Grundlagen der Gesellschaft gefährden könnte.

Dieses Spannungsfeld zwischen Tradition und Fortschritt hat die politische Landschaft Europas und Amerikas tiefgreifend beeinflusst. Konservative Philosophen wie Edmund Burke etwa argumentierten, dass Gesellschaften organisch wachsen und dass radikale, abrupte Veränderungen eher Zerstörung als Fortschritt bringen könnten. Sie plädierten für einen Wandel im Einklang mit der Geschichte, der auf Respekt für die Institutionen und kulturellen Errungenschaften aufbaut. So zeigt der Konservatismus, wie wichtig eine Balance zwischen der Bewahrung von Tradition und der Anpassung an die sich wandelnden Bedürfnisse der Gesellschaft ist.

In der Gegenwart bleibt der Konservatismus eine lebendige und flexible Ideologie, die sich ständig weiterentwickelt und auf neue Herausforderungen reagiert. Trotz der modernen Entwicklungen, sei es die Globalisierung, der technologische Fortschritt oder soziale Bewegungen, behält der Konservatismus seinen Fokus auf die Stabilität und Kontinuität von Institutionen, Traditionen und Werten bei. Gleichzeitig ist er sich der Tatsache bewusst, dass bestimmte gesellschaftliche Veränderungen unvermeidlich sind. In dieser Hinsicht plädiert er für eine vorsichtige, kontrollierte und wohlüberlegte Reform, die darauf abzielt, den Kern der Gesellschaft zu schützen und gleichzeitig notwendige Anpassungen vorzunehmen.

Der Konservatismus betont den Erhalt traditioneller Werte und den Respekt vor der Vergangenheit, doch um in einer vielfältigen Welt relevant zu bleiben, muss er stärker auf soziale Gerechtigkeit und individuelle Freiheit eingehen. Nur so kann er die Herausforderungen der Gegenwart und Zukunft erfolgreich bewältigen.

3. AUFSTIEG DES FASCHISMUS

Der Faschismus zählt zu den eindrucksvollsten, aber auch kontroversesten politischen Ideologien des 20. Jahrhunderts. Seine Entstehung und Ausbreitung haben die europäische Geschichte nachhaltig geprägt, insbesondere in den turbulenten Jahrzehnten während und zwischen den beiden Weltkriegen. Diese Ideologie, die tief in autoritären Machtstrukturen verwurzelt ist, baute auf einem radikalen Nationalismus auf und strebte nach einer völligen Kontrolle der Gesellschaft durch eine starke, oft charismatische Führungsfigur. Der Faschismus zeichnete sich nicht nur durch seinen extremen Nationalismus aus, sondern auch durch die systematische Unterdrückung politischer Gegner, den Aufbau eines Überwachungsstaates und die gewaltsame Durchsetzung seiner Ideale.

Die Faszination und zugleich die Gefahr, die vom Faschismus ausging, lagen in seiner radikalen Ablehnung von Demokratie und Liberalismus. Während sich die liberalen Demokratien der Zwischenkriegszeit um politische Stabilität bemühten, versprach der Faschismus entschlossene Führung, Ordnung und die Rückkehr zu einer vermeintlich „reinen" nationalen Identität. Durch diese extremen Ideen bot der Faschismus vielen Menschen in Zeiten wirtschaftlicher Not und sozialer Zerrüttung einfache Antworten auf komplexe Probleme. Dies führte dazu, dass er in vielen europäischen Ländern breite Anhängerschaften gewinnen konnte – allen voran in Italien unter Benito Mussolini und in Deutschland unter Adolf Hitler.

Die historischen Bedingungen, die zum Aufstieg des Faschismus führten, waren vielschichtig und gingen weit über reine ideologische Fragen hinaus. Wirtschaftliche Krisen, wie die Hyperinflation in Deutschland und die wirtschaftlichen Nachwirkungen des Ersten Weltkriegs, schufen eine Atmosphäre der Unsicherheit und Verzweiflung. Die bestehenden politischen Systeme, die vielerorts als ineffektiv und korrupt wahrgenommen wurden, konnten die sozialen Spannungen nicht mildern und verloren zunehmend das Vertrauen der Bevölkerung. Inmitten dieser Krise trat der Faschismus als eine vermeintlich „starke" Alternative auf, die versicherte, die Gesellschaft zu stabilisieren, den inneren Zusammenhalt zu fördern und den äußeren Feind zu besiegen.

Besonders in Italien und Deutschland fand der Faschismus fruchtbaren Boden. In Italien war es Mussolini, der 1922 mit seinem Marsch auf Rom die Macht übernahm und das politische System radikal umwälzte. Er schuf einen Staat, der auf totaler Kontrolle über alle gesellschaftlichen Bereiche – von den Medien bis hin zur Erziehung – basierte und das Individuum völlig dem Kollektiv unterordnete. In Deutschland war es die Nationalsozialistische Deutsche Arbeiterpartei (NSDAP) unter der Führung Hitlers, die den Faschismus in Form des Nationalsozialismus radikalisierte. Hitler nutzte geschickt die Demütigung des Versailler Vertrags, die politischen und wirtschaftlichen Instabilitäten der Weimarer Republik sowie die tief verwurzelten antisemitischen Strömungen in der Gesellschaft, um die Macht an sich zu reißen.

Diese Kapitel der Geschichte sind nicht nur von politischer Bedeutung, sondern auch von tiefer soziokultureller Tragweite. Der Faschismus baute auf einer Ideologie auf, die sich durch die Überhöhung der eigenen Nation und Rasse definierte und alles Fremde, Andersartige und Widersprüchliche als Bedrohung ansah. Politische Gegner, insbesondere Kommunisten und Sozialisten, aber auch liberale Demokraten, wurden als Feinde der Nation gebrandmarkt und systematisch verfolgt. Gleichzeitig diente der Faschismus den Eliten als Werkzeug, um ihre Macht und wirtschaftlichen Interessen zu sichern, während er sich nach außen hin als Bewegung des „Volks" inszenierte.

In diesem Kapitel werde ich die historischen und soziopolitischen Entwicklungen ausführlich darstellen, die die Voraussetzungen für den Aufstieg des Faschismus schufen. Mein besonderer Fokus wird dabei auf den Ländern Italien und Deutschland liegen, da sich in diesen Nationen der Faschismus in seiner extremsten und gefährlichsten Form manifestierte. Dabei werde ich nicht nur die politischen Akteure und Ereignisse beleuchten, sondern auch die sozialen und kulturellen Dynamiken untersuchen, die den Faschismus für große Teile der Bevölkerung so attraktiv machten. Nur durch das Verständnis dieser komplexen Zusammenhänge wird es möglich, die tiefe Verwurzelung dieser Ideologie und ihre verheerenden Folgen für Europa und die Welt zu begreifen.

Der Faschismus nahm seinen Ursprung in der chaotischen und von Unsicherheit geprägten Nachkriegszeit des Ersten Weltkriegs, einer Epoche, in der Europa mit tiefgreifenden politischen, wirtschaftlichen und gesellschaftlichen Verwerfungen konfrontiert war. Der Krieg, der Millionen von Menschen das Leben gekostet und weite Teile Europas in Trümmer gelegt hatte, hinterließ nicht nur physische Zerstörung, sondern auch eine zutiefst verunsicherte und desillusionierte Bevölkerung. Die wirtschaftliche Lage war katastrophal: Inflation, Arbeitslosigkeit und der Zerfall ganzer Industrien führten zu einer weit verbreiteten Perspektivlosigkeit und sozialen Spannungen.

Besonders in den Ländern, die den Krieg verloren hatten, wie Deutschland und Italien, war die Situation von einem Gefühl der nationalen Demütigung und Unsicherheit geprägt. Die Bedingungen der Friedensverträge, allen voran der Versailler Vertrag, trugen dazu bei, dass sich in Deutschland ein tiefes Gefühl des Unrechts und der Erniedrigung ausbreitete. Dies führte zu einer zunehmenden Radikalisierung in der Gesellschaft, da viele Menschen den Glauben an die bestehenden politischen Systeme verloren hatten und nach neuen, vermeintlich starken Führern suchten, die ihnen Sicherheit und Stabilität versprachen.

In dieser Atmosphäre gedieh der Faschismus als radikale Ideologie, die einfache Antworten auf die komplexen Probleme der Nachkriegszeit versprach. In Italien war es Benito Mussolini, der 1919 die erste faschistische Bewegung ins Leben rief, indem er geschickt den Zorn der nationalistischen Kräfte und die Ängste der Mittelklasse nutzte, die sich durch den wirtschaftlichen Niedergang und die politische Instabilität bedroht fühlten. Auch in Deutschland fanden ähnliche Strömungen Anklang, wo Adolf Hitler und seine Nationalsozialistische Deutsche Arbeiterpartei (NSDAP) den Faschismus in eine noch extremere, rassistische Form überführten.

Ein wesentlicher Faktor, der den Aufstieg des Faschismus begünstigte, war die hohe Zahl an Veteranen, die nach dem Krieg oft ohne Perspektive und Beschäftigung zurückblieben. Viele von ihnen fühlten sich von den Regierungen im Stich gelassen und kämpften mit den traumatischen Folgen des Krieges, während sie gleichzeitig mit wirtschaftlicher Unsicherheit und sozialer Isolation konfrontiert waren. Diese Veteranen bildeten einen idealen Nährboden für die faschistische Propaganda, die Stärke, Gemeinschaft und nationale Erneuerung versprach. Mussolini in Italien und Hitler in Deutschland nutzten diese Unzufriedenheit und mobilisierten die Kriegsveteranen als zentrale Stützen ihrer Bewegung, indem sie ihnen eine neue Rolle als Kämpfer für eine „nationale Wiedergeburt" anboten.

Ein weiteres zentrales Element, das den Faschismus in dieser Zeit stärkte, war die weitverbreitete Angst vor dem Bolschewismus. Nach der Oktoberrevolution von 1917 in Russland hatten sich in vielen Teilen Europas, vor allem in Deutschland und Italien, revolutionäre Bewegungen formiert, die eine sozialistische oder kommunistische Machtübernahme anstrebten. Für viele Teile der bürgerlichen und konservativen Schichten, aber auch für Teile des Kleinbürgertums, stellte der Bolschewismus eine existenzielle Bedrohung dar. Sie fürchteten nicht nur den Verlust von Eigentum und sozialer Stellung, sondern auch die Zerschlagung der traditionellen gesellschaftlichen Ordnung.

Der Faschismus präsentierte sich in diesem Kontext als die einzige politische Kraft, die in der Lage war, dem Vormarsch des Bolschewismus entgegenzutreten. Mussolini und Hitler inszenierten sich als entschlossene Verteidiger des Bürgertums und der „westlichen Zivilisation" gegen die Bedrohung durch den Kommunismus. Diese Rhetorik fand großen Anklang, insbesondere in den oberen und mittleren Gesellschaftsschichten, die in der faschistischen Bewegung eine Möglichkeit sahen, ihre Interessen und Privilegien zu wahren.

Insgesamt war die Nachkriegszeit des Ersten Weltkriegs eine Ära des tiefen sozialen, wirtschaftlichen und politischen Wandels, in der viele Menschen das Vertrauen in die bestehenden demokratischen Strukturen verloren hatten. Der Faschismus entstand aus dieser Krise heraus als eine radikale, autoritäre Ideologie, die versuchte, die Verwerfungen der Nachkriegszeit zu nutzen, um eine neue politische Ordnung zu etablieren – eine Ordnung, die auf Nationalismus, Gewalt und der vollständigen Kontrolle über den Staat und die Gesellschaft basierte. Die Kombination aus wirtschaftlicher Unsicherheit, politischer Instabilität und der Angst vor dem Bolschewismus schuf eine Atmosphäre, in der der Faschismus gedeihen konnte und sich als vermeintliche Antwort auf die komplexen Herausforderungen dieser Zeit präsentierte.

In Italien, wo der Faschismus zuerst Fuß fasste, war die Unzufriedenheit mit den Ergebnissen des Ersten Weltkriegs, trotz des Sieges, groß. Italienische Nationalisten waren enttäuscht über die als unzureichend empfundenen territorialen Gewinne im Vertrag von Saint-Germain. Benito Mussolini nutzte diese Unzufriedenheit und gründete

1919 die Faschistische Partei, die eine Mischung aus ultranationalistischer Rhetorik und der Verheißung einer starken, stabilen Regierung bot.

Der **Vertrag von Saint-Germain-en-Laye**, geschlossen am 10. September 1919, markiert einen der entscheidenden Friedensverträge, die nach dem Ende des Ersten Weltkrieges ausgehandelt wurden. Er regelte die territorialen, politischen und ökonomischen Bedingungen zwischen den Alliierten und Österreich, dem Nachfolgestaat der Österreich-Ungarischen Monarchie. Zu Beginn des 20. Jahrhunderts war die Österreich-Ungarische Monarchie eine der führenden Großmächte Europas, bestehend aus einem Vielvölkerstaat, der diverse ethnische Gruppen umfasste. Der Ausbruch des Ersten Weltkrieges 1914 und die folgenden militärischen sowie politischen Ereignisse führten zum Zusammenbruch der Monarchie. Mit dem Kriegsende im November 1918 zerfiel das Kaiserreich in mehrere unabhängige Nationen.

Hauptbestimmungen des Vertrags

Territoriale Klauseln:

- Österreich wurde verpflichtet, die Unabhängigkeit von Ungarn, Tschechoslowakei und Polen anzuerkennen. Diese Gebiete umfassten bedeutende Teile der ehemaligen Monarchie.
- Südtirol, Triest und das Trentino wurden Italien zugesprochen.
- Bosnien und Herzegowina, Vojvodina und Teile von Dalmatien wurden dem Königreich der Serben, Kroaten und Slowenen (später Jugoslawien) zugeordnet.
- Österreich verlor auch den Zugang zum Meer und musste seine Außenpolitik unter die Aufsicht des Völkerbundes stellen.

Militärische Beschränkungen:

- Die Größe des österreichischen Heeres wurde auf 30.000 Mann begrenzt.
- Schwerwaffen, Flugzeuge und Kriegsschiffe wurden Österreich weitestgehend untersagt.

Reparationen und Wirtschaftsklauseln:

- Österreich musste Reparationen leisten, deren Höhe später festgesetzt werden sollte.
- Die österreichische Wirtschaft war durch den Verlust von Industriegebieten und Rohstoffquellen stark geschwächt, was zu einer schweren wirtschaftlichen Krise führte.

Minderheitenschutz:

- Der Vertrag enthielt Bestimmungen zum Schutz von Minderheiten in den verbleibenden österreichischen Gebieten, um die Rechte dieser Gemeinschaften zu sichern.

Die Umsetzung des Vertrages von Saint-Germain stellte Österreich vor enorme Herausforderungen. Die drastische Reduzierung des Territoriums und der Bevölkerung, zusammen mit den harten wirtschaftlichen Auflagen, führten zu politischer und sozialer Unruhe. In den folgenden Jahren litt das Land unter hoher Inflation, Arbeitslosigkeit und politischer Instabilität, die den Boden für radikale politische Bewegungen bereitete. Der Vertrag prägte die interwar-Periode in Österreich tiefgehend und hinterließ ein Vermächtnis, das bis in den Anschluss an das nationalsozialistische Deutschland im Jahr 1938 und darüber hinaus wirkte. Der Vertrag von Saint-Germain symbolisiert die tiefgreifenden Veränderungen in der europäischen Landkarte nach dem Ersten Weltkrieg und die komplexen Herausforderungen, die bei der Neuordnung von Territorien und Gesellschaften entstanden. Er zeigt die langfristigen Auswirkungen internationaler Verträge auf die innere Entwicklung von Staaten und die internationale Politik in der ersten Hälfte des 20. Jahrhunderts.

Der Faschismus lehnt die ideologischen Grundlagen der Aufklärung und der Moderne, wie Demokratie, Individualismus und rationale Analyse, ab und stellt stattdessen den Staat und die Nation als organische Ganzheit in den Mittelpunkt. Diese Ideologie betont die Bedeutung von Einheit, Autorität und kollektiver Gemeinschaft über die

Rechte und Freiheiten des Einzelnen. Der Faschismus propagiert zudem oft einen Kult um eine charismatische Führungspersönlichkeit und eine Rückkehr zu vermeintlich "reinen" kulturellen oder historischen Wurzeln.

Mussolinis Weg zur Macht war durch politische Geschicklichkeit und die Ausnutzung der Schwächen der demokratischen Regierung Italiens gekennzeichnet. Nachdem seine Partei bei den Wahlen von 1921 signifikante Gewinne erzielt hatte, organisierte Mussolini 1922 den Marsch auf Rom, eine massendemonstrative Drohung gegen die Regierung, die zur Ernennung Mussolinis als Ministerpräsident führte. Einmal an der Macht, begann er schnell, die demokratischen Institutionen zu untergraben und ersetzte sie durch einen totalitären Einparteienstaat.

In Deutschland entwickelte sich der Faschismus in Form des Nationalsozialismus, der von Adolf Hitler geführt wurde. Nach dem Ersten Weltkrieg und dem Versailler Vertrag, der Deutschland schwere Reparationen auferlegte und territoriale Einschränkungen vorschrieb, herrschte eine weit verbreitete Unzufriedenheit und wirtschaftliche Not. Die Weimarer Republik, gekennzeichnet durch politische Fragmentierung und wirtschaftliche Instabilität, bot einen fruchtbaren Boden für radikale politische Experimente.

Hitlers NSDAP kombinierte extremen deutschen Nationalismus mit antisemitischer und anti-bolschewistischer Rhetorik. Der Zusammenbruch der Weltwirtschaft 1929 war ein Katalysator, der die NSDAP in den Vordergrund der deutschen Politik brachte. 1933 wurde Hitler zum Reichskanzler ernannt und begann sofort mit der Gleichschaltung der Gesellschaft und der Errichtung einer totalitären Diktatur.

Sowohl in Italien als auch in Deutschland spielten Propaganda und die systematische Anwendung von Gewalt gegen politische Gegner eine entscheidende Rolle bei der Konsolidierung der faschistischen Macht. Die Schaffung eines Feindbildes – ob in Form von politischen Ideologien wie dem Kommunismus oder in Form von ethnischen oder sozialen Gruppen wie den Juden – war zentral für die Mobilisierung öffentlicher Unterstützung und die Rechtfertigung autoritärer Maßnahmen.[3]

Robert O. Paxton, geboren am 15. Juni 1932 in Lexington, Virginia, ist ein renommierter amerikanischer Historiker, bekannt für seine Arbeiten zur Vichy-Regierung und zum Faschismus. Nach seinem Bachelor an der Washington and Lee University promovierte er an der Harvard University und lehrte an der Columbia University. Sein bekanntestes Werk, "Vichy France: Old Guard and New Order, 1940-1944" (1972), untersucht die Zusammenarbeit der Vichy-Regierung mit Nazi-Deutschland und revidiert frühere Ansichten zur französischen Rolle im Holocaust. Paxtons Forschung hat das Verständnis des Faschismus wesentlich geprägt und gezeigt, wie er in verschiedenen Kontexten entstehen kann. Er bleibt eine zentrale Figur der historischen Forschung zu politischen Systemen des 20. Jahrhunderts.

In dieser Atmosphäre des Verlustes und der Verzweiflung fanden charismatische Führer fruchtbaren Boden für ihre radikalen Ideologien. Sie traten mit einer Aura der Bestimmtheit auf, versprachen schnelle und einfache Lösungen, wo sorgfältige Überlegung und behutsame Planung nötig gewesen wären. Ihre Worte hallten in den Köpfen derjenigen wider, die nach Halt suchten – in einer Welt, die aus den Fugen geraten schien. Die Wirtschaft lag in Ketten; die Inflation schoss in unermessliche Höhen, und Arbeitslosigkeit breitete sich wie eine Seuche aus. Die traditionellen politischen Systeme, einst Stützen der

3   Robert Paxton, Anatomie des Faschismus, München: DVA 2006 ISBN 3-421-05913-6

Ordnung und des Fortschritts, wirkten überholt und unfähig, auf die drängenden Fragen der Zeit zu antworten. So bot der Faschismus eine verführerische Alternative: Er versprach Ordnung inmitten des Chaos, Sicherheit in Zeiten der Unsicherheit. Doch der Preis für diese Versprechen war hoch. Die radikalen Ideen, die mit solcher Vehemenz verkündet wurden, forderten eine absolute Unterordnung unter das kollektive Ideal, ein Ideal, das von einem einzelnen Mann und seiner unumstößlichen Vision definiert wurde. Während Führer wie Mussolini und Hitler ihre Macht konsolidierten, verwandelten sich die politischen Landschaften. Was einst als Bewegung für Erneuerung begann, mündete schnell in totalitäre Regime, die jeden Aspekt des Lebens kontrollierten. Die politischen Debatten, die zuvor die Cafés und Salons gefüllt hatten, verstummten; stattdessen hallten Marschlieder und Parolen durch die Straßen.

Der Faschismus schöpfte seine Macht aus den tiefen Ängsten und den unerfüllten Sehnsüchten einer von Krieg, wirtschaftlicher Not und sozialer Zerrüttung geprägten Generation. Diese Ideologie verstand es meisterhaft, die Unsicherheiten und das Gefühl des Verlustes in der Gesellschaft aufzugreifen und daraus eine mitreißende Erzählung zu formen – eine Erzählung von Stärke, Wiederauferstehung und nationaler Erneuerung. Der Faschismus versprach den Menschen, die sich durch die Wirren der Nachkriegszeit orientierungslos und ohnmächtig fühlten, eine klare und einfache Antwort auf ihre Probleme. Doch dieser verheißungsvolle Weg zur Wiedererstarkung war in Wahrheit ein gefährlicher Pfad, der auf Ausgrenzung, Unterdrückung und dem gnadenlosen Streben nach totaler Macht basierte.

Die Faszination des Faschismus lag in seiner Fähigkeit, eine Erzählung von Einheit und nationaler Größe zu weben, die in einer Zeit tiefgreifender Spaltung und Schwäche besonders verführerisch wirkte. Er versprach nicht nur die Heilung der wirtschaftlichen Wunden, sondern auch die Wiederherstellung einer vermeintlich verlorenen nationalen Identität, die durch äußere Feinde und innere Spaltungen bedroht schien. Doch dieser Traum von nationaler Wiedergeburt basierte auf der erbarmungslosen Ausgrenzung all jener, die nicht in das enge Bild des „idealen" Staatsbürgers passten. Die Feindbilder, die der Faschismus schuf – ob es sich um ethnische Minderheiten, politische Gegner oder vermeintliche „Volksfeinde" handelte – waren zentral für seinen Machterhalt. Die Erzählung von der nationalen Einheit war nur durch die Konstruktion eines Feindes möglich, gegen den sich diese Einheit behaupten konnte.

Gleichzeitig war der Faschismus nicht nur eine Reaktion auf die unmittelbaren wirtschaftlichen und politischen Probleme, mit denen viele europäische Staaten in den 1920er und 1930er Jahren konfrontiert waren. Er war weit mehr als nur eine Antwort auf Arbeitslosigkeit, Inflation oder politische Instabilität. Der Faschismus war eine tief verwurzelte Ideologie, die in den Emotionen der Verzweiflung und des Verlustes gedieh. Er bot den Menschen, die in den Jahren nach dem Ersten Weltkrieg alles verloren hatten – sei es durch wirtschaftliche Not oder durch den Zusammenbruch der sozialen Ordnung –, eine verführerische Hoffnung auf Wiederherstellung und Stärke. In seiner extremen Form versprach der Faschismus nicht nur, die alten Strukturen wiederherzustellen, sondern eine völlig neue Ordnung zu schaffen, in der das Chaos der Nachkriegszeit durch strikte Kontrolle, Gehorsam und nationale Überlegenheit ersetzt werden würde.

Doch diese Ideologie des Wiederaufbaus hatte ihren Preis. Die Sehnsucht nach einer starken, nationalen Führung führte zu einer zunehmenden Konzentration der Macht in den Händen weniger und zur systematischen Unterdrückung jeder Form von abweichender Meinung. Der Faschismus löste nicht nur die politischen Institutionen der Demokratie auf, sondern veränderte auch die sozialen Strukturen der Gesellschaft, indem er eine Kultur des Gehorsams und der Unterwerfung etablierte. Die Macht wurde durch Gewalt, Einschüchterung und

Propaganda gesichert, und jene, die nicht in das faschistische Weltbild passten, wurden brutal verfolgt und ausgegrenzt.

Die weitreichenden sozialen und politischen Konsequenzen dieses dunklen Weges waren verheerend und prägten die Welt für Jahrzehnte. Der Faschismus führte nicht nur zu politischer Repression und sozialer Entmündigung, sondern mündete auch in die Katastrophe des Zweiten Weltkriegs, der Millionen von Menschenleben forderte und das Antlitz Europas unwiderruflich veränderte. Die Ideologie, die sich aus der Verzweiflung speiste, brachte noch größere Verzweiflung über den Kontinent und hinterließ eine Spur der Zerstörung.

Der Faschismus ist nicht nur ein politisches Phänomen, das in Zeiten wirtschaftlicher Krisen und sozialer Ungerechtigkeit gedeiht, sondern auch eine eindringliche Warnung vor den Gefahren von Ideologien, die auf Angst, Ausgrenzung und dem Gefühl von Machtverlust basieren. Die vermeintlich einfachen Lösungen, die der Faschismus anbot, erwiesen sich als trügerisch und zutiefst zerstörerisch. Seine schrecklichen Folgen mahnen uns, wachsam zu sein, wenn politische Bewegungen die berechtigten Ängste und Sorgen der Menschen missbrauchen, um Macht zu erlangen, statt echte, gerechte Lösungen zu bieten. Nur eine Politik, die auf Solidarität, Freiheit und Gleichheit setzt, kann solchen autoritären Versuchungen widerstehen.

4. MODERNE RECHTE IDEOLOGIEN

Die moderne politische Landschaft ist ein komplexes Geflecht aus verschiedenen Strömungen und Ideologien, die sich auf der rechten Seite des politischen Spektrums verorten lassen. Diese rechten Ideologien sind vielfältig und reichen von gemäßigten Formen des Konservatismus, die auf die Bewahrung traditioneller Werte und Institutionen abzielen, bis hin zu extremen Formen des Rechtsextremismus, die radikale, oft autoritäre und ausgrenzende Ansätze vertreten. Diese ideologischen Strömungen sind nicht statisch, sondern dynamisch und anpassungsfähig. Sie haben sich im Laufe der Zeit weiterentwickelt und passen sich den spezifischen Herausforderungen der heutigen globalisierten Welt an. Trotz ihrer Unterschiede haben sie eines gemeinsam: Sie üben einen erheblichen Einfluss auf die politische Entwicklung sowohl auf nationaler als auch auf internationaler Ebene aus.

Der gemäßigte Konservatismus, der viele der traditionellen rechten Werte verkörpert, betont die Bedeutung von Stabilität, sozialer Ordnung und der Bewahrung historischer Institutionen. Diese Ideologie wurzelt oft in einem tiefen Respekt vor der Vergangenheit und einem Misstrauen gegenüber schnellen, radikalen Veränderungen. Konservative politische Bewegungen setzen sich in der Regel für eine langsame, evolutionäre Entwicklung ein und lehnen revolutionäre Umwälzungen ab, da sie glauben, dass plötzliche Veränderungen die soziale und politische Stabilität gefährden könnten. Konservative Parteien und Bewegungen weltweit legen großen Wert auf die Stärkung der Familie, die Aufrechterhaltung der Rechtsstaatlichkeit und die Verteidigung nationaler Souveränität.

Doch innerhalb dieses konservativen Spektrums gibt es erhebliche Unterschiede. Während einige konservative Strömungen in der Tradition des klassischen Liberalismus stehen und individuelle Freiheiten sowie eine marktorientierte Wirtschaftspolitik befürworten, gibt es andere, die einen stärkeren Fokus auf nationale Identität und kulturelle Homogenität legen. Diese nationalistisch orientierten Strömungen gewinnen in vielen Ländern zunehmend an Einfluss, da sie sich als Verteidiger des „wahren" nationalen Erbes inszenieren, das durch Einflüsse von außen – sei es durch Einwanderung, Globalisierung oder supranationale Institutionen – bedroht werde.

Parallel dazu haben sich in den letzten Jahrzehnten neue rechtsgerichtete Strömungen entwickelt, die stärker populistisch und in einigen Fällen auch autoritär geprägt sind. Diese Bewegungen, die oft unter dem Begriff des „Rechtspopulismus" zusammengefasst werden, stellen eine Reaktion auf die wirtschaftlichen und sozialen Herausforderungen der Globalisierung dar. Sie nutzen die Ängste und Unsicherheiten, die durch wirtschaftliche Ungleichheit, kulturelle Veränderungen und die Erosion traditioneller Identitäten entstehen, und bieten einfache, oft stark vereinfachte Lösungen an. Rechtspopulistische Parteien und Bewegungen sind bekannt dafür, dass sie die politischen Eliten und etablierten Institutionen scharf kritisieren, während sie sich als wahre Vertreter des „Volkswillens" darstellen. Diese Bewegungen legen häufig einen starken Fokus auf Anti-Immigrationsrhetorik, Skepsis gegenüber der Europäischen Union oder anderen internationalen Organisationen und eine Rückkehr zu nationaler Souveränität.

In ihrer extremsten Form nehmen rechte Ideologien die Gestalt des Rechtsextremismus an, der autoritäre Herrschaft, rassistische oder xenophobe Positionen und eine klare Ablehnung demokratischer Prinzipien befürwortet. Rechtsextreme Bewegungen sind nicht nur durch ihre gewalttätige Rhetorik und ihre radikale Ideologie geprägt, sondern auch durch ihre Neigung, politische Gewalt als legitimes Mittel zur Durchsetzung ihrer Ziele zu betrachten. In vielen Ländern haben sich rechtsextreme Gruppen formiert, die in den letzten Jahren wieder verstärkt in Erscheinung treten – sei es durch terroristische Anschläge, paramilitärische Organisationen oder die Verbreitung ihrer Ideologie über digitale Netzwerke.

Trotz ihrer extremen Natur sind diese rechten Ideologien nicht isoliert von den gemäßigten Strömungen. Es besteht oft eine Grauzone, in der sich rechte Populisten und konservative Kräfte auf gemeinsame Themen wie die Bekämpfung der Einwanderung oder den Schutz der nationalen Identität einigen, auch wenn sie in anderen Punkten unterschiedliche Ansätze verfolgen. Diese Überschneidungen zwischen moderaten und radikalen rechten Bewegungen schaffen eine komplexe und oft gefährliche Dynamik, in der extremere Ideen in den politischen Mainstream einsickern können.

Die Auswirkungen dieser rechten Ideologien auf die nationale und internationale Politik sind tiefgreifend. In vielen Ländern, von Europa bis hin zu den Vereinigten Staaten, haben rechtspopulistische Parteien in den letzten Jahren bedeutende Wahlerfolge erzielt und die politische Agenda maßgeblich beeinflusst. Sie haben die politische Debatte verschoben und Themen wie Einwanderung, nationale Sicherheit und kulturelle Identität in den Mittelpunkt der öffentlichen Diskussion gerückt. Gleichzeitig haben diese Bewegungen zu einer Polarisierung der Gesellschaft beigetragen, in der der politische Diskurs zunehmend von Emotionen und Ideologien geprägt ist.

Dieses Kapitel widmet sich der Entstehung, den Merkmalen und den Auswirkungen moderner rechter Ideologien in verschiedenen politischen Systemen weltweit. Es wird die ideologischen Wurzeln, die historischen Entwicklungen und die verschiedenen Ausprägungen rechter Bewegungen untersuchen, die heute die politische Landschaft prägen. Dabei liegt der Fokus nicht nur auf den klassischen konservativen Parteien, sondern auch auf den neueren populistischen und extremen Strömungen, die das politische Geschehen in vielen Ländern maßgeblich beeinflussen. Durch ein besseres Verständnis dieser Ideologien und ihrer Dynamiken wird es möglich, die Herausforderungen zu erkennen, die sie für die Demokratie und die politische Stabilität weltweit darstellen.

Moderne rechte Ideologien umfassen ein breites Spektrum politischer Ansichten, die sich durch eine Betonung von Ordnung, nationale Identität und oft eine kritische Haltung gegenüber Globalisierung und sozialen Reformen auszeichnen. Zu den Kernthemen gehören die Verteidigung nationaler Souveränität, die Priorisierung traditioneller Werte und häufig eine Skepsis gegenüber dem politischen Establishment und internationalen Kooperationen. Die moderne Rechte umfasst grundsätzlich drei Hauptströmungen: den traditionellen Konservatismus, den populistischen Rechtspopulismus und den extremen Rechtsextremismus. Jede dieser Strömungen hat eigene charakteristische Merkmale, die sie definieren:

1. **Konservatismus**: Konservatismus ist eine politische Philosophie, die die Bewahrung bestehender gesellschaftlicher Ordnungen und Traditionen priorisiert. Konservative betonen die Bedeutung von Stabilität, die schrittweise Implementierung von Veränderungen und den Respekt vor historisch gewachsenen Institutionen. Besondere Ereignisse, die die konservative Ideologie geformt haben, umfassen die Reaktionen auf die Französische Revolution und die industrielle Revolution, die viele konservative Denker als zu radikal und destabilisierend empfanden.

2. **Populistischer Rechtspopulismus**: Diese Strömung ist durch eine direkte Ansprache des "Volkes" gegen die "Eliten" charakterisiert und nutzt oft eine Rhetorik, die sich gegen das Establishment, gegen Migranten und gegen supranationale Institutionen wie die Europäische Union richtet. Ein prägendes Ereignis für den Aufstieg des Rechtspopulismus war die Finanzkrise von 2008, die in vielen Ländern zu einer verstärkten

Unsicherheit und einem Misstrauen gegenüber traditionellen politischen Parteien führte. Diese Krise trug wesentlich zum Erfolg von Parteien wie der UK Independence Party (UKIP) in Großbritannien bei, die den Brexit maßgeblich vorantrieb.

3. **Extremer Rechtsextremismus**: Diese radikalste Form der rechten Ideologie zeichnet sich durch fremdenfeindliche, rassistische und oft gewalttätige Positionen aus. Sie lehnt die grundlegenden Prinzipien der Gleichheit und der Menschenrechte ab und propagiert eine Rückkehr zu einer vermeintlich "reinen" nationalen oder rassischen Ordnung. Besondere Ereignisse, die den modernen Rechtsextremismus beeinflusst haben, sind unter anderem die Terroranschläge vom 11. September 2001, die zu einer verstärkten Angst vor dem "Anderen" führten und in vielen Ländern eine Welle des Nationalismus und der Xenophobie auslösten.

Die Abgrenzung moderner rechter Ideologien zu anderen politischen Strömungen, insbesondere zum Liberalismus und zum Sozialismus, ist zentral für das Verständnis ihrer Besonderheiten. Während der Liberalismus die individuelle Freiheit und Marktwirtschaft betont und der Sozialismus sich auf soziale Gleichheit und die Kontrolle der Produktionsmittel durch die Gemeinschaft konzentriert, setzen rechte Ideologien den Fokus auf nationale Interessen, kulturelle Homogenität und oft eine skeptische Haltung gegenüber der ökonomischen Globalisierung.

Ein weiteres Abgrenzungsmerkmal ist die Haltung zu supranationalen und transnationalen Institutionen. Während linke und liberale Kräfte tendenziell die Zusammenarbeit in internationalen Organisationen wie den Vereinten Nationen oder der Europäischen Union befürworten, stehen rechte Ideologien diesen oft kritisch gegenüber, da sie eine Bedrohung für nationale Souveränität und kulturelle Identität sehen.

Besondere Ereignisse haben oft als Katalysatoren für die Popularisierung und Radikalisierung rechter Ideologien gedient. Die Migrationskrise in Europa ab 2015, beispielsweise, verstärkte die rechtspopulistischen und rechtsextremen Bewegungen erheblich, da sie die Angst vor einem Verlust kultureller Identität schürte und die Rhetorik gegen Einwanderer intensivierte. Dies führte zum Erstarken von Parteien wie der AfD in Deutschland, die in ihren Kampagnen stark auf die Themen Migration und innere Sicherheit setzte.

Ein weiteres prägendes Ereignis war die Eurokrise, die in Ländern wie Griechenland, Italien und Spanien zu einer starken politischen und ökonomischen Verunsicherung führte und das Vertrauen in die Europäische Union und ihre Währungspolitik erschütterte. Rechtspopulistische Parteien nutzten diese Krise, um gegen die EU zu polemisieren und nationale Lösungen für ökonomische Probleme zu fordern.

Die moderne rechte Ideologie ist ein komplexes und dynamisches Feld politischer Strömungen, deren Verständnis eine detaillierte Betrachtung ihrer historischen Entwicklung, ihrer ideologischen Grundlagen und der besonderen Ereignisse, die zu ihrer Formung beigetragen haben, erfordert. Diese Ideologien beeinflussen nicht nur die Politik einzelner Länder, sondern auch die globale politische Ordnung und prägen die Diskurse über nationale Identität, Sicherheit und Zukunft der internationalen Beziehungen.

Der Rechtspopulismus hat in den letzten Jahrzehnten weltweit an Bedeutung gewonnen. Parteien und Bewegungen, die dieser Kategorie zugeordnet werden können, zeichnen sich durch eine starke Betonung der Volksnähe und eine oft kritische Haltung gegenüber den politischen Eliten aus. Rechtspopulistische Bewegungen nutzen häufig soziale Medien und andere Formen der direkten Kommunikation, um ihre Botschaften zu verbreiten und eine direkte Verbindung zu ihrer Basis herzustellen.

In Europa beispielsweise haben Parteien wie die AfD in Deutschland, der Front National (jetzt Rassemblement National) in Frankreich und die Freiheitliche Partei Österreichs erhebliche Erfolge erzielt, indem sie Themen wie Migration, nationale Sicherheit und Euroskeptizismus in den Vordergrund ihrer Politik stellten. Diese Parteien betonen oft die Bewahrung kultureller Identität und stellen sich gegen das, was sie als übermäßige Einflussnahme der Europäischen Union betrachten.

Der Neokonservatismus, der ursprünglich aus den USA stammt, ist eine Form des Konservatismus, die besonders in den Außenpolitiken der Regierungen von Ronald Reagan und George W. Bush zum Ausdruck kam. Neokonservative betonen die Notwendigkeit starker nationaler Verteidigung, die Förderung demokratischer Werte über die Grenzen hinaus und sind oft bereit, militärische Macht zur Erreichung dieser Ziele einzusetzen. Diese Ideologie hat die globale Politik tiefgreifend beeinflusst, insbesondere durch die Amerikanischen Interventionen im Nahen Osten.

Am extremen Rand des rechten Spektrums finden sich Gruppierungen, die durch radikalen Nationalismus, fremdenfeindliche Haltungen und in einigen Fällen offen rassistische Ideologien gekennzeichnet sind. Diese Gruppen lehnen oft die Grundprinzipien liberaler Demokratien ab und streben nach einer autoritären politischen Ordnung, die auf strengen Hierarchien und der Reinheit der nationalen oder ethnischen Gruppe basiert. In den USA manifestiert sich dies beispielsweise in der Alt-Right-Bewegung, während in Europa neonazistische und ultranationalistische Gruppen ähnliche Ansichten vertreten.[4]

---

4 Cas Mudde, Populist Radical Right Parties in Europe. Cambridge University Press, Cambridge 2007, ISBN 978-0-521-85081-0

Cas Mudde, geboren am 3. Juni 1967 in den Niederlanden, ist ein führender Politikwissenschaftler, spezialisiert auf Populismus, Extremismus und Demokratie. Er promovierte an der Universität Leiden und veröffentlichte zahlreiche Forschungsarbeiten zu Rechtsextremismus und Populismus, insbesondere in Europa. Sein Buch „Populist Radical Right Parties in Europe" gilt als Standardwerk zur Untersuchung rechtsradikaler Parteien. Mudde lehrt an der University of Georgia und schreibt regelmäßig für internationale Medien. Seine Arbeit hat das Verständnis moderner populistischer Bewegungen vertieft und die Herausforderungen beleuchtet, vor denen liberale Demokratien im 21. Jahrhundert stehen.

Die unterschiedlichen Ausprägungen moderner rechter Ideologien haben weitreichende und tiefgreifende Auswirkungen auf die politische Landschaft und das gesellschaftliche Gefüge vieler Länder. Diese ideologischen Strömungen sind nicht bloß Randerscheinungen, sondern haben sich in vielen Teilen der Welt zu wichtigen Kräften entwickelt, die in der Lage sind, Wahlentscheidungen zu beeinflussen, politische Debatten zu prägen und die Gestaltung von Politik in zentralen Bereichen maßgeblich zu bestimmen. Von der Migrationspolitik über die Umweltpolitik bis hin zu wirtschaftlichen Fragen – rechte Ideologien setzen in vielen gesellschaftlichen Diskursen Akzente, die das politische Klima und die Entscheidungsprozesse nachhaltig verändern.

Ein besonders sichtbarer Einfluss rechter Ideologien zeigt sich im Bereich der Wahlen. Rechtspopulistische und konservative Parteien haben es in den letzten Jahrzehnten zunehmend geschafft, große Teile der Wählerschaft hinter sich zu vereinen, indem sie auf Themen setzen, die starke emotionale Resonanz hervorrufen. Fragen der nationalen Souveränität, der Einwanderung und der sozialen Sicherheit stehen dabei häufig im Zentrum ihrer Wahlkampfstrategien. Diese Parteien präsentieren sich als Verteidiger nationaler Interessen und als Stimme jener, die sich von den etablierten politischen Eliten abgewandt haben. Indem sie die Ängste und Unsicherheiten vieler Wähler aufgreifen – sei es in Bezug auf die wirtschaftliche Globalisierung, kulturelle Veränderungen oder den Verlust sozialer Sicherheit –, schaffen sie es, die politische Agenda zu dominieren und oft auch etablierte Parteien zu zwingen, sich mit ihren Forderungen auseinanderzusetzen.

Ein weiteres zentrales Feld, das von modernen rechten Ideologien beeinflusst wird, ist die Migrationspolitik. In vielen Ländern haben rechte Bewegungen und Parteien durch ihre kritische Haltung gegenüber Einwanderung eine zunehmende Skepsis in der Bevölkerung gegenüber Migranten und Flüchtlingen verstärkt. Sie argumentieren, dass unkontrollierte Migration nicht nur eine Bedrohung für die nationale Sicherheit darstellt, sondern auch die kulturelle Identität des Landes untergräbt. Diese Rhetorik hat dazu geführt, dass in zahlreichen Ländern restriktivere Einwanderungsgesetze erlassen wurden und der Diskurs über Migration oft von Ängsten und Vorurteilen geprägt ist. Die Debatten sind emotional aufgeladen, und Migration wird häufig als Ursache für soziale und wirtschaftliche Probleme dargestellt, was zu einer zunehmenden Polarisierung der Gesellschaft führt.

Auch im Bereich des Umweltschutzes und der Klimapolitik haben rechte Ideologien einen signifikanten Einfluss. Während der Umweltschutz traditionell eher von progressiven und linken Parteien als zentrale Herausforderung anerkannt wird, sind viele rechte Parteien und Bewegungen skeptisch gegenüber weitreichenden Maßnahmen zum Klimaschutz. Sie argumentieren, dass solche Maßnahmen wirtschaftliches Wachstum behindern und nationale Souveränität einschränken könnten. In diesem Kontext greifen rechte Parteien oft auf eine wirtschaftsfreundliche Rhetorik zurück, die das Primat des Marktes über ökologische Belange stellt. Gleichzeitig wird die Klimapolitik häufig als Teil eines globalen, technokratischen Projekts dargestellt, das die Interessen der nationalen Bevölkerung vernachlässigt. Diese Position hat weitreichende Folgen für internationale Klimaverhandlungen und die Umsetzung von Maßnahmen zur Eindämmung des Klimawandels.

Rechte Ideologien beeinflussen darüber hinaus die Diskurse über nationale Identität und soziale Kohäsion. Sie betonen häufig die Bedeutung einer gemeinsamen kulturellen und historischen Identität, die es gegen äußere Einflüsse zu verteidigen gilt. Diese Sichtweise fördert nicht selten eine exklusive Definition von Nation und Staatsbürgerschaft, die Migranten, religiöse und ethnische Minderheiten oder andere Gruppen, die als „anders" wahrgenommen werden, aus der Vorstellung der nationalen Gemeinschaft ausschließt. In vielen Ländern hat dies zu einer Zunahme von Spannungen und Konflikten geführt, die das soziale Gefüge belasten und die Gesellschaft in „wir" und „sie" spalten. Der Diskurs über nationale Identität, wie er von rechten Ideologien geprägt wird, fördert eine Vorstellung von Homogenität, die der Realität pluralistischer Gesellschaften entgegensteht und die Vielfalt als Bedrohung statt als Bereicherung darstellt.

Schließlich hat der Einfluss moderner rechter Ideologien auch tiefgreifende Auswirkungen auf die Debatten über die Zukunft der globalen Ordnung. Rechtspopulistische Bewegungen sind oft kritisch gegenüber internationalen Institutionen und multilateralen Abkommen eingestellt, die sie als Einschränkungen der nationalen Souveränität und als Bedrohungen für die Interessen des eigenen Landes betrachten. Diese Haltung hat in vielen Ländern zu einer verstärkten Skepsis gegenüber der Europäischen Union, den Vereinten Nationen oder der Welthandelsorganisation geführt. Viele rechte Bewegungen plädieren für eine Rückkehr zu einer Politik des Nationalstaates, die auf bilateralen Abkommen basiert und globale Verflechtungen minimieren soll. Diese Sichtweise steht im Widerspruch zur jahrzehntelangen Tendenz der Globalisierung und der Verflechtung von Staaten und Wirtschaften und hat das Potenzial, die internationale Zusammenarbeit zu schwächen.

Die vielfältigen Erscheinungsformen moderner rechter Ideologien prägen nicht nur nationale, sondern auch globale politische und gesellschaftliche Entwicklungen maßgeblich. Sie werfen fundamentale Fragen zur Zukunft von Demokratie, sozialer Gerechtigkeit und internationaler Kooperation auf. Dieses Kapitel widmet sich der Analyse der Entstehung und Charakteristika dieser Ideologien und beleuchtet ihre tiefgreifenden Auswirkungen auf politische Systeme und gesellschaftliche Strukturen weltweit.

Moderne rechte Ideologien stellen eine ernste Herausforderung in der heutigen politischen Landschaft dar. Ihre Vielfalt und Komplexität spiegeln tief verwurzelte soziale Ungleichheiten, historische Ungerechtigkeiten und kulturelle Spannungen wider, aus denen sie hervorgegangen sind. Um progressive politische Lösungen zu entwickeln, die auf soziale Gerechtigkeit, Gleichheit und Menschenrechte abzielen, ist es entscheidend, diese Ideologien kritisch zu hinterfragen und ihre Ursachen sowie ihre Auswirkungen auf demokratische Gesellschaften genau zu analysieren. Nur so lässt sich ein umfassendes Verständnis der politischen Dynamiken und der Gefahren, die von rechten Bewegungen ausgehen, entwickeln.

5. KONSERVATISMUS IN DER GLOBALEN POLITIK

Der Konservatismus, einst fest verankert in den politischen und philosophischen Traditionen des Westens, hat sich im Laufe der Jahrhunderte zu einer globalen Ideologie entwickelt, die in verschiedenen politischen Systemen auf allen Kontinenten Einfluss ausübt. Ursprünglich aus der Reaktion auf die revolutionären Umwälzungen des 18. und 19. Jahrhunderts entstanden, war der Konservatismus zunächst eine westlich geprägte politische Theorie, die in Europa und Nordamerika ihre Wurzeln hatte. Doch im Laufe der Zeit haben sich konservative Ideen weit über ihre Ursprungsregionen hinaus ausgebreitet und sind in verschiedenen Ländern und Kulturen zu einem bedeutenden Faktor in der politischen Gestaltung geworden.

Diese globale Verbreitung des Konservatismus beruht auf seiner Fähigkeit, sich flexibel an die unterschiedlichen historischen, kulturellen und gesellschaftlichen Bedingungen anzupassen. Anders als radikale politische Ideologien, die universelle Antworten auf alle Probleme bieten, ist der Konservatismus in seiner Natur pragmatisch und kontextsensitiv. Er setzt sich dafür ein, bestehende Traditionen, Institutionen und Werte zu bewahren, passt sich jedoch an die spezifischen Herausforderungen und Gegebenheiten jedes Landes an. In vielen Ländern haben konservative Bewegungen daher die lokale Kultur und Geschichte in ihre Ideologie integriert, um gesellschaftliche Stabilität zu gewährleisten und gleichzeitig auf die jeweiligen globalen oder regionalen Herausforderungen zu reagieren.

In Europa etwa, wo der Konservatismus seine intellektuellen Ursprünge hat, war die Philosophie von Anfang an eng mit der Erhaltung der Monarchie, der Kirche und der sozialen Ordnung verbunden. Im Laufe des 19. und 20. Jahrhunderts entwickelte sich der europäische Konservatismus jedoch weiter und reagierte auf neue gesellschaftliche Realitäten wie die Industrialisierung, die Ausweitung der Demokratie und den Aufstieg sozialistischer Bewegungen. In vielen europäischen Ländern verschmolzen konservative Parteien traditionelle Werte mit marktwirtschaftlichen Überzeugungen und einem Bekenntnis zur liberalen Demokratie. Heute ist der europäische Konservatismus vor allem durch seine Betonung auf wirtschaftliche Stabilität, nationale Souveränität und soziale Kohäsion gekennzeichnet.

Auch in Nordamerika hat der Konservatismus eine tiefe Tradition, die sich von der europäischen Variante unterscheidet. In den Vereinigten Staaten beispielsweise hat der Konservatismus, besonders seit dem 20. Jahrhundert, eine starke marktwirtschaftliche Komponente. Der amerikanische Konservatismus betont die individuelle Freiheit, den freien Markt und einen begrenzten Staat. Gleichzeitig hat sich in den USA ein kultureller Konservatismus entwickelt, der traditionelle Werte wie Familie, Religion und nationale Identität stark verteidigt. Diese Vermischung von wirtschaftlichem und sozialem Konservatismus hat dazu geführt, dass der Konservatismus in den USA eine zentrale Rolle in der politischen Debatte spielt und erheblichen Einfluss auf die Gestaltung der Innen- und Außenpolitik hat.

Doch der Konservatismus ist nicht nur auf Europa und Nordamerika beschränkt. In vielen Teilen der Welt hat er sich zu einer ideologischen Kraft entwickelt, die in unterschiedlichen politischen und kulturellen Kontexten erfolgreich war. In Lateinamerika beispielsweise gibt es konservative Bewegungen, die sich stark auf den Erhalt traditioneller gesellschaftlicher Strukturen und die Verteidigung katholischer Werte konzentrieren. Diese Bewegungen sind häufig eng mit der Landbesitzerelite und der Kirche verbunden und setzen sich für wirtschaftlichen Protektionismus und soziale Hierarchien ein. Gleichzeitig mussten sich konservative Parteien in der Region an die Herausforderungen von Globalisierung und Modernisierung anpassen, was zu einer Hybridform des Konservatismus führte, die sowohl traditionelle Werte als auch wirtschaftliche Reformen berücksichtigt.

In Asien wiederum hat sich der Konservatismus in einem anderen politischen Umfeld entwickelt. In Ländern wie Japan und Südkorea wird konservative Politik stark durch nationale Identität, wirtschaftlichen Schutz und eine enge Verbindung von Staat und Unternehmen geprägt. Während die Bewahrung traditioneller Werte auch in diesen Ländern eine Rolle spielt, sind es vor allem wirtschaftliche und sicherheitspolitische Überlegungen, die den konservativen Diskurs bestimmen. In autoritär regierten Ländern wie China ist der Konservatismus auf eine ganz andere Weise präsent, da hier die Erhaltung der staatlichen Machtstrukturen und die Betonung von Stabilität über demokratische Werte gestellt werden. Der Konservatismus in solchen Kontexten zeigt, wie vielseitig die Ideologie sein kann, indem er auf völlig andere politische Traditionen zurückgreift, um sich anzupassen und zu bestehen.

Auch in Afrika und dem Nahen Osten hat der Konservatismus eine wichtige Rolle gespielt. In vielen afrikanischen Ländern ist er eng mit dem Erbe der Kolonialzeit verbunden und manifestiert sich in der Verteidigung traditioneller Strukturen sowie der Kritik an westlichen Einflüssen. In der arabischen Welt hingegen verbindet sich der Konservatismus oft mit religiösen Überzeugungen, insbesondere dem Islam, was zu einer Betonung der Erhaltung kultureller und religiöser Normen führt. Hier zeigt sich der Konservatismus als eine politische Kraft, die sich gegen westliche Ideen der Modernisierung und Liberalisierung richtet und für die Bewahrung der islamischen Traditionen eintritt.

In diesem Kapitel werde ich untersuchen, wie sich konservative Werte und Prinzipien in verschiedenen politischen Systemen und Kulturen weltweit manifestieren. Dabei werde ich die spezifischen historischen, sozialen und kulturellen Bedingungen analysieren, die die Entwicklung konservativer Bewegungen geprägt haben. Darüber hinaus werde ich erörtern, wie sich konservative Ideologien angesichts globaler Herausforderungen wie der Globalisierung, dem Klimawandel und der Migration verändert und angepasst haben. Auf diese Weise werde ich aufzeigen, wie der Konservatismus, obwohl er auf die Bewahrung des Alten abzielt, dennoch ein dynamisches und anpassungsfähiges politisches Projekt ist, das sich ständig weiterentwickelt, um den Anforderungen einer sich wandelnden Welt gerecht zu werden.

Der Konservatismus betont traditionell die Bewahrung von bestehenden sozialen Ordnungen, kulturellen Normen und politischen Institutionen. Konservative Politiken tendieren dazu, langsame und graduell gesteuerte Veränderungen zu bevorzugen gegenüber abrupten oder revolutionären Umwälzungen. Wichtige konservative Prinzipien umfassen die Betonung von Familie, Religion, Nationalismus und die Verteidigung privaten Eigentums. Diese Werte spiegeln sich in verschiedenen Formen in der globalen Arena wider.

Der Konservatismus in den Vereinigten Staaten

Der Konservatismus in den Vereinigten Staaten hat eine komplexe und vielschichtige Geschichte. Im Gegensatz zu europäischen Formen des Konservatismus, die oft stark von der Klassenstruktur und Monarchie geprägt sind, entwickelte sich der amerikanische Konservatismus in einem Kontext, der von Anfang an auf Idealen wie Freiheit und individuellen Rechten basierte. Diese Entwicklung führte zu einer einzigartigen Ausprägung des Konservatismus, der sowohl libertäre als auch tief religiös-soziale Elemente umfasst. In diesem Abschnitt wird die Evolution des amerikanischen Konservatismus untersucht, einschließlich der Schlüsselereignisse, die seine Richtung geprägt haben. Der Konservatismus in den USA hat seine Wurzeln in der kolonialen Ära, in der die politischen und sozialen Ideen stark von den britischen Traditionen beeinflusst wurden. Doch mit der Amerikanischen Revolution begann eine Neudefinition politischer Werte, die eine eigene, spezifisch amerikanische Form des Konservatismus hervorbrachte. Die Gründungsväter wie Alexander Hamilton und John Adams vertraten konservative Ansichten, indem sie die Bedeutung einer starken zentralen Autorität betonten, um Ordnung und Stabilität zu gewährleisten, was in der Schaffung einer mächtigen Bundesregierung im Rahmen der US-Verfassung resultierte.[5]

Alexander Hamilton, geboren am 11. Januar 1755 oder 1757 auf der Karibikinsel Nevis, war ein einflussreicher amerikanischer Staatsmann und einer der Gründerväter der Vereinigten Staaten. Als Waise kam er durch ein Stipendium zur weiteren Bildung in die nordamerikanischen Kolonien, wo er sich schnell als brillanter Student und später als energischer Verfechter der Unabhängigkeit hervortat. Hamilton diente als Aide-de-camp unter General George Washington während des Amerikanischen Unabhängigkeits-

5 Samuel P. Huntington, Kampf der Kulturen. Die Neugestaltung der Weltpolitik im 21. Jahrhundert. Goldmann, München 1998, ISBN 3-442-75506-9

krieges und zeigte großes Geschick sowohl auf dem Schlachtfeld als auch in administrativen Aufgaben. Nach dem Krieg spielte er eine entscheidende Rolle bei der Gestaltung der neuen Nation durch seine Führungsrolle beim Verfassungskonvent und als Autor von mehr als der Hälfte der Federalist Papers, die zur Ratifizierung der Verfassung beitrugen. Als erster Finanzminister der Vereinigten Staaten (1789-1795) legte Hamilton den Grundstein für das amerikanische Finanzsystem. Seine Pläne zur Übernahme staatlicher Schulden, zur Schaffung einer nationalen Bank und zur Förderung der Industrie waren zentral für die wirtschaftliche Entwicklung des Landes. Hamiltons Leben endete tragisch in einem Duell mit Aaron Burr im Jahr 1804. Sein Erbe bleibt in der politischen und wirtschaftlichen Struktur Amerikas tief verwurzelt.

Ein **Aide-de-Camp** ist ein persönlicher Assistent eines hochrangigen Offiziers, insbesondere im Militär. Der Begriff stammt aus dem Französischen und bedeutet „Hilfskraft im Feld". Seine Aufgaben umfassen administrative Unterstützung, die Übermittlung von Befehlen, Empfang von Besuchern und Terminplanung. Oft handelt es sich um junge Offiziere, die dabei Führungserfahrung sammeln. Ein Aide-de-Camp fungiert als Bindeglied zwischen dem Offizier und dem Rest des Personals und benötigt ausgezeichnete organisatorische Fähigkeiten sowie Diskretion im Umgang mit sensiblen Informationen.

John Adams, geboren am 30. Oktober 1735 in Braintree, Massachusetts, war der zweite Präsident der Vereinigten Staaten (1797-1801) und ein zentraler Gründervater der Nation. Adams, Absolvent der Harvard University und praktizierender Anwalt, wurde durch seine starke Befürwortung der amerikanischen Unabhängigkeit bekannt. Er diente als Diplomat in Europa und half maßgeblich dabei, wichtige Allianzen zu schmieden und die Unabhängigkeitserklärung zu formulieren. Vor seiner Präsidentschaft war Adams der erste Vizepräsident unter George Washington. Seine Präsidentschaft war von außenpolitischen Herausforderungen geprägt, einschließlich der

„Quasi-Krieg"-Auseinandersetzungen mit Frankreich. Innenpolitisch führten seine umstrittenen Alien and Sedition Acts zu erheblicher Kritik. Adams war bekannt für seine Integrität, seine tiefgründigen Kenntnisse der Rechtsgeschichte und seine Überzeugung, dass die Stabilität der Regierung von einer gut informierten und moralischen Bevölkerung abhängt. Nach seiner Präsidentschaft zog er sich ins Privatleben zurück und beobachtete die politische Karriere seines Sohnes John Quincy Adams, der ebenfalls Präsident wurde. John Adams starb am 4. Juli 1826, dem fünfzigsten Jahrestag der amerikanischen Unabhängigkeitserklärung.

Die moderne konservative Bewegung in den USA begann sich in der Nachkriegszeit des Zweiten Weltkriegs zu formen. Die 1950er und 1960er Jahre waren von politischen Kämpfen gegen den Kommunismus und inneramerikanischen Debatten über Bürgerrechte und soziale Gerechtigkeit geprägt. Ein Schlüsselereignis in dieser Zeit war die Gründung der National Review im Jahr 1955 durch William F. Buckley Jr., der oft als Vater des modernen amerikanischen Konservatismus angesehen wird. Buckleys Zeitschrift bot eine Plattform für konservative Denker, die gegen den Liberalismus der Eisenhower-Administration und später gegen die sozialen und politischen Veränderungen der 1960er Jahre opponierten.

Die Wahl von Ronald Reagan zum Präsidenten im Jahr 1980 markierte einen Höhepunkt in der Geschichte des amerikanischen Konservatismus. Reagan vereinte verschiedene Stränge des Konservatismus – einschließlich der religiösen Rechten, der Fiskalkonservativen und der Verteidiger der nationalen Verteidigung – zu einer mächtigen politischen Kraft. Seine Präsidentschaft war gekennzeichnet durch eine umfassende Deregulierung der Wirtschaft, massive Steuersenkungen und eine Erhöhung der Militärausgaben, die zusammen das Ziel hatten, die Rolle der Bundesregierung in der Wirtschaft zu reduzieren und die USA im Kalten Krieg zu stärken.

Die religiöse Rechte und die sozialen Konservativen

Die religiöse Rechte, auch bekannt als die christlich-konservative Bewegung in den USA, ist eine politische und soziale Kraft, die seit den späten 1970er Jahren erheblichen Einfluss auf die amerikanische Politik hat. Diese Bewegung verbindet traditionelle christliche Werte mit konservativer Politik und hat sich insbesondere in sozialen und moralischen Fragen engagiert. In diesem Kapitel wird die Entstehung, Entwicklung und die politischen Auswirkungen der religiösen Rechten in den USA detailliert untersucht.

Die religiöse Rechte entstand als Reaktion auf verschiedene gesellschaftliche Veränderungen und Gerichtsentscheidungen in den 1960er und frühen 1970er Jahren, die von vielen Konservativen als Bedrohung für traditionelle Werte angesehen wurden. Schlüsselereignisse, die zur Mobilisierung dieser Gruppe beitrugen, waren die gerichtliche Legalisierung der Abtreibung im Fall "Roe v. Wade" (1973) und die zunehmende Säkularisierung der amerikanischen Gesellschaft.

Ein entscheidender Moment für die Konsolidierung der religiösen Rechten war die Gründung der Moral Majority durch Jerry Falwell im Jahr 1979. Diese Organisation zielte darauf ab, evangelikale Christen politisch zu mobilisieren und Einfluss auf die nationale Politik zu nehmen, um Gesetze und Politiken zu fördern, die ihre christlich-konservativen Werte widerspiegelten.

Unter der Führung von Falwell nutzte die Moral Majority Rundfunk und andere Medien, um ihre Botschaft zu verbreiten und Unterstützung für konservative Kandidaten zu mobilisieren. Die Gruppe spielte eine entscheidende Rolle in den Präsidentschaftswahlen von 1980, indem sie massiv für Ronald Reagan warb, der viele ihrer Anliegen teilte und letztendlich erfolgreich war. Dieser Wahlerfolg markierte einen

Wendepunkt und verankerte die religiöse Rechte fest im amerikanischen politischen System.

Jerry Falwell Sr., geboren am 11. August 1933 in Lynchburg, Virginia, war ein einflussreicher amerikanischer evangelikaler Pastor und Gründer der Moral Majority, einer Organisation, die die amerikanische Rechte politisch mobilisierte. Falwell gründete 1971 die Thomas Road Baptist Church und später die Liberty University im Jahr 1971, die zu einer der größten christlichen Universitäten in den USA wurde. Falwell war bekannt für seine konservativen Ansichten und seine Fähigkeit, religiöse Überzeugungen mit politischem Aktivismus zu verknüpfen. Die Moral Majority spielte eine entscheidende Rolle in der politischen Landschaft Amerikas während der 1980er Jahre, insbesondere bei der Unterstützung konservativer Kandidaten und der Beeinflussung der nationalen Politik in Richtung konservativer Werte. Falwells Rhetorik war oft umstritten, besonders seine Kommentare zu sozialen und politischen Themen. Trotz Kritik blieb er eine Schlüsselfigur in der konservativen Bewegung in Amerika. Sein Erbe umfasst sowohl seine Beiträge zur Verbreitung des evangelikalen Christentums als auch seinen Einfluss auf die amerikanische Politik. Jerry Falwell starb am 15. Mai 2007 in Lynchburg.

In den 1980er und 1990er Jahren beeinflusste die religiöse Rechte die Politik der Republikanischen Partei erheblich, besonders in Fragen der Abtreibung, der Homosexuellenrechte und der Bildungspolitik. Sie setzte sich für die Einführung von Gebeten in Schulen und gegen die Förderung von Aufklärungsprogrammen, die sie als nicht konform mit ihren Werten ansah, ein.

Ein besonders kontroverses Thema war der "Defense of Marriage Act" (DOMA) von 1996, der von Präsident Bill Clinton unterzeichnet wurde und Ehen ausschließlich als Verbindungen zwischen einem Mann und einer Frau definierte. Dieses Gesetz wurde stark von der religiösen Rechten unterstützt und spiegelte ihren Einfluss auf die nationale Gesetzgebung wider.

Trotz ihrer Erfolge steht die religiöse Rechte regelmäßig im Zentrum von Kontroversen und Kritik. Gegner beschuldigen die Bewegung, die Trennung von Kirche und Staat zu untergraben und eine exklusive moralische Agenda zu fördern, die die Rechte von Frauen, LGBTQ+ Personen und anderen Minderheiten einschränkt. Zusätzlich zu rechtlichen und politischen Auseinandersetzungen gibt es innerhalb der Bewegung selbst Debatten über die beste Strategie und das Ausmaß, in dem sie sich in politische Fragen einmischen sollte.

Im 21. Jahrhundert bleibt die religiöse Rechte eine einflussreiche Kraft in der amerikanischen Politik, obwohl sie sich neuen Herausforderungen gegenübersieht. Der kulturelle Wandel in Richtung größerer sozialer Akzeptanz von LGBTQ+ Rechten, insbesondere die Legalisierung der gleichgeschlechtlichen Ehe durch den Obersten Gerichtshof im Jahr 2015 im Fall "Obergefell v. Hodges", hat die Bewegung dazu veranlasst, ihre Strategien und Botschaften zu überdenken.

Trotz solcher Rückschläge hat die Wahl von Donald Trump zum Präsidenten im Jahr 2016 gezeigt, dass die religiöse Rechte weiterhin eine wichtige Wählerbasis darstellt. Trumps Ernennung von Richtern, die als konservativ gelten, zum Obersten Gerichtshof war teilweise ein Zugeständnis an diese Wählergruppe, die hofft, langfristige rechtliche Veränderungen herbeizuführen.

Die religiöse Rechte hat die politische Landschaft der Vereinigten Staaten tiefgreifend geprägt. Ihre Fähigkeit, Wähler zu mobilisieren und auf politische Entscheidungen Einfluss zu nehmen, macht sie zu einer fortwährend wichtigen, wenn auch oft umstrittenen Kraft in der amerikanischen Politik. Ihre Zukunft wird zweifellos weiterhin von den Spannungen zwischen ihren traditionellen Zielen und den sich verändernden sozialen und kulturellen Normen der amerikanischen Gesellschaft geprägt sein.

Konservatismus im 21. Jahrhundert

Der Konservatismus im 21. Jahrhundert in den Vereinigten Staaten hat sich inmitten von beispiellosen sozialen, wirtschaftlichen und geopolitischen Veränderungen weiterentwickelt. Dieses Kapitel beschäftigt sich mit der Anpassung konservativer Ideale und Politiken an die neuen Herausforderungen des Jahrhunderts, darunter der Aufstieg des Populismus, tiefgreifende politische Spaltungen und die Reaktionen auf globale Krisen wie den Terrorismus und die Finanzkrisen.

Die politische Landschaft zu Beginn des 21. Jahrhunderts wurde stark durch die Ereignisse des 11. September 2001 geprägt. Die Terroranschläge führten zu einer Neuausrichtung der US-Außenpolitik unter der Präsidentschaft von George W. Bush, wobei Neokonservative wie Paul Wolfowitz und Dick Cheney eine entscheidende Rolle spielten. Diese Gruppe befürwortete eine aggressive Außenpolitik zur Förderung der Demokratie und zur Bekämpfung des Terrorismus, was letztlich zur Invasion im Irak im Jahr 2003 führte. Dieser Krieg und die darauf folgenden langwierigen Konflikte in der Region stellten die Weichen für eine neue Ära der amerikanischen Außenpolitik und hatten tiefgreifende Auswirkungen auf die Wahrnehmung des Konservatismus sowohl im Inland als auch international.

Paul Wolfowitz, geboren am 22. Dezember 1943 in Brooklyn, New York, ist ein US-amerikanischer Politiker, Diplomat und Akademiker. Er gilt als einer der Hauptarchitekten der US-Außenpolitik während der George W. Bush-Ära. Wolfowitz war von 2001 bis 2005 stellvertretender Verteidigungsminister und spielte eine zentrale Rolle bei der Planung des Irakkriegs 2003. Er war ein Verfechter des "Präventivkriegs" und der Verbreitung demokratischer Werte in der Nahostregion. Nach seiner Zeit im Pentagon wurde er Präsident der Weltbank (2005–2007), trat jedoch nach einem Skandal um Interessenkonflikte zurück. Wolfowitz hat durch seine neokonservative Haltung erheblichen Einfluss auf die US-Außenpolitik der frühen 2000er ausgeübt.

Dick Cheney, geboren am 30. Januar 1941 in Lincoln, Nebraska, ist ein US-amerikanischer Politiker und Geschäftsmann. Er war von 2001 bis 2009 Vizepräsident unter George W. Bush. Cheney begann seine politische Karriere in den 1960er Jahren und war von 1989 bis 1993 Verteidigungsminister unter Präsident George H. W. Bush. Während dieser Zeit spielte er eine Schlüsselrolle im Golfkrieg 1991. Als Vizepräsident war Cheney einer der einflussreichsten Politiker in Washington und stark an der Entscheidung beteiligt, den Irak 2003 zu invadieren. Seine aggressive Sicherheitspolitik und Unterstützung von Maßnahmen wie Waterboarding machten ihn zu einer umstrittenen Figur in der US-Politik.

Die weltweite Finanzkrise von 2008 stellte eine weitere bedeutende Herausforderung für konservative Politiker und Denker dar. Die Krise, die durch den Zusammenbruch großer Finanzinstitutionen und eine darauf folgende tiefe Rezession gekennzeichnet war, führte zu einer kritischen Überprüfung der deregulativen Politiken, die viele Konservative lange unterstützt hatten. In der Folge kam es innerhalb der konservativen Bewegung zu einer intensiven Debatte über die Rolle der Regierung in der Wirtschaft, die mit dem Aufstieg der Tea Party-Bewegung einen deutlichen Ausdruck fand. Diese Bewegung, die fiskalische Austerität, begrenzte Regierung und die Reduzierung der Staatsverschuldung forderte, gewann schnell an politischem Einfluss und prägte die republikanische Partei in den folgenden Jahren maßgeblich.

Die Tea Party-Bewegung kann als eine moderne Inkarnation des konservativen Populismus angesehen werden, der tief in der amerikanischen Geschichte verwurzelt ist. Mit ihrem Aufstieg kamen Themen wie Steuersenkungen, strikte Einwanderungskontrollen und eine Rückkehr zu vermeintlich "wahren" amerikanischen Werten in den Vordergrund. Besonders bemerkenswert war der Einfluss der Bewegung auf die Zwischenwahlen 2010, in denen die Republikanische

Partei eine bedeutende Mehrheit im Repräsentantenhaus erlangte. Dieser Erfolg demonstrierte die Fähigkeit der Bewegung, die politische Landschaft zu verändern und prägte die politische Rhetorik und Agenda der Konservativen für das nächste Jahrzehnt.

Die Wahl von Donald Trump zum Präsidenten im Jahr 2016 markierte eine signifikante Transformation innerhalb des Konservatismus. Trumps unkonventioneller Stil und seine populistischen, oft isolationalistischen Ansichten stellten einen Bruch mit vielen traditionellen konservativen Politiken dar. Seine Administration konzentrierte sich stark auf Themen wie Einwanderungsbeschränkungen, den Abbau von Umweltregulierungen und eine protektionistische Handelspolitik. Die Besetzung des Obersten Gerichtshofs mit konservativen Richtern war ebenfalls ein zentrales Anliegen, das langfristige Auswirkungen auf die amerikanische Rechtsprechung haben wird.

Blickt man in die Zukunft, so steht der Konservatismus vor zahlreichen Herausforderungen. Die politische Polarisierung, das Aufkommen von Technologien, die die Wirtschaft und die Gesellschaft transformieren, und globale Umweltprobleme erfordern neue Antworten von konservativen Denkern und Politikern. Wie sich der Konservatismus an diese Veränderungen anpasst und welche Rolle er in der amerikanischen Politik spielen wird, bleibt eine offene Frage. Fest steht jedoch, dass der Konservatismus auch weiterhin eine zentrale Rolle in der politischen Diskussion und Gestaltung der USA spielen wird.

Donald J. Trump, geboren am 14. Juni 1946 in Queens, New York City, ist ein amerikanischer Geschäftsmann, Fernsehpersönlichkeit und Politiker, der von 2017 bis 2021 als 45. Präsident der Vereinigten Staaten amtierte. Trump, Sohn eines Immobilienentwicklers, übernahm in den 1970er Jahren das Familienunternehmen und baute es zu einem Imperium aus, das vor allem in den Bereichen Immobilien, Hotels und Kasinos aktiv war. Bekanntheit erlangte er auch als Moderator der Reality-TV-Show The Apprentice. Politisch war Trump bis zu seiner Präsidentschaftskandidatur weitgehend unerfahren. Mit seinem Slogan „Make America Great Again" trat er 2016 als republikanischer Kandidat an und setzte sich gegen Hillary Clinton durch. Seine Präsidentschaft war von einer betont nationalistischen Agenda geprägt, die unter anderem auf strikte Einwanderungspolitik, Steuersenkungen und den Rückzug aus internationalen Abkommen setzte. Seine Amtszeit endete 2021 nach einer umstrittenen Wahl, bei der er die Niederlage gegen Joe Biden nicht anerkannte, was zu den Kapitol-Unruhen am 6. Januar führte. Trump bleibt eine polarisierende Figur in der amerikanischen Politik und deutet an, erneut für das Präsidentenamt zu kandidieren.

Das 21. Jahrhundert hat den Konservatismus in den USA sowohl bestätigt als auch herausgefordert. Von den Terroranschlägen über die Finanzkrise bis hin zur Präsidentschaft von Donald Trump haben besondere Ereignisse den Konservatismus geformt und umgeformt. Wie sich diese Ideologie weiterentwickelt, wird nicht nur von den Antworten auf gegenwärtige Herausforderungen abhängen, sondern auch von ihrer Fähigkeit, eine kohärente Vision für die Zukunft zu artikulieren, die mit den Werten und Hoffnungen der amerikanischen Bevölkerung resoniert.

Konservatismus in Europa

Der Konservatismus in Europa hat eine lange und komplexe Geschichte, die eng mit den sozialen, politischen und wirtschaftlichen Entwicklungen des Kontinents verflochten ist. In diesem Absatz werfe ich einen Blick auf die Entwicklung und den Einfluss des Konservatismus in verschiedenen europäischen Ländern, von der Nachkriegszeit bis zur Gegenwart. Besondere Ereignisse, die die konservative Politik geprägt haben, werden ebenso beleuchtet wie die Herausforderungen, denen sich konservative Parteien heute gegenübersehen.

Nach dem Zweiten Weltkrieg standen europäische Konservative vor der Aufgabe, ihre Länder wieder aufzubauen und politische Systeme zu stabilisieren. In Deutschland führte dies zur Gründung der Christlich Demokratischen Union (CDU) unter Konrad Adenauer, der von 1949 bis 1963 Bundeskanzler war. Adenauers Politik der "Sozialen Marktwirtschaft" versuchte, freie Marktwirtschaft mit sozialer Absicherung zu kombinieren, und legte den Grundstein für das deutsche Wirtschaftswunder.

In Großbritannien kamen die Konservativen 1951 an die Macht, angeführt von Winston Churchill. Die Konservative Partei fokussierte sich auf den Wiederaufbau der britischen Wirtschaft und auf die Bewahrung des Empire, obwohl letzteres zunehmend schwieriger wurde, da der Prozess der Dekolonisation in den 1950er und 1960er Jahren an Fahrt gewann.

Eine der prägendsten Figuren des europäischen Konservatismus war die britische Premierministerin Margaret Thatcher, die von 1979 bis 1990 im Amt war. Ihre Politik des "Thatcherismus" umfasste umfangreiche Deregulierungsmaßnahmen, Privatisierungen staatlicher Unternehmen und einen harten Kampf gegen die Gewerkschaften, insbesondere während des Bergarbeiterstreiks von 1984/85. Thatcher setzte sich auch vehement für geringere Steuern und eine Reduzierung der öffentlichen Ausgaben ein. Ihre Politik führte zu tiefgreifenden Veränderungen in der britischen Gesellschaft und Wirtschaft, war aber auch stark umstritten und führte zu erheblichen sozialen Spannungen.

Margaret Thatcher, geboren am 13. Oktober 1925 in Grantham, England, war die erste weibliche Premierministerin Großbritanniens und diente von 1979 bis 1990. Als Mitglied der Konservativen Partei war sie bekannt für ihre entschlossene und oft polarisierende Führungsart, die ihr den Spitznamen „Eiserne Lady" einbrachte. Thatcher studierte Chemie an der Universität Oxford und begann ihre politische Karriere 1959 als Abgeordnete für Finchley. Ihre politische Philosophie war stark von neoliberalen Ideen beeinflusst, die Deregulierung, privates Unternehmertum und die Reduzierung der staatlichen Einmischung in die Wirtschaft betonten. Ihre Amtszeit war geprägt von bedeutenden politischen Entscheidungen, darunter die Privatisierung staatlicher Unternehmen, die Bekämpfung der Inflation durch strikte Geldpolitik und der Widerstand gegen die Gewerkschaften, insbesondere während des Bergarbeiterstreiks von 1984-1985. International war Thatcher für ihre enge politische und persönliche Allianz mit US-Präsident Ronald Reagan bekannt sowie für ihre kritische Haltung gegenüber der Sowjetunion während des Kalten Krieges. Sie spielte auch eine zentrale Rolle im Falklandkrieg 1982. Margaret Thatcher verstarb am 8. April 2013. Ihr Erbe bleibt sowohl bewundert als auch umstritten.

Der Aufstieg des Konservatismus in Osteuropa

Die politische Landschaft Osteuropas hat sich seit dem Fall des Eisernen Vorhangs dramatisch verändert. Mit dem Zusammenbruch der Sowjetunion und dem Ende des Kalten Krieges begannen die osteuropäischen Länder, eigene Wege in der Politik zu beschreiten, wobei viele von ihnen eine klare konservative Wende nahmen. In diesem Kapitel wird der Aufstieg des Konservatismus in Osteuropa untersucht, indem sowohl die historischen Wurzeln als auch die jüngsten politischen Entwicklungen und ihre Auswirkungen auf die regionale und globale Politik beleuchtet werden.

Nach dem Fall der Berliner Mauer im Jahr 1989 und der darauf folgenden Auflösung der Sowjetunion im Jahr 1991 begannen die osteuropäischen Länder, darunter Polen, Ungarn, die Tschechische Republik und weitere, ihre nationalen Identitäten sowie politischen Systeme grundlegend neu zu definieren. Mit der Abkehr von jahrzehntelang verankerten kommunistischen Ideologien und Strukturen setzten diese Nationen eine tiefgreifende Suche nach neuen politischen und wirtschaftlichen Modellen in Gang. Viele dieser Staaten orientierten sich dabei an westlichen Demokratien, führten marktwirtschaftliche Reformen ein und strebten nach Integration in westliche Bündnisse wie die Europäische Union und die NATO. Dieser Transformationsprozess war nicht nur politisch und wirtschaftlich, sondern auch gesellschaftlich von tiefgreifender Bedeutung, da er eine neue Ära der Freiheit, des Wettbewerbs und der internationalen Zusammenarbeit für die ehemals kommunistisch geprägten Länder Osteuropas einläutete.

In vielen osteuropäischen Ländern spielten die Kirche und nationale Bewegungen eine zentrale Rolle bei der Formung des postkommunistischen Konservatismus. In Polen beispielsweise hatte die Katholische Kirche erheblichen Einfluss auf die gesellschaftliche und politische Ordnung, was sich in der starken Unterstützung für die Solidarność-Bewegung während der 1980er Jahre zeigte. Nach dem Ende des Kommunismus blieb die Kirche ein wichtiger Akteur in der polnischen Politik und unterstützte konservative Parteien und Politiken, die die nationale Identität und katholische Werte betonten.[6]

In Polen führte die Wahl von 2005 zur Machtübernahme durch die Partei Recht und Gerechtigkeit (PiS), die sich durch eine konservative, nationalistische und teilweise euroskeptische Agenda auszeichnet. Unter der Führung von Jarosław Kaczyński betonte PiS die Bedeutung der nationalen Souveränität gegenüber der Europäischen Union und

---

6 Timothy Garton Ash, 1989 und die Folgen mit János Kis (= Transit, Band 18). Verlag Neue Kritik, Frankfurt am Main, ISBN 3-8015-0344-5

führte zahlreiche Reformen durch, die das Justizsystem, die Medien und andere staatliche Institutionen betrafen. Diese Reformen wurden sowohl im Inland als auch international kritisiert, da sie nach Ansicht vieler Beobachter die demokratischen Standards und die Rechtsstaatlichkeit untergruben.

Jarosław Kaczyński, geboren am 18. Juni 1949 in Warschau, ist eine der polarisierendsten Figuren der polnischen Politik und der langjährige Vorsitzende der nationalistischen Partei Recht und Gerechtigkeit (PiS). Seine politische Laufbahn, die mit seiner Rolle in der Solidarność-Bewegung begann, führte ihn 2006 bis 2007 ins Amt des Ministerpräsidenten Polens. Kaczyński wird häufig für seinen autoritären Führungsstil kritisiert. Seit seiner Machtübernahme wurden unter seiner Ägide zahlreiche Reformen durchgeführt, die internationale Bedenken hinsichtlich der Rechtsstaatlichkeit in Polen hervorriefen. Insbesondere seine Eingriffe in das Justizsystem und die Medienfreiheit stehen in der Kritik, da sie als Versuche gesehen werden, unabhängige Institutionen zu schwächen und die Macht der Exekutive zu stärken. Seine Politik zeichnet sich durch eine tiefgreifende EU-Skepsis und eine restriktive Einwanderungspolitik aus. Kaczyński hat auch für sein Vorgehen gegenüber der LGBTQ+-Gemeinschaft und seine konservativen Ansichten zu sozialen Fragen internationale Kritik erfahren. Seine Führung hat das politische Klima in Polen stark gespalten und die gesellschaftliche Polarisierung vertieft.

In Ungarn erlangte Viktor Orbán im Jahr 2010 mit seiner Partei Fidesz die Macht und begann, tiefgreifende Veränderungen in der ungarischen Gesellschaft und Politik umzusetzen. Orbáns Politik ist geprägt von einem ausgeprägten Autoritarismus, einer Betonung ungarischer nationaler Interessen sowie einer kritischen und oft konfrontativen Haltung gegenüber Migration und der Europäischen Union. Unter seiner Führung hat das Land eine Reihe umstrittener Gesetze verabschiedet, darunter weitreichende Verfassungsänderungen, die die Macht der Judikative einschränken und die Pressefreiheit erheblich beschneiden. Orbán strebt nach einer zentralisierten Kontrolle und hat eine illiberale Demokratie aufgebaut, die zunehmend international kritisiert wird. Seine Politik zielt darauf ab, Ungarns Souveränität zu betonen, oft auf Kosten demokratischer Prinzipien und europäischer Werte, was zu Spannungen sowohl innerhalb des Landes als auch mit der Europäischen Union geführt hat.

Viktor Orbán, geboren am 31. Mai 1963 in Székesfehérvár, Ungarn, ist eine kontroverse Figur in der europäischen Politik. Seit 2010 ist er der Ministerpräsident Ungarns und Vorsitzender der Partei Fidesz. Orbán, der ursprünglich als liberaler Reformer und Gegner des kommunistischen Regimes in Ungarn galt, hat sich im Laufe seiner Amtszeit zunehmend autoritäre Züge angeeignet. Orbáns Regierungszeit ist geprägt von Maßnahmen, die als Unterminierung der demokratischen Institutionen und der Rechtsstaatlichkeit betrachtet werden. Dazu zählen die Einschränkung der Pressefreiheit, der Einfluss auf die Justiz durch die Besetzung von Gerichten mit regierungstreuen Richtern und die Modifikation des Wahlrechts zu Gunsten seiner Partei. Diese Schritte haben ihm sowohl im Inland als auch international erhebliche Kritik eingebracht. Des Weiteren steht Orbán wegen seiner nationalistischen und anti-immigrantischen Politik unter Kritik. Seine Regierung hat harte Maßnahmen gegen Migranten eingeführt und sich gegen die Aufnahme von Flüchtlingen ausgesprochen. Orbáns Rhetorik und Politik haben Ungarn in eine zunehmend isolierte Position innerhalb der Europäischen Union gebracht und die Spannungen mit anderen EU-Staaten verschärft.

Die Flüchtlingskrise von 2015 war ein weiterer Wendepunkt für den Konservatismus in Osteuropa. Viele osteuropäische Länder, insbesondere Polen und Ungarn, reagierten mit einer sehr restriktiven Migrationspolitik und lehnten Quoten zur Aufnahme von Flüchtlingen, die von der Europäischen Union vorgeschlagen wurden, entschieden ab. Diese Haltung verstärkte die populistische und nationalistische Rhetorik in der Region und führte zu Spannungen innerhalb der EU.

Der Konservatismus in Osteuropa steht vor zahlreichen Herausforderungen. Die zunehmenden Spannungen mit der Europäischen Union, die internen Debatten über Demokratie und Rechtsstaatlichkeit sowie die Notwendigkeit, auf globale wirtschaftliche und soziale Veränderungen zu reagieren, sind nur einige der Probleme, denen sich konservative Regierungen in der Region gegenübersehen. Wie sie diese Herausforderungen angehen, wird nicht nur die Zukunft des Konservatismus in Osteuropa, sondern auch die Beziehungen innerhalb Europas und darüber hinaus prägen.

Der Aufstieg des Konservatismus in Osteuropa ist ein komplexes Phänomen, das tief in der jüngeren Geschichte und den sozialen Veränderungen der Region verwurzelt ist. Während konservative Parteien in vielen Ländern weiterhin starken Rückhalt genießen, bleibt ihre Zukunft ungewiss, angesichts interner und externer Druckpunkte und der Notwendigkeit, auf eine sich schnell verändernde Welt zu reagieren. Der Weg, den sie wählen, wird entscheidend dafür sein, wie Osteuropa seine Rolle in Europa und der Welt im 21. Jahrhundert gestaltet.

Die Beziehung zwischen konservativen Parteien und der Europäischen Union ist komplex. Während viele konservative Parteien die EU grundsätzlich unterstützen, gibt es auch starke euroskeptische Strömungen innerhalb des Konservatismus. Die Debatte um die europäische Integration erreichte mit dem Brexit-Referendum im Jahr 2016 einen Höhepunkt, als die britische Bevölkerung für den Austritt aus der EU stimmte. Diese Entscheidung wurde maßgeblich von der UK Independence Party (UKIP) unter Nigel Farage, einer rechtspopulistischen und euroskeptischen Partei, vorangetrieben.

Nigel Farage, geboren am 3. April 1964 in Farnborough, England, ist ein britischer Politiker, der maßgeblich zum Brexit beigetragen hat. Nach einer Karriere im Bankwesen wandte sich Farage der Politik zu und wurde 1999 Mitglied des Europäischen Parlaments. Als überzeugter Euroskeptiker kritisierte er die Europäische Union scharf und setzte sich für den Austritt Großbritanniens ein. Farage führte die UK Independence Party (UKIP) von 2006 bis 2009 und erneut von 2010 bis 2016. Unter seiner Leitung entwickelte sich UKIP zu einer wichtigen Kraft in der britischen Politik, insbesondere durch ihre Forderung nach dem EU-Austritt. Farage war eine Schlüsselfigur in der Kampagne für das Brexit-Referendum 2016, das schließlich den Weg für den EU-Austritt Großbritanniens ebnete. Nach dem Referendum gründete er die Brexit Party, um den Austritt zu beschleunigen. Farage ist bekannt für seine scharfe Rhetorik und polarisierenden Auftritte, die ihm sowohl Bewunderer als auch Kritiker einbrachten. Sein Vermächtnis ist eng mit dem Brexit und der Stärkung nationalistischer Tendenzen in Großbritannien verbunden.

Der europäische Konservatismus steht im 21. Jahrhundert vor zahlreichen Herausforderungen, darunter die Bewältigung der Migrationskrise, der Umgang mit dem Klimawandel und die Reaktion auf die zunehmende politische Polarisierung innerhalb vieler Länder. Zudem hat die COVID-19-Pandemie ab 2020 die Bedeutung effektiver staatlicher Maßnahmen und die Rolle der öffentlichen Gesundheit in den Vordergrund gerückt, Themen, die traditionelle konservative Ansätze in Frage stellen könnten.

Der Konservatismus in Europa hat sich seit dem Zweiten Weltkrieg erheblich entwickelt und variiert stark von Land zu Land. Während einige konservative Parteien weiterhin großen Einfluss haben, müssen sie sich ständig an veränderte Bedingungen anpassen und auf neue gesellschaftliche Fragen reagieren. Die Zukunft des Konservatismus in Europa wird davon abhängen, wie effektiv diese Parteien die Balance zwischen der Bewahrung traditioneller Werte und der Notwendigkeit zur Anpassung an eine sich schnell verändernde Welt finden können.

Konservatismus in Asien

Asien, ein Kontinent mit einer reichen Vielfalt an Kulturen, Religionen und politischen Systemen, bietet ein einzigartiges Panorama konservativer Ideologien und Praktiken. In Ländern wie Japan, Indien, Südkorea und anderen haben konservative Bewegungen die Politik und Gesellschaft maßgeblich geprägt. Diese Bewegungen haben sich oft auf die Bewahrung kultureller Traditionen, die Stärkung nationaler Identität und eine Präferenz für politische Stabilität konzentriert. In diesem Kapitel wird der Konservatismus in verschiedenen asiatischen Ländern untersucht, wobei besondere Ereignisse und deren Einfluss auf die jeweilige politische Landschaft beleuchtet werden.

Konservatismus in Japan

In Japan hat der Konservatismus eine lange Tradition, die eng mit der politischen Dominanz der Liberaldemokratischen Partei (LDP) verbunden ist. Seit ihrer Gründung im Jahr 1955 hat die LDP den größten Teil der Nachkriegszeit regiert und steht für eine Politik, die wirtschaftliche Entwicklung mit einer starken staatlichen Lenkung und dem Schutz traditioneller sozialer Werte verbindet.

Besondere Ereignisse:

- **Yasukuni-Schrein-Besuche:** Ein immer wiederkehrendes und kontroverses Thema in der japanischen Politik sind die Besuche führender Politiker beim Yasukuni-Schrein. Dieser Schrein, in dem nicht nur gefallene Soldaten, sondern auch verurteilte Kriegsverbrecher des Zweiten Weltkriegs verehrt werden, sorgt regelmäßig für innen- und außenpolitische Spannungen. Besonders unter konservativen Premierministern, wie etwa Junichiro Koizumi, fanden solche Besuche häufig statt und wurden in der japanischen Gesellschaft unterschiedlich bewertet. International jedoch lösten sie wiederholt heftige diplomatische Reaktionen aus, insbesondere seitens Chinas und Südkoreas. Beide Länder betrachten die Besuche als mangelnde Auseinandersetzung Japans mit seiner kriegerischen Vergangenheit und als Affront gegenüber den Opfern des japanischen Militarismus. Die anhaltenden diplomatischen Spannungen belasten bis heute das Verhältnis Japans zu seinen Nachbarn und werfen Fragen nach der Rolle der Erinnerungskultur und nationalen Identität auf.

- Fukushima-Daiichi-Nuklearkatastrophe: Nach dem verheerenden Erdbeben und Tsunami im Jahr 2011 sowie der daraus resultierenden Nuklearkatastrophe von Fukushima gerieten konservative Regierungen in scharfe Kritik. Es wurde ihnen vorgeworfen, die Sicherheitsbedenken im Bereich der Atomenergie zugunsten wirtschaftlicher Interessen über Jahre hinweg vernachlässigt zu haben. Die Krise offenbarte schwerwiegende Versäumnisse in der Energiepolitik, insbesondere in Bezug auf die Sicherheitsstandards von Atomkraftwerken. Die Art und Weise, wie die von der Liberaldemokratischen Partei (LDP) geführte Regierung mit den Folgen der Katastrophe umging, entfachte in Japan eine umfassende und tiefgreifende Debatte. Im Zentrum dieser Diskussionen standen Fragen zur Zukunft der Atomenergie, zum Ausbau erneuerbarer Energien und zur Rolle des Umweltschutzes. Viele forderten grundlegende Reformen, während andere die Rückkehr zur Atomkraft als unverzichtbar für die wirtschaftliche Stabilität des Landes verteidigten. Die Ereignisse von 2011 haben die japanische Energiepolitik nachhaltig beeinflusst und das Vertrauen der Bevölkerung in staatliche Institutionen erschüttert.

Junichiro Koizumi, geboren am 8. Januar 1942, war Japans Premierminister von 2001 bis 2006 und ist bekannt für seinen charismatischen und reformorientierten Führungsstil. Als Mitglied der Liberaldemokratischen Partei (LDP) setzte er wichtige Strukturreformen durch, darunter die Privatisierung der japanischen Post. Trotz seiner Popularität sorgten seine Besuche im Yasukuni-Schrein für nationale und internationale Kontroversen, insbesondere mit China und Südkorea. Koizumi bleibt eine zentrale Figur der japanischen Politik, obwohl seine Umweltpolitik und Reformen teils kritisiert wurden.

Konservatismus in Indien

In Indien ist der Konservatismus stark durch die Bharatiya Janata Party (BJP) und ihre ideologische Stütze, die Rashtriya Swayamsevak Sangh (RSS), geprägt. Seit ihrer Gründung hat die BJP eine Politik verfolgt, die auf Hindu-Nationalismus, die Förderung indischer Kultur und Traditionen sowie eine kritische Haltung gegenüber der säkularen Politik der Kongresspartei ausgerichtet ist.

Besondere Ereignisse:

- Zerstörung der Babri-Moschee: Ein signifikantes Ereignis, das oft mit dem Aufstieg des konservativen Hindu-Nationalismus in Verbindung gebracht wird, ist die Zerstörung der Babri-Moschee in Ayodhya im Jahr 1992 durch Hindu-Extremisten, die glaubten, dass es der Geburtsort des Gottes Rama sei. Dieses Ereignis führte zu landesweiten Unruhen und hat die politische Landschaft Indiens dauerhaft verändert.
- Kashmir-Integration: Im August 2019 hob die von der BJP geführte Regierung unter Narendra Modi den Sonderstatus von Jammu und Kashmir auf und integrierte das Gebiet vollständig in den indischen Staat. Diese Entscheidung, obwohl populär unter vielen indischen Konservativen, führte zu internationaler Kritik und erhöhten Spannungen mit Pakistan.

Konservatismus in Südkorea

In Südkorea ist der Konservatismus eng mit den Parteien verbunden, die aus der ersten republikanischen Partei hervorgegangen sind, und hat seine Wurzeln in der anti-kommunistischen Politik der frühen Präsidenten wie Syngman Rhee und Park Chung-hee. Südkoreanische Konservative betonen häufig die Bedeutung von Sicherheit und wirtschaftlicher Entwicklung, wobei eine starke Allianz mit den Vereinigten Staaten und eine harte Haltung gegenüber Nordkorea zentrale Themen sind.

Besondere Ereignisse:

- Sewol-Fährunglück: Das Unglück der Sewol-Fähre im Jahr 2014, bei dem fast 300 Menschen starben, führte zu massiver öffentlicher Kritik an der konservativen Regierung unter Präsidentin Park Geun-hye. Die mangelhafte Reaktion der Regierung auf die Katastrophe und die darauf folgende Entdeckung von Korruptionsskandalen, die bis in die höchsten Regierungsebenen reichten, führten zu Parks Amtsenthebung.
- THAAD-Installation: Die Entscheidung der südkoreanischen Regierung, das amerikanische THAAD-Raketenabwehrsystem zu installieren, führte zu erheblichen Spannungen mit China, das dies als Bedrohung seiner eigenen Sicherheitsinteressen ansah. Diese Entscheidung unterstreicht die konservative Priorität auf Sicherheit und die enge militärische Bindung an die USA.

Konservative Bewegungen in Asien stehen vor zahlreichen Herausforderungen, darunter wirtschaftliche Ungleichheit, demografischer Wandel, Umweltprobleme und die Notwendigkeit, ihre politischen Systeme an eine schnelllebige globale Ordnung anzupassen. Die Art und Weise, wie sie diese Herausforderungen angehen, wird entscheidend für ihre zukünftige Relevanz und Wirksamkeit sein. Der Konservatismus in Asien bleibt eine mächtige Kraft, die durch eine komplexe Mischung aus traditionellen Werten und modernen politischen Realitäten geprägt ist. Obwohl er sich in jedem Land anders manifestiert, teilen viele asiatische Konservative ein gemeinsames Interesse an der Bewahrung ihrer kulturellen Identität und der Aufrechterhaltung politischer und wirtschaftlicher Stabilität. Die zukünftige Entwicklung des Konservatismus in Asien wird nicht nur für die betreffenden Länder, sondern auch für die globale politische Dynamik von großer Bedeutung sein.[7]

7   Joseph Chinyong Liow, Religion and nationalism in Southeast Asia , 2016, Cambridge University, ISBN 9781316711811

Konservatismus in Lateinamerika

Der Konservatismus in Lateinamerika ist ein vielschichtiges Phänomen, das tief in den politischen, sozialen und kulturellen Strukturen der Region verwurzelt ist. Er hat sich im Laufe der Jahrhunderte in verschiedenen Formen und unter unterschiedlichen historischen Bedingungen entwickelt. Anders als in Europa oder Nordamerika, wo der Konservatismus oft als eine Reaktion auf die Moderne oder auf revolutionäre Bewegungen verstanden wird, ist der lateinamerikanische Konservatismus eng mit den kolonialen und postkolonialen Erfahrungen der Region verbunden.

In Lateinamerika geht der Konservatismus auf die koloniale Ära zurück, als die herrschenden Eliten versuchten, die soziale und politische Ordnung zu bewahren, die auf Hierarchie, Klerikalismus und starker staatlicher Kontrolle basierte. Nach der Unabhängigkeit der lateinamerikanischen Staaten im 19. Jahrhundert wurde der Konservatismus zu einer zentralen politischen Ideologie, die vor allem die Interessen der ländlichen Eliten, der katholischen Kirche und des Militärs vertrat. Diese Strömung stand im Gegensatz zu liberalen und progressiven Bewegungen, die auf soziale Reformen und wirtschaftliche Modernisierung abzielten. Besonderes Augenmerk wird auf die Beziehung zwischen Konservatismus, der katholischen Kirche, den Eliten und dem Militär sowie den Konflikten zwischen konservativen und progressiven Kräften gelegt.

Der Konservatismus in Lateinamerika hat seine Wurzeln in der kolonialen Ordnung, die von Spanien und Portugal im 16. Jahrhundert etabliert wurde. Die Kolonialgesellschaften waren streng hierarchisch organisiert, wobei die Krone, die katholische Kirche und die Landbesitzer die Macht innehatten. Diese sozialen und politischen Strukturen wurden durch den Glauben an göttliche Vorsehung und eine ständische Gesellschaftsordnung gerechtfertigt, in der jeder Mensch seinen festen Platz hatte.

Die katholische Kirche spielte eine zentrale Rolle in der lateinamerikanischen Kolonialgesellschaft. Sie war nicht nur die dominierende religiöse Institution, sondern auch eine wichtige politische und wirtschaftliche Kraft. Die Kirche kontrollierte große Landgüter, verfügte über erheblichen Reichtum und Einfluss und war eng mit der Krone verbunden. Durch die Missionierung der indigenen Bevölkerung trug die Kirche zur Ausweitung der kolonialen Kontrolle bei und fungierte als Hüterin der moralischen und sozialen Ordnung.

Nach den Unabhängigkeitskriegen im 19. Jahrhundert, als viele lateinamerikanische Staaten von Spanien und Portugal unabhängig wurden, blieb die katholische Kirche eine wichtige Stütze konservativer Kräfte. Konservative Eliten sahen in der Kirche einen Verbündeten, der die bestehende soziale Hierarchie und traditionelle Werte aufrechterhalten konnte. In Ländern wie Mexiko, Kolumbien und Peru wurde der Konservatismus eng mit der Verteidigung der katholischen Kirche gegen die als antiklerikal empfundenen liberalen Reformen verbunden.

Neben der katholischen Kirche waren auch die ländlichen Eliten eine tragende Säule des Konservatismus in Lateinamerika. Diese Großgrundbesitzer, die oft von europäischen Kolonisten abstammten, kontrollierten riesige Ländereien und eine abhängige bäuerliche Bevölkerung. Der Feudalismus, der in vielen Teilen Lateinamerikas bis ins 20. Jahrhundert hinein existierte, war eine zentrale Grundlage der konservativen Ideologie, die die bestehenden Machtverhältnisse auf dem Land bewahren wollte.

Die ländlichen Eliten hatten ein Interesse daran, die bestehende soziale Ordnung zu erhalten, da sie von der ungleichen Verteilung von Land und Reichtum profitierten. Konservative Politiker setzten sich daher gegen Agrarreformen und andere soziale Veränderungen ein, die die Macht und den Reichtum der Landbesitzer bedrohten. In vielen lateinamerikanischen Ländern standen Konservative im 19. Jahrhundert den Liberalen gegenüber, die versuchten, den Einfluss der Kirche und der Großgrundbesitzer zu beschneiden und eine modernere, marktorientierte Wirtschaft zu schaffen.

Der Konservatismus in Lateinamerika zeichnet sich durch bestimmte Kernmerkmale aus, die ihn von anderen ideologischen Strömungen abgrenzen. Diese Merkmale haben sich über die Jahrhunderte hinweg entwickelt, wobei sie sich den jeweiligen historischen und politischen Bedingungen angepasst haben.

Ein zentrales Merkmal des Konservatismus in Lateinamerika ist die Verteidigung der traditionellen sozialen Hierarchie. In der kolonialen und postkolonialen Gesellschaft Lateinamerikas war die soziale Ordnung stark hierarchisch, wobei eine kleine Elite aus Landbesitzern, der Kirche und Militärs die Macht kontrollierte, während die Mehrheit der Bevölkerung, darunter indigene Völker, Bauern und Arbeiter, ausgebeutet wurde.

Diese hierarchische Ordnung wurde von konservativen Kräften als natürlich und gottgegeben verteidigt. Veränderungen, die zu einer Auflösung dieser Hierarchien führen könnten – wie Agrarreformen, Demokratisierung oder die Stärkung der Arbeiterrechte – wurden als Bedrohung der gesellschaftlichen Stabilität betrachtet. Konservative Eliten argumentierten, dass soziale und politische Reformen zu Chaos und Anarchie führen würden, und setzten sich daher für die Erhaltung des Status quo ein.

Die katholische Kirche war und ist eine der mächtigsten Institutionen in vielen lateinamerikanischen Ländern, und der Konservatismus war historisch eng mit der Verteidigung ihrer Interessen verbunden. Die Kirche spielte eine zentrale Rolle bei der Aufrechterhaltung der sozialen und moralischen Ordnung und war ein wichtiger Akteur im Bildungswesen, im sozialen Leben und in der Politik.

Konservative Bewegungen setzten sich in vielen Ländern für die Erhaltung der engen Beziehung zwischen Kirche und Staat ein und lehnten laizistische Reformen ab, die darauf abzielten, den Einfluss der Kirche auf die Politik und Gesellschaft zu beschneiden. Besonders in Mexiko und Kolumbien kam es im 19. Jahrhundert zu intensiven Auseinandersetzungen zwischen konservativen und liberalen Kräften, die eine Säkularisierung des Staates und die Trennung von Kirche und Staat anstrebten.

Konservative Bewegungen in Lateinamerika neigten oft dazu, stark nationalistische Positionen zu vertreten. Dieser Nationalismus beruhte häufig auf der Betonung traditioneller Werte und der Verteidigung der nationalen Souveränität gegen ausländischen Einfluss. Dies war besonders in Ländern der Fall, die von externen Mächten, wie den USA oder Europa, politisch und wirtschaftlich dominiert wurden.

In vielen Fällen ging der Nationalismus konservativer Kräfte Hand in Hand mit autoritären Tendenzen. Konservative Politiker und Militärs argumentierten oft, dass starke, autoritäre Regierungen notwendig seien, um die Ordnung zu wahren und das Land vor den Bedrohungen des Kommunismus, des Liberalismus oder des sozialen Wandels zu schützen. Diese autoritären Regierungen stützten sich oft auf das Militär, das eine zentrale Rolle im politischen System vieler lateinamerikanischer Staaten spielte.

Im 20. Jahrhundert gewann der Konservatismus in Lateinamerika zunehmend autoritäre Züge. Besonders nach dem Zweiten Weltkrieg, im Kontext des Kalten Krieges, unterstützten konservative Kräfte häufig Militärregime, die ihre Macht mit harter Hand und repressiven Maßnahmen festigten. Diese Regime betrachteten sich als Bollwerke gegen den Kommunismus und sahen es als ihre Aufgabe, die bestehende soziale und wirtschaftliche Ordnung zu verteidigen. Die USA spielten im Kalten Krieg eine zentrale Rolle bei der Unterstützung konservativer und autoritärer Regime in Lateinamerika. Im Kontext der geopolitischen Rivalität zwischen den Vereinigten Staaten und der Sowjetunion betrachteten die USA die Region als eine entscheidende Front im Kampf gegen den Kommunismus. Konservative Regierungen und Militärdiktaturen wurden daher von den USA unterstützt, um zu verhindern, dass linke oder sozialistische Bewegungen in Lateinamerika die Macht ergreifen.

Beispiele für konservative Militärregime, die von den USA unterstützt wurden, sind die Diktaturen in Chile unter Augusto Pinochet, in Argentinien während des „Schmutzigen Krieges" und in Brasilien nach dem Militärputsch von 1964. Diese Regime setzten auf harte Repression gegen linke und oppositionelle Bewegungen und führten neoliberale Wirtschaftsreformen durch, die oft den Interessen der einheimischen Eliten und internationaler Konzerne dienten.

Ein weiteres Kennzeichen konservativer Regierungen in Lateinamerika im 20. Jahrhundert war ihre wirtschaftspolitische Ausrichtung. Konservative Regierungen setzten auf marktwirtschaftliche Reformen, die oft den Reichtum und die Macht der Eliten festigten, während sie soziale Ungleichheiten verstärkten. Die Privatisierung staatlicher Unternehmen, der Abbau von Sozialprogrammen und die Förderung ausländischer Investitionen waren zentrale Elemente dieser Politik. Dies führte jedoch häufig zu einem Anstieg der Armut und Ungleichheit, da große Teile der Bevölkerung von diesen Reformen ausgeschlossen blieben.

In den letzten Jahrzehnten hat der Konservatismus in Lateinamerika eine Wiederbelebung erlebt. In vielen Ländern der Region haben konservative Parteien und Politiker an Einfluss gewonnen, insbesondere als Reaktion auf die sozialistischen und linken Regierungen, die in den 2000er Jahren an die Macht kamen.[8]

8 Studie der Friedrich-Ebert-Stiftung, Konservatismus und Rechtsautoritarismus in Brasilien: Eine Analyse der politischen Landschaft

In Ländern wie Brasilien, Argentinien und Chile haben konservative Parteien in den vergangenen Jahren bedeutende Wahlerfolge verzeichnet. Sie positionieren sich als entschlossene Verteidiger traditioneller Werte, wirtschaftlicher Stabilität und nationaler Souveränität. Im Gegensatz zu den progressiven und linken Regierungen, die zuvor das politische Bild dieser Länder geprägt hatten, lehnen sie soziale und wirtschaftliche Reformen ab, die ihrer Ansicht nach zu tiefgreifenden Veränderungen und Unsicherheiten geführt haben. Diese konservativen Kräfte profitieren häufig von einer wachsenden Unzufriedenheit in der Bevölkerung, die sich insbesondere aufgrund weit verbreiteter Korruption, anhaltender wirtschaftlicher Krisen und der schnellen sozialen Transformation formiert hat. Indem sie sich als Anwälte der Stabilität und Bewahrer der traditionellen Ordnung inszenieren, gelingt es ihnen, sowohl das Vertrauen breiter Wählerschichten zu gewinnen als auch eine Gegenbewegung zu den von vielen als zu radikal empfundenen Veränderungen zu schaffen, die die linke Politik in der Region hervorgerufen hat.

Ein herausragendes Beispiel für den Aufstieg konservativer Kräfte in Lateinamerika ist die Wahl von Jair Bolsonaro zum Präsidenten Brasiliens im Jahr 2018. Bolsonaro positionierte sich geschickt als unnachgiebiger Verfechter konservativer Werte und starker staatlicher Autorität. In seinem Wahlkampf appellierte er an das Bedürfnis nach Ordnung und Sicherheit und gewann breite Unterstützung in der Bevölkerung. Seine Politik war von einem ausgeprägten Nationalismus durchdrungen, der das brasilianische Selbstbewusstsein stärken und die nationale Souveränität betonen sollte. Zudem trat er als Verteidiger traditioneller Familienwerte auf, was ihm besonders bei konservativen und religiösen Wählern Zustimmung verschaffte. Wirtschaftspolitisch vertrat Bolsonaro eine neoliberale Linie, die auf Deregulierung, Privatisierung und die Förderung des freien Marktes setzte, um die stagnierende brasilianische Wirtschaft zu revitalisieren. Diese Mischung aus autoritären Tendenzen, nationalistischen Idealen und marktorientierter Politik prägte seine Amtszeit und spaltete das Land, da viele seine Regierung sowohl als Garant für Stabilität als auch als Gefahr für demokratische Prinzipien betrachteten.

Jair Bolsonaro, geboren am 21. März 1955 in Glicério, Brasilien, ist ein brasilianischer Politiker und ehemaliger Militärangehöriger, der von 2019 bis 2022 als Präsident Brasiliens amtierte. Bekannt für seine populistische Rhetorik, autoritären Tendenzen und rechtsgerichteten Positionen, war Bolsonaro eine umstrittene Figur in der brasilianischen und internationalen Politik. Bolsonaro begann seine politische Karriere 1989 als Stadtrat von Rio de Janeiro und wurde später Abgeordneter im brasilianischen Nationalkongress. In seiner politischen Laufbahn fiel er durch seine Unterstützung für die brasilianische Militärdiktatur (1964–1985) und seine oft polarisierenden und kontroversen Kommentare auf, insbesondere zu Themen wie Frauenrechten, Homosexualität und der Umwelt. Als Präsident führte Bolsonaro eine neoliberale Wirtschaftspolitik durch, einschließlich der Förderung von Privatisierungen und der Deregulierung von Industrien. Seine Umweltpolitik erregte jedoch besondere internationale Kritik, insbesondere wegen der Zunahme der Abholzung des Amazonas-Regenwaldes unter seiner Regierung und seiner Ablehnung von Umweltauflagen. Bolsonaro leugnete wiederholt den Klimawandel und schränkte Umweltschutzmaßnahmen erheblich ein, was sowohl in Brasilien als auch weltweit zu großer Besorgnis führte. Ein weiterer kritischer Aspekt seiner Präsidentschaft war Bolsonaros Umgang mit der COVID-19-Pandemie. Er spielte das Virus herunter, widersetzte sich Gesundheitsmaßnahmen wie Maskenpflicht und Lockdowns und verzögerte die Impfstoffverteilung, was zu einer hohen Zahl von Todesopfern in Brasilien beitrug. Bolsonaro wurde auch für seine Angriffe auf die demokratischen Institutionen Brasiliens kritisiert. Er stellte wiederholt die Legitimität des Wahlsystems in Frage und deutete an, dass er im Falle einer Wahlniederlage die Ergebnisse nicht anerkennen würde. Seine autoritäre Rhetorik und die Ermutigung zur Militarisierung der Politik verstärkten die Sorge um die Stabilität der brasilianischen Demokratie. Trotz seiner großen Anhängerschaft, insbesondere unter konservativen und evangelikalen Wählern, war Bolsonaros Amtszeit durch starke gesellschaftliche Polarisierung, Umweltzerstörung und Missmanagement in der Pandemie geprägt. Seine

Präsidentschaft endete 2022 nach einer knappen Wahlniederlage gegen Luiz Inácio Lula da Silva.

Ein bedeutender Faktor, der den modernen Konservatismus in Lateinamerika prägt, ist das Wachstum evangelikaler Kirchen, insbesondere in Ländern wie Brasilien, Guatemala und Mexiko. Diese religiösen Bewegungen haben konservative Werte in Fragen der Familienpolitik, der Geschlechterrollen und der Sexualmoral gefördert und spielen eine zunehmend wichtige Rolle in der Politik. Viele konservative Politiker arbeiten eng mit evangelikalen Führern zusammen, um ihre politische Basis zu stärken.

Der Konservatismus in Lateinamerika ist in den historischen, sozialen und politischen Strukturen der Region tief verwurzelt ist. Er hat sich im Laufe der Zeit weiterentwickelt und ist bis heute eine einflussreiche politische Kraft. Von den kolonialen Eliten über die autoritären Militärregime des 20. Jahrhunderts bis hin zu den neuen konservativen Bewegungen im 21. Jahrhundert haben konservative Ideologien die Politik und Gesellschaft Lateinamerikas geprägt.

Die Zukunft des Konservatismus in Lateinamerika wird von den anhaltenden Spannungen zwischen konservativen und progressiven Kräften, dem Einfluss globaler Entwicklungen und der sich wandelnden sozialen und politischen Landschaft der Region bestimmt. In einer Zeit, in der soziale Ungleichheit, wirtschaftliche Krisen und politische Polarisierung an Bedeutung gewinnen, wird der Konservatismus weiterhin eine zentrale Rolle in den politischen Auseinandersetzungen in Lateinamerika spielen.

Konservatismus in Afrika und dem Nahen Osten[9]

Der Konservatismus in Afrika und dem Nahen Osten ist ein vielfältiges und komplexes Phänomen, das tief in den historischen, kulturellen, religiösen und politischen Gegebenheiten dieser Regionen verwurzelt ist. Während der Begriff des Konservatismus in westlichen Kontexten oft als eine Reaktion auf die Moderne oder auf revolutionäre Bewegungen verstanden wird, umfasst der Konservatismus in Afrika und dem Nahen Osten eine Vielzahl von Strömungen, die von der Verteidigung traditioneller gesellschaftlicher Strukturen, der Rolle von Religion bis hin zu spezifischen politischen Ideologien reichen. Er kann als Reaktion auf Kolonialismus, westlichen Imperialismus oder den Einfluss moderner globaler Entwicklungen verstanden werden.

Konservative Strömungen in diesen Regionen zeichnen sich oft durch die Verteidigung traditioneller Werte, religiöser Normen und sozialer Hierarchien aus. Diese Strömungen stehen häufig im Spannungsfeld zwischen der Bewahrung traditioneller Strukturen und der Anpassung an moderne, globale Einflüsse. Darüber hinaus sind Konservatismus und Religion in Afrika und dem Nahen Osten eng miteinander verbunden, insbesondere in den Gesellschaften, in denen der Islam oder das Christentum eine zentrale Rolle spielen.

Dieser Text untersucht die historischen Wurzeln, Hauptmerkmale und verschiedenen Ausprägungen des Konservatismus in Afrika und dem Nahen Osten. Dabei werden sowohl der politische als auch der soziale und religiöse Konservatismus analysiert und die Auswirkungen auf die Gesellschaften der Region aufgezeigt. Besondere Aufmerksamkeit wird der Rolle von Religion, Traditionen und der politischen Elite ge-

---

9   Bericht der Heinrich-Böll-Stiftung; Konservatismus und
    Entwicklungspolitik in Afrika: Ein Blick auf die Rolle traditioneller
    Autoritäten

widmet sowie der Frage, wie konservative Ideologien in diesen Regionen auf die Herausforderungen der Moderne reagieren.

Der Konservatismus in Afrika und dem Nahen Osten hat tiefe historische Wurzeln, die sowohl in der vorkolonialen als auch in der kolonialen und postkolonialen Ära zu finden sind. In vielen afrikanischen und nahöstlichen Gesellschaften basierten konservative Strömungen auf der Verteidigung traditioneller sozialer Strukturen, die durch Stammeszugehörigkeiten, religiöse Überzeugungen und Monarchien geprägt waren. Diese Strukturen boten über lange Zeiträume hinweg Stabilität und Ordnung, doch sie wurden durch externe Einflüsse wie den Kolonialismus und den westlichen Imperialismus in Frage gestellt.

Der Kolonialismus hatte einen tiefgreifenden Einfluss auf die Entwicklung des Konservatismus in Afrika und dem Nahen Osten. In vielen Regionen versuchten die Kolonialmächte, traditionelle Strukturen zu schwächen oder zu manipulieren, um ihre Herrschaft zu sichern. Die britischen, französischen und portugiesischen Kolonialmächte führten westliche Institutionen, wirtschaftliche Systeme und Verwaltungsstrukturen ein, die oft im Widerspruch zu den bestehenden lokalen Traditionen standen.

In Reaktion auf diese Einmischung entwickelten sich konservative Bewegungen, die sich der Bewahrung der traditionellen sozialen Ordnung, der Religion und der kulturellen Identität verschrieben. In vielen Fällen sahen diese Bewegungen die westlichen Einflüsse als Bedrohung für ihre traditionellen Werte und Normen. Besonders im Nahen Osten und Nordafrika war die Abwehr des westlichen Kolonialismus eng mit der Verteidigung des Islams und der religiösen Traditionen verbunden, die als Bollwerk gegen die westliche Modernisierung galten.

Religion spielt eine zentrale Rolle im Konservatismus vieler afrikanischer und nahöstlicher Gesellschaften. Sowohl der Islam als auch das

Christentum haben in diesen Regionen eine lange Geschichte und sind eng mit der sozialen, kulturellen und politischen Ordnung verflochten. Konservative Bewegungen verteidigen häufig religiöse Normen und Bräuche gegen die Einflüsse der Moderne oder säkulare Reformen.

Im Nahen Osten ist der Islam ein integraler Bestandteil des konservativen Diskurses, insbesondere in Ländern wie Saudi-Arabien, Iran und Ägypten. Der islamische Konservatismus betont die Notwendigkeit, die Scharia (islamisches Recht) in das staatliche Rechtssystem zu integrieren und die Gesellschaft auf den Grundsätzen des Korans und der Sunnah (der Überlieferungen des Propheten Mohammed) zu organisieren. Konservative islamische Bewegungen streben oft danach, den säkularen Einfluss des Westens zurückzudrängen und eine „islamische Gesellschaftsordnung" zu fördern.

Auch in vielen afrikanischen Ländern, insbesondere in Westafrika, spielt der Islam eine zentrale Rolle im konservativen Diskurs. Hier wird der Konservatismus oft durch die Verteidigung traditioneller islamischer Werte geprägt, insbesondere in Fragen der Geschlechterrollen, der Familienstruktur und der sozialen Hierarchie.

Auf der anderen Seite spielt das Christentum, besonders in Subsahara-Afrika, eine ebenso bedeutende Rolle im konservativen Denken. Evangelikale und charismatische Kirchen, die in den letzten Jahrzehnten in Afrika stark gewachsen sind, propagieren konservative Werte in Bezug auf Familie, Sexualität und soziale Ordnung. Sie lehnen oft westliche liberale Ideologien ab, insbesondere in Bezug auf LGBT-Rechte und Genderfragen, und propagieren stattdessen traditionelle Geschlechterrollen und moralische Werte.

Der Konservatismus in Afrika und dem Nahen Osten ist vielschichtig und variiert je nach Region, aber bestimmte Hauptmerkmale zeichnen ihn aus. Diese Merkmale umfassen die Betonung von Religion und Tradition, die Aufrechterhaltung sozialer Hierarchien und die Skepsis gegenüber westlicher Moderne und Säkularismus.

Wie bereits erwähnt, spielt die Religion eine zentrale Rolle im Konservatismus in Afrika und dem Nahen Osten. Der Islam und das Christentum fungieren nicht nur als spirituelle Leitfäden, sondern auch als soziale und politische Ordnungsfaktoren. In vielen konservativen Gesellschaften sind religiöse Führer eng mit der politischen Elite verbunden und spielen eine entscheidende Rolle bei der Aufrechterhaltung der gesellschaftlichen Ordnung.

In Ländern wie Saudi-Arabien und Iran, die als konservative islamische Staaten gelten, ist die Scharia die Grundlage des Rechtssystems, und die Gesellschaft ist streng auf den religiösen Prinzipien aufgebaut. Konservative Bewegungen in diesen Ländern setzen sich vehement gegen die Trennung von Religion und Staat ein und betrachten den Islam als den entscheidenden Faktor für die gesellschaftliche Stabilität.

Auch in vielen afrikanischen Ländern wird die Gesellschaft stark von traditionellen Normen und Bräuchen geprägt. In ländlichen Gebieten werden traditionelle Herrscher, Älteste und religiöse Führer oft als Bewahrer der sozialen Ordnung angesehen. Konservative Bewegungen in diesen Regionen setzen sich für die Bewahrung dieser traditionellen Strukturen ein und lehnen Reformen ab, die als Bedrohung für die bestehende gesellschaftliche Ordnung wahrgenommen werden.

Ein weiteres zentrales Merkmal des Konservatismus in Afrika und dem Nahen Osten ist die Betonung sozialer Hierarchien, insbesondere der Geschlechterhierarchie und des Patriarchats. Konservative Ideologien in diesen Regionen tendieren dazu, die traditionelle Rollenverteilung zwischen Männern und Frauen zu verteidigen, wobei Männer als die Hauptversorger und Entscheidungsträger der Familie und der Gemeinschaft betrachtet werden.

In vielen konservativen Gesellschaften wird die Familie als die grund-legende Einheit der sozialen Ordnung angesehen, und die Rolle der Frau wird oft auf die häusliche Sphäre beschränkt. Fragen wie das Recht von Frauen auf Bildung, Arbeit und politische Partizipation sind oft umstritten und werden von konservativen Kräften abgelehnt oder eingeschränkt. In Ländern wie Saudi-Arabien und Afghanistan wurde die Rolle der Frau lange Zeit durch religiös-konservative Gesetze und Bräuche stark eingeschränkt, auch wenn es in den letzten Jahren in einigen dieser Länder Schritte in Richtung Reformen gegeben hat.

In Subsahara-Afrika spielt das Patriarchat ebenfalls eine zentrale Rolle im konservativen Diskurs, insbesondere in Bezug auf die Familien-struktur und die Rechte von Frauen. Konservative christliche und muslimische Bewegungen haben sich in vielen afrikanischen Ländern gegen Gesetzesreformen gestellt, die die Rechte von Frauen und mar-ginalisierten Gruppen stärken sollen.

Ein weiteres wichtiges Merkmal des Konservatismus in Afrika und dem Nahen Osten ist der Widerstand gegen Säkularismus und westli-che Einflüsse. Besonders im Nahen Osten ist der säkulare Staat eine Quelle heftiger Auseinandersetzungen. Konservative Kräfte in Län-dern wie Ägypten, Iran und Saudi-Arabien betrachten den Säkularis-mus als westliches Konzept, das im Widerspruch zu den islamischen Werten und Traditionen steht.

Der Widerstand gegen westliche Einflüsse ist auch in Afrika weit ver-breitet. Besonders in der postkolonialen Ära wurde der westliche Li-beralismus oft als neokolonialistisch betrachtet. Konservative Bewe-gungen haben sich gegen die Übernahme westlicher Werte wie Indi-vidualismus, Menschenrechte und Demokratie gestellt, da sie diese als Bedrohung für die lokale Kultur und Traditionen ansehen. Dies zeigt sich besonders in der Debatte um LGBT-Rechte in Afrika, wo kon-servative Kräfte den Einfluss westlicher Werte auf die afrikanischen

Gesellschaften ablehnen und stattdessen traditionelle Normen und Werte betonen.

Der politische Konservatismus in Afrika und dem Nahen Osten ist eng mit den oben genannten Merkmalen verbunden. Er spiegelt sich in der Unterstützung für autoritäre Regierungen, der Ablehnung radikaler sozialer Reformen und der Verteidigung der nationalen Souveränität wider.

In vielen Ländern Afrikas und des Nahen Ostens geht der politische Konservatismus Hand in Hand mit der Unterstützung autoritärer Regierungen. Konservative Kräfte sehen in autoritären Regimen oft ein Mittel zur Aufrechterhaltung von Ordnung und Stabilität in einer Region, die von ethnischen Konflikten, religiösen Spannungen und wirtschaftlichen Unsicherheiten geprägt ist.

In Ländern wie Ägypten, Saudi-Arabien und Iran setzen sich konservative Bewegungen für starke, zentralisierte Regierungen ein, die in der Lage sind, den sozialen und politischen Status quo zu bewahren. Diese Regierungen stützen sich oft auf die Unterstützung konservativer religiöser und politischer Eliten, um ihre Macht zu legitimieren. Die Angst vor Chaos und Instabilität wird oft als Rechtfertigung für die Ablehnung demokratischer Reformen und die Beibehaltung autoritärer Strukturen angeführt.

Konservative Bewegungen in Afrika und dem Nahen Osten betonen häufig die Bedeutung nationaler Souveränität und Unabhängigkeit. Sie lehnen ausländische Einmischung, insbesondere durch westliche Mächte, ab und betrachten diese als Bedrohung für die nationale Identität und die kulturellen Traditionen. In Ländern wie Iran und Syrien wurde der Konservatismus von antiwestlichem Nationalismus geprägt, der darauf abzielt, die Unabhängigkeit von imperialistischen Mächten zu verteidigen.

Auch in Afrika hat der Konservatismus oft einen nationalistischen Charakter, der sich gegen die Dominanz westlicher Konzerne und politischer Institutionen richtet. Konservative politische Bewegungen fordern häufig eine Rückbesinnung auf afrikanische Werte und Traditionen und lehnen die Übernahme westlicher liberaler Ideologien ab.

Im 21. Jahrhundert steht der Konservatismus in Afrika und dem Nahen Osten vor neuen Herausforderungen und Entwicklungen. Während traditionelle Werte und religiöse Überzeugungen weiterhin eine starke Grundlage des konservativen Denkens bilden, führen Globalisierung, Technologie und politische Umwälzungen zu Veränderungen in der Region.

Der Islamismus, eine politische Bewegung, die den Islam als Grundlage für die staatliche und gesellschaftliche Ordnung betrachtet, hat in vielen Teilen der Region an Bedeutung gewonnen. Islamistische Gruppen wie die Muslimbruderschaft in Ägypten oder die Salafisten in Saudi-Arabien setzen sich für eine konservative Gesellschaft ein, die sich stark auf islamische Prinzipien stützt. Diese Bewegungen stehen oft im Konflikt mit säkularen und progressiven Kräften und sind Teil eines breiteren konservativen Diskurses, der Religion als zentrale Quelle der sozialen und politischen Ordnung betrachtet.

Die Globalisierung hat auch den Konservatismus in Afrika und dem Nahen Osten beeinflusst. Während westliche Werte und Ideen durch die Globalisierung stärker verbreitet werden, hat dies in vielen Teilen der Region zu einer konservativen Gegenreaktion geführt. Konservative Bewegungen nutzen die Globalisierung jedoch auch, um ihre eigenen Ideologien zu verbreiten und Unterstützung auf internationaler Ebene zu finden. Dies zeigt sich beispielsweise in der engen Verbindung zwischen konservativen religiösen Bewegungen in Afrika und den USA, insbesondere im evangelikalen Bereich.

Der Konservatismus in Afrika und dem Nahen Osten ist ein Phänomen, das tief in den religiösen, kulturellen und politischen Traditionen der Region verwurzelt ist. Er zeichnet sich durch die Verteidigung traditioneller Werte, sozialer Hierarchien und religiöser Normen aus und steht oft im Spannungsfeld zwischen der Bewahrung lokaler Traditionen und dem Einfluss globaler Kräfte. In einer Welt, die durch Globalisierung, politische Umwälzungen und technologische Veränderungen geprägt ist, bleibt der Konservatismus in Afrika und dem Nahen Osten eine zentrale politische Kraft. Er bietet eine Plattform für diejenigen, die sich gegen den Einfluss westlicher Ideen und die schnelle Modernisierung wehren, und wird weiterhin eine bedeutende Rolle in der politischen und sozialen Entwicklung dieser Regionen spielen.

Herausforderungen und Kritik

Der globale Konservatismus steht vor einer Reihe bedeutender Herausforderungen, die seine Anpassungsfähigkeit und Relevanz auf die Probe stellen. In einer Welt, die zunehmend von Globalisierung, technologischen Fortschritten und wachsender sozialer Diversität geprägt ist, geraten konservative Bewegungen in die Lage, ihre traditionellen Werte mit den Anforderungen einer schnelllebigen und sich wandelnden Gesellschaft in Einklang bringen zu müssen. Diese Entwicklungen fordern konservative Akteure auf, ihre politischen Strategien, Kommunikationsformen und Kernbotschaften zu überdenken und anzupassen, um den veränderten Erwartungen der Wähler gerecht zu werden.

Die Globalisierung stellt dabei eine der größten Herausforderungen für den modernen Konservatismus dar. Durch die immer stärker werdende Vernetzung der Weltwirtschaft, den globalen Handel und die Verbreitung transnationaler Ideen wird die Autonomie nationaler Staaten zunehmend infrage gestellt. Viele konservative Bewegungen, die traditionell die nationale Souveränität und den Schutz lokaler Werte verteidigen, sehen sich mit einer Situation konfrontiert, in der globale Märkte und Institutionen wie die Europäische Union oder die Vereinten Nationen ihre Einflussmöglichkeiten einschränken. Dies führt zu einer wachsenden Skepsis gegenüber internationaler Zusammenarbeit und multilateralen Abkommen, was in konservativen Kreisen oft zu einer Rückbesinnung auf den Nationalstaat und die Betonung der nationalen Souveränität führt. In einigen Ländern, insbesondere in Europa, hat dieser Widerstand gegen die Globalisierung rechtspopulistische Strömungen hervorgebracht, die den Schutz der nationalen Identität und die Begrenzung von Einwanderung in den Mittelpunkt ihrer Politik stellen.

Neben der Globalisierung hat auch die rasante technologische Entwicklung einen tiefgreifenden Einfluss auf den Konservatismus. Die Digitalisierung, Automatisierung und die fortschreitende Vernetzung durch soziale Medien haben nicht nur die wirtschaftlichen Rahmenbedingungen verändert, sondern auch die Art und Weise, wie politische Botschaften vermittelt und wahrgenommen werden. Konservative Bewegungen, die traditionell auf etablierte Medien und institutionelle Machtstrukturen gesetzt haben, stehen vor der Herausforderung, in einer digitalisierten Welt mit neuen Akteuren und Kommunikationswegen Schritt zu halten. Gleichzeitig bietet die technologische Entwicklung aber auch Chancen: So nutzen konservative Parteien und Bewegungen zunehmend soziale Medien und digitale Plattformen, um ihre Botschaften direkt an ihre Anhänger zu übermitteln und eine engere Verbindung zur Basis herzustellen.

Ein weiteres zentrales Thema, das den globalen Konservatismus herausfordert, ist die zunehmende soziale Diversität in vielen Ländern. Migration, ethnische und kulturelle Vielfalt sowie das Aufkommen neuer gesellschaftlicher Bewegungen wie Feminismus und LGBTQ+-Rechte haben die sozialen Strukturen in zahlreichen Ländern verändert. Konservative Bewegungen, die oft auf den Erhalt traditioneller Werte und sozialer Normen bedacht sind, sehen diese Entwicklungen oft als Bedrohung für die kulturelle und moralische Integrität der Gesellschaft. In vielen konservativen Diskursen wird die wachsende Diversität als eine Herausforderung für den gesellschaftlichen Zusammenhalt dargestellt, was in einigen Fällen zu einer verstärkten Betonung von nationaler Identität und traditionellen Werten führt. Dennoch gibt es auch konservative Strömungen, die versuchen, sich mit diesen Veränderungen auseinanderzusetzen und einen Weg zu finden, traditionelle Werte mit den Realitäten einer vielfältigen Gesellschaft zu vereinen.

Trotz dieser Herausforderungen wird dem Konservatismus von seinen Kritikern häufig vorgeworfen, er sei zu sehr in der Vergangenheit verhaftet und nicht ausreichend adaptiv, um in einer dynamischen und sich rasch wandelnden Welt relevant zu bleiben. Dieser Vorwurf besagt, dass konservative Bewegungen, die sich stark auf die Bewahrung bestehender sozialer, kultureller und politischer Strukturen konzentrieren, nicht in der Lage seien, auf die drängenden Probleme der Gegenwart – wie etwa den Klimawandel, die wirtschaftliche Ungleichheit oder die Digitalisierung – zeitgemäße Antworten zu finden. In diesem Zusammenhang wird oft die Befürchtung geäußert, dass der Konservatismus Gefahr läuft, in der politischen Debatte marginalisiert zu werden, wenn er nicht die notwendigen Anpassungen vornimmt, um die drängenden Fragen der modernen Gesellschaft zu adressieren.

Dennoch zeigt sich der Konservatismus als globales Phänomen bemerkenswert flexibel und anpassungsfähig. Auch wenn die grundlegenden Prinzipien des Konservatismus – die Bewahrung traditioneller Werte, die Betonung von Stabilität und Ordnung sowie der Schutz nationaler Identität – weltweit geteilt werden, weisen konservative Bewegungen in verschiedenen Ländern einzigartige Merkmale auf, die sie den spezifischen Bedingungen ihrer jeweiligen politischen und gesellschaftlichen Kontexte anpassen. In den Vereinigten Staaten etwa ist der Konservatismus stark von libertären und marktwirtschaftlichen Ideen geprägt, während in Europa konservative Parteien oft einen stärkeren Fokus auf den Sozialstaat und die europäische Zusammenarbeit legen. In Asien wiederum spielen Nationalismus und die Bewahrung der kulturellen Identität eine herausragende Rolle im konservativen Denken, während in vielen lateinamerikanischen Ländern konservative Bewegungen eng mit der katholischen Kirche und der Verteidigung traditioneller Familienwerte verbunden sind.

Angesichts der neuen globalen Herausforderungen, denen sich der Konservatismus stellen muss, bleibt abzuwarten, in welche Richtung sich diese Ideologie in den kommenden Jahren weiterentwickeln wird. Einige konservative Bewegungen könnten sich verstärkt auf den Schutz nationaler Souveränität und traditioneller Werte konzentrieren, während andere versuchen könnten, den Spagat zwischen der Bewahrung des Alten und der Anpassung an die Realitäten des 21. Jahrhunderts zu meistern. Ob es dem Konservatismus gelingt, seine Relevanz und Wirksamkeit in einer sich rasant wandelnden politischen Landschaft zu bewahren, wird maßgeblich davon abhängen, inwieweit er bereit ist, auf die Herausforderungen der Globalisierung, der technologischen Disruption und der sozialen Diversität konstruktiv zu reagieren.

6. FASCHISMUS UND SEINE MANIFESTATIONEN IM 20. JAHRHUNDERT

Der Faschismus, der in der ersten Hälfte des 20. Jahrhunderts in Europa aufstieg, zählt zu den folgenreichsten und zugleich umstrittensten politischen Bewegungen in der modernen Geschichte. In einer Zeit, die von tiefgreifenden sozialen, politischen und wirtschaftlichen Krisen geprägt war, bot der Faschismus vielen Menschen eine scheinbar einfache und verlockende Antwort auf die Komplexität und Unsicherheit ihrer Welt. Doch hinter dieser Fassade der Ordnung und Stärke verbarg sich eine Ideologie, die durch autoritäre Machtstrukturen, extreme nationalistische Überzeugungen und die gewaltsame Unterdrückung jeglicher Opposition definiert war. Der Faschismus veränderte das Schicksal ganzer Nationen und hinterließ unauslöschliche Spuren in der Weltgeschichte, deren Auswirkungen bis heute spürbar sind.

Der Aufstieg des Faschismus vollzog sich vor dem Hintergrund der schweren wirtschaftlichen und politischen Turbulenzen, die Europa nach dem Ersten Weltkrieg erschütterten. Die katastrophalen Folgen des Krieges, der wirtschaftliche Zusammenbruch, der in vielen Ländern durch Inflation, Arbeitslosigkeit und Armut geprägt war, sowie die Unsicherheit, die mit den neuen politischen Ordnungen in der Nachkriegszeit einherging, schufen ein Klima, in dem radikale politische Bewegungen gedeihen konnten. Der Faschismus, zunächst in Italien unter Benito Mussolini und später in Deutschland unter Adolf Hitler, nutzte dieses Klima der Verzweiflung und des Chaos aus, um seine Macht zu festigen und die Gesellschaften, in denen er Fuß fasste, grundlegend zu verändern.

Charakteristisch für den Faschismus war seine unnachgiebige Betonung einer zentralisierten, autoritären Machtstruktur, in der der Staat und sein Führer das uneingeschränkte Sagen hatten. Demokratische

Institutionen, die Gewaltenteilung und politische Freiheiten wurden als Schwächen betrachtet, die eine Gesellschaft in Zeiten der Krise nicht stabil halten könnten. Stattdessen setzten die faschistischen Regime auf eine straffe Kontrolle aller Lebensbereiche durch den Staat. Dies beinhaltete nicht nur die politische Unterdrückung von Oppositionellen und Kritikern, sondern auch die Kontrolle der Wirtschaft, der Medien und der Kultur. Der Einzelne hatte sich dem Kollektiv unterzuordnen, und jeglicher Widerstand gegen die Macht des Staates wurde brutal niedergeschlagen.

Eine weitere zentrale Säule des Faschismus war sein extremer Nationalismus. Die faschistischen Bewegungen in Italien und Deutschland glorifizierten die Nation und ihre Geschichte, und sie nutzten nationalistische Rhetorik, um ihre politischen Ziele zu legitimieren. In Deutschland entwickelte sich der Faschismus in Form des Nationalsozialismus zu einer besonders gefährlichen und mörderischen Ideologie, die sich durch einen extremen Rassismus auszeichnete. Der Glaube an die Überlegenheit der „arischen Rasse" und der Hass auf Minderheiten, insbesondere Juden, waren zentrale Elemente des nationalsozialistischen Faschismus, die in den Verbrechen des Holocaust gipfelten. Millionen von Menschen wurden aufgrund ihrer ethnischen Zugehörigkeit, ihres Glaubens oder ihrer politischen Überzeugungen verfolgt, inhaftiert und ermordet.

Doch der Faschismus war nicht nur auf Gewalt und Unterdrückung angewiesen, um seine Macht zu festigen. Ein weiterer wesentlicher Faktor seines Aufstiegs war seine Fähigkeit, die Ängste und Hoffnungen der breiten Bevölkerung für sich zu nutzen. Faschistische Regime inszenierten sich geschickt als Retter der Nation, als Verteidiger gegen die Bedrohungen von außen und innen – seien es der Bolschewismus, der wirtschaftliche Niedergang oder die angebliche Dekadenz liberaler Demokratien. Durch propagandistische Inszenierungen, Massendemonstrationen und symbolträchtige Rituale gelang es den Faschisten, eine emotionale Bindung zwischen dem Volk und dem Führer zu schaffen, die weit über rationale politische Argumente hinausging. Sie boten der Bevölkerung ein Gefühl der Zugehörigkeit und der Stärke in einer Zeit der Unsicherheit, während sie gleichzeitig die Schuld für die Krise auf „Feinde" der Nation abwälzten.

Die Auswirkungen des Faschismus auf die Welt waren tiefgreifend und verheerend. In Italien und Deutschland führte er zur Errichtung totalitärer Regime, die nicht nur ihre eigenen Gesellschaften unterdrückten, sondern auch durch aggressive Außenpolitik und militärische Expansion ganz Europa ins Chaos stürzten. Der Zweite Weltkrieg, der aus dem aggressiven Expansionismus des nationalsozialistischen Deutschlands hervorging, forderte Millionen von Menschenleben und verwüstete weite Teile Europas. Die Nachwirkungen des Krieges, insbesondere der Holocaust und die Zerstörung ganzer Städte und Regionen, hinterließen Wunden, die noch Jahrzehnte später nicht vollständig verheilt waren.

Darüber hinaus prägte der Faschismus die politische Landschaft des 20. Jahrhunderts auf tiefgreifende Weise. Nach dem Zusammenbruch der faschistischen Regime in Italien und Deutschland setzte sich die Weltgemeinschaft intensiv mit den Gefahren autoritärer und totalitärer Ideologien auseinander. Der Faschismus wurde zu einem abschreckenden Beispiel für die zerstörerische Kraft von Nationalismus, Rassismus und politischem Extremismus, und seine Geschichte dient bis heute als Mahnung für den Schutz von Demokratie, Menschenrechten und Pluralismus.

In diesem Kapitel werde ich die Entwicklung des Faschismus in seinen verschiedenen Ausprägungen analysieren und seine wichtigsten Akteure beleuchten. Besonderes Augenmerk liegt dabei auf den politischen und sozialen Bedingungen, die seinen Aufstieg ermöglichten, sowie auf den tiefgreifenden Auswirkungen, die der Faschismus auf die Weltgeschichte hatte. Indem wir uns mit den Mechanismen auseinandersetzen, die dem Aufstieg dieser gefährlichen Ideologie zugrunde lagen, können wir besser verstehen, wie sie es vermochte, ganze Nationen zu verformen und in den Abgrund zu führen.

Die Ursprünge des Faschismus lassen sich auf die komplexe soziale, wirtschaftliche und politische Unruhe in Europa nach dem Ersten Weltkrieg zurückführen. Die Kriegsniederlagen, der wirtschaftliche Niedergang und die Angst vor dem Kommunismus schufen einen fruchtbaren Boden für das Aufkommen radikaler Ideologien. In Italien, wo der Faschismus seine erste bedeutende Manifestation fand, führten die enttäuschenden Kriegsergebnisse und die soziale Unsicherheit zur Gründung der Faschistischen Partei durch Benito Mussolini im Jahr 1919.

Benito Mussolini, ein ehemaliger Sozialist, gründete die Faschistische Partei (Partito Nazionale Fascista, PNF) und entwickelte eine neue Ideologie, die sich stark von seinen früheren sozialistischen Überzeugungen unterschied. Mussolinis Faschismus betonte die Bedeutung von Nationalismus, die Notwendigkeit einer starken Führung und den Glauben an die Überlegenheit des Staates über das Individuum.

<u>Schlüsselereignisse und Expansion in Italien</u>

Marsch auf Rom (1922)
Der Marsch auf Rom war ein entscheidendes Ereignis in der italienischen Geschichte, das im Oktober 1922 stattfand und zum Aufstieg von Benito Mussolini und seiner faschistischen Partei zur Macht führte. Dieser strategisch inszenierte Coup markierte den Beginn der faschistischen Herrschaft in Italien und hatte tiefgreifende Auswirkungen auf die italienische Gesellschaft und die internationale Politik.

Nach dem Ersten Weltkrieg war Italien von politischen Unruhen, wirtschaftlicher Instabilität und sozialen Spannungen geprägt. Die Unzufriedenheit mit den bestehenden politischen Parteien und das Fehlen einer stabilen Regierung führten zu einem Klima, in dem radikale Bewegungen gedeihen konnten. Benito Mussolini gründete 1919 die Faschistische Partei (Partito Nazionale Fascista, PNF), die eine aggressive nationalistische Ideologie vertrat und sowohl anti-kommunistisch als auch anti-demokratisch ausgerichtet war.

Der Marsch auf Rom war nicht einfach ein spontaner Akt, sondern das Ergebnis sorgfältiger Planung und Mobilisierung durch Mussolini und seine Anhänger. Mussolini drohte der italienischen Regierung öffentlich, dass er und seine "Schwarzhemden" (die paramilitärischen Einheiten der Partei) die Kontrolle übernehmen würden, wenn ihnen nicht die Macht übergeben würde. Diese Drohung wurde teils als Bluff, teils als ernsthafte Bedrohung angesehen. Am 28. Oktober 1922 begannen Tausende von Fascisti ihren Marsch nach Rom. Sie waren in mehreren Kolonnen organisiert und marschierten aus verschiedenen Teilen Italiens los. Obwohl die tatsächliche Zahl der Teilnehmer oft übertrieben dargestellt wird und viele der Marschierenden schlecht bewaffnet und organisiert waren, war die psychologische Wirkung ihrer Bewegung enorm.

Die italienische Regierung unter Ministerpräsident Luigi Facta stand vor einer schwierigen Entscheidung. Facta und König Viktor Emanuel III. waren unsicher, wie sie reagieren sollten. Facta schlug vor, das Kriegsrecht zu verhängen, um den Aufstand niederzuschlagen. Der König zögerte jedoch, diese Maßnahme zu genehmigen, teils aus Furcht vor einem Bürgerkrieg und teils, weil er glaubte, dass die Faschisten möglicherweise eine stabilisierende Wirkung auf das Land haben könnten.

Am 29. Oktober, als die Fascisti sich Rom näherten, weigerte sich König Viktor Emanuel III., das Kriegsrecht zu unterzeichnen und entschied sich stattdessen, Mussolini zum Ministerpräsidenten zu ernennen. Mussolini, der sich zu diesem Zeitpunkt noch in Mailand aufhielt, reiste nach Rom, um sein Amt anzutreten. Der Marsch auf Rom endete somit nicht mit einer gewaltsamen Übernahme, sondern mit einer formalen Übergabe der Macht.

Der Marsch auf Rom und Mussolinis Machtergreifung hatten langfristige Auswirkungen auf Italien. Sie markierten den Beginn der faschistischen Diktatur, die bis zum Ende des Zweiten Weltkriegs andauern würde. Unter Mussolini wurden demokratische Institutionen abgebaut, politische Opposition unterdrückt und eine aggressive Expansionspolitik verfolgt. Die Ereignisse von 1922 hatten auch internationale Auswirkungen, da sie in anderen Ländern sowohl Bewunderung als auch Besorgnis über das Aufkommen des Faschismus als politische Kraft weckten.

Der Marsch auf Rom bleibt ein symbolträchtiges Beispiel dafür, wie politische Macht durch Entschlossenheit und strategische Planung ergriffen werden kann, ohne dass es zu umfangreichen gewaltsamen Konflikten kommt. Er zeigt auch die Gefahren auf, die entstehen, wenn etablierte demokratische Regierungen nicht in der Lage sind, auf die Bedürfnisse ihrer Bürger zu reagieren und die Ordnung aufrechtzuerhalten. Der Marsch ist somit ein wesentlicher Bestandteil des Studiums der modernen europäischen Geschichte und des Aufstiegs totalitärer Systeme im 20. Jahrhundert.

Einführung der Diktatur (1925-1926)
Die Etablierung der Diktatur in Italien zwischen 1925 und 1926 markierte einen entscheidenden Wendepunkt in der italienischen Geschichte und den vollständigen Übergang von einer parlamentarischen Demokratie zu einer totalitären faschistischen Regierung unter Benito Mussolini. Dieser Prozess vollzog sich durch eine Reihe legislativer Änderungen und politischer Ereignisse, die die Machtkonzentra-

tion in den Händen Mussolinis ermöglichten und die Grundlagen für sein langjähriges Regime legten.

Nach dem Marsch auf Rom im Oktober 1922 wurde Mussolini vom König Viktor Emanuel III. zum Ministerpräsidenten ernannt. In den ersten Jahren seiner Regierung operierte Mussolini innerhalb des Rahmens der italienischen Verfassung, obwohl er bestrebt war, seine Macht zu festigen. Die politische Lage blieb jedoch instabil, und Mussolini sah sich verschiedenen Herausforderungen gegenüber, sowohl von politischen Gegnern als auch von inneren Fraktionen innerhalb der faschistischen Bewegung. Ein Schlüsselmoment, der den Weg zur Diktatur ebnete, war der Mord an Giacomo Matteotti, einem sozialistischen Abgeordneten und scharfen Kritiker Mussolinis, im Juni 1924. Matteotti hatte die faschistischen Gewalttaten und den Wahlbetrug bei den Wahlen im April 1924 öffentlich angeprangert. Seine Entführung und Ermordung durch faschistische Schläger lösten eine schwere politische Krise aus, die als "Matteotti-Krise" bekannt wurde. Die Ermordung führte zu massiven Protesten und dem Austritt oppositioneller Abgeordneter aus dem Parlament ("Aventinischer Sezession"). Mussolini stand unter erheblichem Druck, konnte jedoch die Krise überstehen, indem er jegliche Verbindung zu den Mördern leugnete und gleichzeitig härtere Maßnahmen gegen seine Gegner ergriff. Die eigentliche Etablierung der Diktatur erfolgte durch eine Serie von Gesetzen, die zwischen 1925 und 1926 verabschiedet wurden. Diese Gesetze zielten darauf ab, alle Aspekte des politischen Systems zu transformieren und jede Form von Opposition zu eliminieren:

- **Gesetz zur Wiederherstellung des Staates (Januar 1925):** Dieses Gesetz gab Mussolini weitreichende Vollmachten, die es ihm erlaubten, Gesetze per Dekret zu erlassen, ohne die Zustimmung des Parlaments. Es markierte den Beginn der legalen Transformation Italiens in einen Einparteienstaat.

- **Pressegesetz (1925):** Mit diesem Gesetz wurde die Pressefreiheit drastisch eingeschränkt, wodurch jegliche Kritik an der Regierung unterbunden wurde. Zeitungen wurden zensiert oder geschlossen, und Journalisten mussten sich einem faschistischen Gewerkschaft anmelden.
- **Gesetz über die Bildung des Gran Consiglio del Fascismo (Dezember 1925):** Dieses Gesetz schuf ein neues Gremium, das Große Faschistische Rat, das über die politische Richtung des Landes entscheiden sollte. Es diente hauptsächlich dazu, Mussolinis Entscheidungen zu legitimieren.
- **Gesetze zur Organisation der Exekutive (1926):** Diese Gesetze verstärkten Mussolinis Kontrolle über die Exekutive und die Verwaltung, indem sie die Macht des Ministerpräsidenten stärkten und gleichzeitig die Rolle des Königs und anderer Institutionen schwächten.

Mit der Durchsetzung dieser Gesetze eliminierte Mussolini effektiv alle rechtlichen und institutionellen Hindernisse, die seiner vollen Kontrolle im Wege standen. Oppositionsparteien wurden aufgelöst, und politische Dissidenz wurde durch den Einsatz der Geheimpolizei (OVRA) und den Aufbau eines umfassenden Überwachungsstaates unterdrückt. Die Jahre 1925 bis 1926 waren entscheidend für die Festigung der faschistischen Diktatur in Italien. Durch die geschickte Manipulation der politischen Prozesse und die rücksichtslose Unterdrückung jeglicher Opposition schuf Mussolini ein Regime, das bis zum Ende des Zweiten Weltkriegs Bestand haben sollte. Diese Periode stellt ein dunkles Kapitel in der italienischen Geschichte dar und dient als warnendes Beispiel für die Gefahren, die entstehen, wenn politische Macht unkontrolliert in den Händen einer einzelnen Person oder Partei konzentriert wird.[10]

10 De Grand, Alexander J., 2000, Italian Fascism: Its Origins and Development, ISBN 978-0803266223

Aufstieg des Nationalsozialismus in Deutschland

Der Aufstieg des Nationalsozialismus in Deutschland ist ein zentrales Kapitel der europäischen Geschichte des 20. Jahrhunderts, das nicht nur Deutschland, sondern die gesamte Welt tiefgreifend verändert hat. Dieser Prozess, der in der Machtergreifung durch Adolf Hitler und die NSDAP gipfelte, war geprägt von komplexen politischen, sozialen und wirtschaftlichen Dynamiken. In diesem ausführlichen Text werden ich die weniger bekannten Ereignisse und die schrittweise Etablierung der nationalsozialistischen Herrschaft erörtern.

Die Nationalsozialistische Deutsche Arbeiterpartei (NSDAP) wurde 1920, ursprünglich als Deutsche Arbeiterpartei, gegründet. Unter der Führung von Adolf Hitler, der 1921 Parteivorsitzender wurde, transformierte die Partei ihre Ideologie, indem sie starken Antisemitismus, vehementen Anti-Marxismus und leidenschaftlichen Deutschnationalismus betonte.

Hitlers Rede in der Münchner Hofbräuhaus (1920)

Am 24. Februar 1920 fand ein Schlüsselereignis in der frühen Geschichte der Nationalsozialistischen Deutschen Arbeiterpartei (NSD-AP) statt, das als die Hofbräuhausrede Adolf Hitlers bekannt wurde. Diese Rede, gehalten in einem der bekanntesten Bierhäuser Münchens, dem Hofbräuhaus, markierte einen entscheidenden Moment in der Konsolidierung und Formulierung der Parteiideologie und -ziele. Sie war auch der öffentliche Anlass, bei dem das berühmt gewordene 25-Punkte-Programm der NSDAP erstmals präsentiert wurde.

Nach dem Ersten Weltkrieg war Deutschland von wirtschaftlicher Unsicherheit, politischer Instabilität und sozialen Spannungen geprägt. In dieser Zeit des Aufruhrs suchten viele nach neuen politischen Ideen und Führern. Adolf Hitler, der 1919 der Deutschen Arbeiterpartei

(DAP) beigetreten war – der Vorläuferin der NSDAP –, hatte schnell eine führende Rolle innerhalb der Partei übernommen. Der Abend des 24. Februars war sorgfältig geplant, um Hitler eine Plattform zu bieten und die Partei offiziell in Nationalsozialistische Deutsche Arbeiterpartei umzubenennen.

Die Veranstaltung im Hofbräuhaus wurde breit beworben und zog etwa 2000 Personen an, eine Mischung aus Neugierigen, Kritikern und Anhängern. Die Atmosphäre war geladen, teils feindselig, da die Versammlung wiederholt von politischen Gegnern gestört wurde. Hitler jedoch nutzte diese Gelegenheit, um seine rhetorischen Fähigkeiten unter Beweis zu stellen und die Ziele der Partei zu artikulieren.

Das Hauptereignis der Rede war die Vorstellung des 25-Punkte-Programms der NSDAP, das von Hitler und dem Parteimitbegründer Anton Drexler formuliert worden war. Dieses Programm umfasste eine Vielzahl von Forderungen, die sowohl breite sozialpolitische als auch spezifisch antisemitische und nationalistische Ziele beinhalteten. Zu den Kernpunkten gehörten:

1. Vereinigung aller Deutschen in einem Großdeutschland auf der Grundlage des Selbstbestimmungsrechts der Völker.
2. Aufhebung des Versailler Vertrags.
3. Land und Boden (Kolonien) zur Ernährung unseres Volkes und Ansiedlung unseres Bevölkerungsüberschusses.
4. Nur ein Volksgenosse kann Bürger sein. Nur wer deutsches Blut hat, gleichgültig welcher Glaubensrichtung, kann ein Volksgenosse sein. Kein Jude kann daher Volksgenosse sein.

Diese Punkte spiegelten die radikalen Ansichten der Partei wider und zielten darauf ab, die bestehende politische Ordnung zu untergraben und durch eine autoritäre, rassistisch definierte Gemeinschaft zu ersetzen.

Die Hofbräuhausrede und das 25-Punkte-Programm waren entscheidend für die Definition der NSDAP als eine klar nationalistische, antisemitische und anti-marxistische Bewegung. Sie halfen, die Partei von anderen rechten Gruppierungen abzugrenzen und eine feste ideologische Basis zu etablieren. Die Ereignisse des Abends trugen auch dazu bei, Hitlers Reputation als kraftvoller Redner und charismatischer Führer zu festigen, was seine weitere politische Karriere erheblich beschleunigte.

Die Rede im Münchner Hofbräuhaus war mehr als nur eine Ansprache; sie war ein katalytisches Ereignis, das die NSDAP in den Mittelpunkt der deutschen Politik rückte. Sie symbolisiert den Übergang der Partei von einer obskuren politischen Gruppe zu einer bedeutenden Bewegung, die die deutschen und später die globalen Ereignisse tiefgreifend beeinflussen sollte. Die langfristigen Auswirkungen dieser Rede und des 25-Punkte-Programms waren sowohl verheerend als auch historisch prägend, indem sie den Weg für die schrecklichen Ereignisse des Zweiten Weltkriegs und des Holocaust ebneten.

Der Putschversuch von 1923

Der Putschversuch, bekannt als der Hitler-Ludendorff-Putsch oder die Bierkellerputsch, war ein früher Versuch Hitlers, die Macht durch einen Umsturz zu ergreifen. Am 8. November 1923 versuchten Hitler und seine Anhänger, die bayerische Regierung zu stürzen und einen Marsch nach Berlin zu initiieren, ähnlich Mussolinis Marsch auf Rom.

Der Putsch scheiterte, als die Polizei die Marschierer gewaltsam stoppte. Der Zusammenstoß führte zu mehreren Todesfällen. Hitler wurde verhaftet und später wegen Hochverrats zu einer Haftstrafe verurteilt, die er im Landsberger Gefängnis absaß. Diese Haftzeit nutzte er, um „Mein Kampf" zu schreiben, ein Buch, das die ideologische Grundlage des Nationalsozialismus festigte.

Nach seiner vorzeitigen Entlassung aus dem Gefängnis im Dezember 1924 überarbeitete Hitler die Strategie der NSDAP, um eine legale Machtübernahme zu erreichen. Die Partei begann, sich in der breiten Bevölkerung zu verankern, und nutzte dabei effektiv die wachsende Unzufriedenheit mit den wirtschaftlichen Bedingungen und den Versailler Vertrag.

Die Weltwirtschaftskrise 1929 war ein Wendepunkt für die NSDAP, deren populistische und nationalistische Botschaften nun noch größeren Anklang bei den verarmten Massen fanden. Bei den Reichstagswahlen 1930 machte die Partei erhebliche Gewinne, gefolgt von weiteren Erfolgen in den Jahren 1932 und 1933.

Harzburger Front (1931)

Die Harzburger Front, ein bedeutendes politisches Bündnis in der Weimarer Republik, wurde im Oktober 1931 in Bad Harzburg formiert. Diese Koalition aus rechtsgerichteten Parteien und Organisationen markierte einen entscheidenden Moment in der politischen Entwicklung Deutschlands und trug wesentlich zum Aufstieg Adolf Hitlers und der NSDAP bei. Die Harzburger Front demonstrierte die Bereitschaft der konservativen Elite, mit den Nationalsozialisten zusammenzuarbeiten, um die Weimarer Demokratie zu unterminieren.

In den frühen 1930er Jahren befand sich Deutschland in einer tiefen politischen und wirtschaftlichen Krise. Die Weltwirtschaftskrise hatte zu Massenarbeitslosigkeit und sozialer Unruhe geführt. In diesem Klima der Unsicherheit suchten viele nach radikalen Lösungen. Die NSDAP gewann zunehmend an Popularität durch ihre nationalistische, antikommunistische und antisemitische Rhetorik. Trotzdem war Hitler im politischen Establishment weitgehend isoliert. Die Gründung der Harzburger Front war ein Versuch, eine breitere Basis für den Kampf gegen die Weimarer Regierung zu schaffen.

Am 11. Oktober 1931 trafen sich Vertreter verschiedener nationalistischer, monarchistischer und völkischer Gruppen in Bad Harzburg, um eine gemeinsame Front gegen die Regierung von Heinrich Brüning zu bilden. Zu den Teilnehmern gehörten die Nationalsozialistische Deutsche Arbeiterpartei (NSDAP), die Deutschnationale Volkspartei (DNVP), der Stahlhelm (Bund der Frontsoldaten) sowie Vertreter der Landwirtschaft und der Industrie.

Die Initiative für das Treffen ging von der DNVP und ihrem Vorsitzenden Alfred Hugenberg aus, der hoffte, durch die Zusammenarbeit mit Hitler die Massenbasis der NSDAP nutzen und gleichzeitig die Kontrolle über die radikaleren Elemente der Bewegung behalten zu können.

Das Treffen in Bad Harzburg führte zur Verabschiedung einer Resolution, die die sofortige Absetzung der Brüning-Regierung forderte. Die Erklärung kritisierte die Regierung für ihre Wirtschaftspolitik, die als schädlich für das deutsche Volk und als Unterwerfung unter ausländische Interessen betrachtet wurde. Darüber hinaus forderte die Front die Aufhebung des Versailler Vertrags und die Wiederherstellung der deutschen Wehrhoheit.

Die Harzburger Front war jedoch nicht nur ein politisches Bündnis, sondern auch ein Versuch, eine Einheitsfront gegen die verhasste Republik zu schaffen. Trotz ihrer gemeinsamen Feindschaft gegenüber dem bestehenden System waren die Bündnispartner in vielen Fragen uneins und verbanden unterschiedliche politische Ziele und Ideologien.

Obwohl die Harzburger Front ein bedeutendes Medienereignis war und die Zusammenarbeit zwischen den Nationalsozialisten und den Deutschnationalen symbolisierte, war das Bündnis von kurzer Dauer und innerlich zerrissen. Die ideologischen Differenzen und das Misstrauen zwischen den Beteiligten, insbesondere zwischen Hitler und

Hugenberg, führten dazu, dass keine effektive politische Aktion unternommen wurde.

Das Bündnis brach schließlich auseinander, aber es hatte dennoch tiefgreifende Auswirkungen: Es legitimierte die NSDAP weiter als politische Kraft und zeigte, dass etablierte konservative Kräfte bereit waren, mit Hitler zu kooperieren. Dies stärkte Hitlers Position erheblich und ebnete den Weg für seine spätere Machtergreifung im Januar 1933.

Die Harzburger Front war ein kritischer Moment in der Geschichte der Weimarer Republik, der die zunehmende Radikalisierung der deutschen Rechten und die Bereitschaft traditioneller konservativer Kräfte verdeutlichte, mit radikalen Nationalisten wie der NSDAP zusammenzuarbeiten. Diese Episode verdeutlicht die komplexen politischen Manöver dieser Zeit und ihre weitreichenden Folgen für die Zukunft Deutschlands und Europas.

Die „Machtergreifung"

Die Machtergreifung bezieht sich auf den Prozess, durch den Adolf Hitler und die Nationalsozialistische Deutsche Arbeiterpartei (NSDAP) zwischen 1933 und 1934 die vollständige Kontrolle über den deutschen Staat erlangten. Dieser Zeitraum markiert den Übergang von der Weimarer Republik zu einem totalitären Regime, das schließlich zu einem der dunkelsten Kapitel der Menschheitsgeschichte führte.

Der Aufstieg Hitlers zur Macht war das Ergebnis sowohl strategischer Manöver innerhalb der politischen Strukturen der Weimarer Republik als auch einer tiefgreifenden gesellschaftlichen und wirtschaftlichen Krise. Nach dem Scheitern der Harzburger Front und weiteren politischen Rückschlägen nutzte Hitler die wachsende Unzufriedenheit der

Bevölkerung aufgrund der Wirtschaftsdepression, um die Popularität der NSDAP zu steigern.

Bei den Reichstagswahlen im Juli 1932 wurde die NSDAP zur stärksten Partei, konnte jedoch keine absolute Mehrheit erreichen. Monate des politischen Chaos und der instabilen Koalitionen folgten, bis schließlich der damalige Reichspräsident Paul von Hindenburg, nach langen Beratungen und unter erheblichem Druck von Seiten der konservativen Eliten, sich dazu entschloss, Hitler am 30. Januar 1933 zum Reichskanzler zu ernennen.

Die Ernennung zum Reichskanzler war nur der erste Schritt. Die NSDAP kontrollierte zu diesem Zeitpunkt noch nicht vollständig die Regierung. Die entscheidende Wendung erfolgte kurz darauf:

- Reichstagsbrand: Am 27. Februar 1933 brannte der Reichstag unter mysteriösen Umständen nieder. Die Nationalsozialisten nutzten dieses Ereignis, um es als Teil einer angeblichen kommunistischen Verschwörung darzustellen. Am Tag nach dem Brand erließ Hindenburg die Reichstagsbrandverordnung, die die Grundrechte außer Kraft setzte und die Basis für die Verhaftung vieler Kommunisten und Sozialdemokraten legte.

- Märzwahlen 1933: Bei den Wahlen im März 1933, die unter starkem Druck und Einschüchterungen durch die SA und SS stattfanden, erhielt die NSDAP 43,9% der Stimmen, was immer noch keine absolute Mehrheit war. Trotzdem gelang es Hitler durch die Bildung einer Koalition mit der Deutschnationalen Volkspartei (DNVP), eine Regierung zu bilden.

- Ermächtigungsgesetz: Am 23. März 1933 wurde das Ermächtigungsgesetz vom Reichstag verabschiedet. Dieses Gesetz "zur Behebung der Not von Volk und Reich" erlaubte es der Regierung, Gesetze ohne Beteiligung des Reichstags zu erlassen, was praktisch das Ende der parlamentarischen Demokratie bedeutete. Es wurde mit den Stimmen der Mittelstandsparteien und der Rechten angenommen, nachdem die KPD-Mitglieder verhaftet und die SPD unter Druck gesetzt wurde.

Die folgenden Monate sahen die "Gleichschaltung" der deutschen Gesellschaft, einen Prozess, bei dem alle unabhängigen Organisationen und Strukturen gleichgeschaltet, also an die Ideologie und die Anforderungen der NSDAP angepasst wurden. Gewerkschaften wurden aufgelöst, politische Parteien verboten, und die Medien wurden zensiert. Jeder Aspekt des öffentlichen und privaten Lebens wurde nun von der NSDAP kontrolliert.

Die Machtergreifung durch die Nationalsozialisten war kein plötzliches Ereignis, sondern das Ergebnis eines schrittweisen und gezielten Prozesses. Die Kombination aus politischem Kalkül, gesellschaftlicher Krise und dem geschickten Ausnutzen von Ereignissen wie dem Reichstagsbrand ermöglichte es Hitler und der NSDAP, die vollständige Kontrolle über den deutschen Staat zu übernehmen und ein totalitäres Regime zu etablieren. Dieses Regime würde schließlich zu unermesslichem Leid und zur Zerstörung auf globaler Ebene führen.

Der Aufstieg des Nationalsozialismus in Deutschland war das Ergebnis einer Kombination aus geschickter Manipulation politischer Prozesse, effektiver Nutzung von Massenmedien und Propaganda sowie der Ausnutzung der wirtschaftlichen und politischen Krisen der Weimarer Republik. Diese Entwicklung führte nicht nur zu einer tiefgreifenden Transformation Deutschlands, sondern hatte auch verheerende Auswirkungen auf die ganze Welt, insbesondere durch die Auslösung des Zweiten Weltkriegs und den Holocaust.

"Machtergreifung" - ein guter Begriff?

In der Geschichtswissenschaft wird der Begriff "Machtergreifung" häufig in Anführungszeichen gesetzt. Stattdessen bevorzugen Historiker oft die Begriffe "Machtübernahme" oder "Machtübergabe", insbesondere wenn sie die Rolle der alten Eliten hervorheben wollen. Trotzdem ist der Ausdruck "Machtergreifung" nicht gänzlich unpassend, wenn man damit nicht ausschließlich den 30. Januar 1933 meint, sondern eine längere Phase der Machtübernahme, die mit diesem Datum begann.

Im Folgenden werde ich sechs Thesen erörtern, die Aufschluss über die sogenannte "Machtergreifung" geben könnten.

These 1: Die außenpolitische Perspektive - Der Versailler Vertrag als Wegbereiter für Hitler

Einige Historiker argumentieren, dass der Versailler Vertrag von 1919, der das Ende des Ersten Weltkriegs besiegelte, maßgeblich zu Hitlers Aufstieg beitrug. Der Vertrag, der Gebietsabtretungen und Reparationszahlungen von Deutschland forderte und dem Land die Alleinschuld am Krieg zuschrieb, lastete schwer auf der jungen Weimarer Republik. Viele Deutsche fühlten sich durch diesen Vertrag gedemütigt und betrogen, ein Gefühl, das Hitler geschickt für seine Zwecke nutzte, indem er sich als Stimme gegen das „Schanddiktat" positionierte. Die Unterzeichner des Vertrags, meist demokratische Politiker, wurden somit zur Zielscheibe der nationalen Entrüstung. Jedoch ist diese These nicht ohne Kritik. Erstens war nicht nur die NSDAP, sondern auch andere politische Gruppierungen gegen den Versailler Vertrag. Zweitens erlebte die Republik nach den Krisenjahren eine Phase der Stabilität, die von vielen Deutschen, einschließlich Politikern wie Gustav Stresemann, unterstützt wurde. Drittens bewiesen die diplomatischen Erfolge Ende der 1920er Jahre, dass Deutschland wieder Teil der internationalen Gemeinschaft wurde, und ab 1932 war klar, dass Deutschland keine Reparationen mehr zahlen würde. Historiker weisen darauf hin, dass der Versailler Vertrag in seiner Gesamtheit nicht so drastisch war, wie oft dargestellt, und dass es keine direkte Linie von der Niederlage im Ersten Weltkrieg zu Hitler gibt. Somit bleibt die außenpolitische These nur ein Teil eines viel größeren Puzzles im Verständnis von Hitlers Aufstieg zur Macht.

These 2: Die ökonomische These - Ohne Weltwirtschaftskrise kein Kanzler Hitler

Im Rahmen der ökonomischen Betrachtungen zur Machtergreifung Adolf Hitlers spielt die Weltwirtschaftskrise, die Ende der 1920er Jahre einsetzte und Deutschland ab 1929 besonders hart traf, eine zentrale Rolle. Unter der Kanzlerschaft von Heinrich Brüning wurde eine Deflationspolitik verfolgt, die zwar theoretisch gut begründet war, aber in der Praxis die Krise verschärfte. Diese Politik umfasste Lohn- und Preissenkungen sowie eine Reduktion staatlicher Ausgaben, mit dem Ziel, Deutschland auf dem Weltmarkt wettbewerbsfähiger zu machen und den Staatshaushalt zu sanieren. Doch diese Maßnahmen führten zu einer weitreichenden Massenverelendung in der Bevölkerung. Die Arbeitslosenzahlen erreichten im Februar 1932 mit 6,1 Millionen ihren Höchststand. Diese wirtschaftliche Misere trieb große Teile der Bevölkerung in die Verzweiflung und stürzte das Bürgertum in tiefe Existenzängste. Diese prekäre wirtschaftliche Situation bot der NSDAP die perfekte Bühne für ihren Aufstieg. Der allgemeine Frust, die Wut und die Resignation in der Bevölkerung verhalfen der Partei im Juli 1932 zu spektakulären 13,7 Millionen Wählerstimmen, womit sie zur stärksten Partei im Land avancierte. Es lässt sich argumentieren, dass ohne die Weltwirtschaftskrise und ihre verheerenden Auswirkungen auf Deutschland Hitler vermutlich nicht zum Kanzler aufgestiegen wäre. Doch die Wirtschaftskrise allein erklärt nicht, warum ausgerechnet Hitler und die NSDAP die Macht übertragen bekamen. Die Kommunistische Partei Deutschlands (KPD) profitierte zwar ebenfalls von der Krise, allerdings in weit geringerem Ausmaß. Obwohl die Massenverelendung eine grundlegende Voraussetzung für Hitlers Machtergreifung Ende Januar 1933 darstellte, bleibt die Frage offen, warum speziell den Nationalsozialisten die Macht übertragen wurde. Diese Frage führt zu einer weiteren wichtigen Überlegung: Wer übertrug Hitler eigentlich die Macht und warum? Diese Aspekte verweisen auf eine tiefere Analyse der politischen und gesellschaftlichen Umstände jener Zeit, die über die reine ökonomische Perspektive hinausgeht.

These 3: Die marxistische These - Das Großkapital verhalf Hitler zur Macht

In der Geschichtsschreibung und in der öffentlichen Wahrnehmung hält sich hartnäckig der Glaubenssatz, dass das Großkapital eine entscheidende Rolle bei Hitlers Machtergreifung spielte. Diese Vorstellung, schon in der Weimarer Republik von Parteien wie der KPD und der SPD geäußert, basiert auf der Annahme, dass Faschisten und Kapitalisten ein Bündnis geschlossen hätten, um die Arbeiterklasse zu unterdrücken und den sozialen Fortschritt zu hemmen. Später griffen auch Denker der Frankfurter Schule, darunter Theodor Adorno und Max Horkheimer, diese Verbindung zwischen Faschismus und Kapitalismus auf. Die 68er-Bewegung vertrat sogar die These, dass Kapitalismus unweigerlich zum Faschismus führe. Tatsächlich unterstützten einzelne in- und ausländische Industrielle die NSDAP finanziell, besonders gegen Ende der 1920er Jahre. Ein prominentes Beispiel ist Fritz Thyssen, der Hitler Zugang zum Düsseldorfer Industrieclub verschaffte und 1933 der NSDAP beitrat. Im Jahr 1932 intensivierten Hitler und seine Gefolgsleute ihre Bemühungen, Vorbehalte bei Unternehmern auszuräumen und diese für ihre Sache zu gewinnen. Die moderne Geschichtsforschung zeigt jedoch ein differenzierteres Bild. Zwar gab es Großspender, doch deren Beiträge waren für die Finanzen der NSDAP nicht ausschlaggebend. Die Partei war bis kurz vor der Machtübernahme finanziell angeschlagen und hauptsächlich auf Mitgliedsbeiträge und Eintrittsgelder angewiesen. Vor 1933 setzten die Großkapitalisten eher auf etablierte rechte Parteien, insbesondere auf die Deutschnationalen. Ein Grund hierfür lag in der Struktur der NSDAP selbst. Deren sozialrevolutionärer Flügel strebte eine Umgestaltung der Wirtschaftsordnung an, einschließlich der Entmachtung des Kapitals und der Verstaatlichung wichtiger Wirtschaftssektoren. In den Landesparlamenten stimmten die Nationalsozialisten oft sogar mit den Kommunisten überein. Der französische Philosoph Ramont fasste die Lage treffend zusammen: „Es gab einige Geschäftsleute, die Hitler finanzierten. Aber Untersuchungen zeigen, dass es unter den Industriellen oder Arbeitgebern nie eine generelle Zustimmung zu Hitlers Machtambitionen gab." Wolfgang Benz, ein deutscher Historiker, ergänzt, dass von den Geldern, die nach 1930 an rechtsgerichtete Parteien flossen, nur etwa 10 bis 15 Prozent der NSDAP zugutekamen. Die entscheidende Wende kam im Sommer 1934, als Hitler den sozialrevolutionären, antikapitalistischen Flügel innerhalb der NSDAP brutal ausschaltete. SA-Führer Ernst Röhm und viele andere wurden ermordet. Diese Aktion sicherte Hitler die Zustimmung der alten Eliten und der Industriellen. Erst nach seiner Ernennung zum Kanzler konnte Hitler seine Macht festigen und die Weichen für die Aufrüstung und seine außenpolitischen Pläne stellen.

These 4: Die Steigbügelhalter-These - Die konservativen alten Eliten verhalfen Hitler in den Sattel

Die Frage, wer Adolf Hitler letztlich an die Macht verhalf, führt unweigerlich zu den Konservativen der Weimarer Republik. Tatsächlich überreichten sie ihm Ende Januar 1933 die Macht und besetzten Ministerposten in seinem Kabinett. Diese konservativen Unterstützer Hitlers, wer waren sie genau? Zu ihnen zählten beispielsweise die Deutschnationalen unter Alfred Hugenberg, die sich vehement gegen die Republik stellten, und der Wehrverband Stahlhelm unter Franz Seldte, der später Reichsarbeitsminister wurde. Schon 1931 hatten diese Gruppen im Harzburger Front ein kurzlebiges Bündnis mit den Nazis geschlossen, das Hitler jedoch aufkündigte, als er seine Partner nicht mehr brauchte. Ein weiterer bedeutender konservativer Akteur war der rechtskatholische Franz von Papen, der 1932 als Kanzler amtierte und Anfang 1933 ein Bündnis mit Hitler einging, um Vizekanzler zu werden. Doch die Schlüsselfigur in diesem politischen Schachspiel war Reichspräsident Paul von Hindenburg. Trotz anfänglicher Bedenken übergab er letztendlich Hitler die Kanzlerschaft.

Das rechte Lager war Anfang der 1930er Jahre stark radikalisiert. Die alten Eliten und das rechte Bürgertum sehnten sich nach einem Ende der Republik und strebten nach einer autokratischen Staatsform – sei es ein Aristokraten- oder Ständestaat, eine Monarchie oder eine Militärdiktatur. Eine Zusammenarbeit mit den Sozialdemokraten zur Rettung der Republik war für beide Seiten undenkbar. Obwohl die These der konservativen Steigbügelhalter viel für sich hat, weist sie doch blinde Flecken auf. Bei der Reichstagswahl im Juli 1932 wurde die NSDAP erstmals stärkste Kraft. Sie erhielt zwar im November 1932 weniger Stimmen, blieb aber die stärkste Partei. Rein rechnerisch hätte Hitler somit schon seit Sommer 1932 Kanzler sein können. Ein halbes Jahr lang versuchten die regierenden konservativen Eliten, dieses Szenario mit verschiedenen Strategien zu verhindern – unter anderem durch Neuwahlen, die Planung einer Militärdiktatur und den Versuch Kurt von Schleichers, die NSDAP zu spalten.

Letztendlich scheiterten diese Pläne oder wurden aus verschiedenen Gründen nicht zu Ende geführt. Hitler sollte im Kabinett gezähmt werden, wo die Nazis anfangs in der Minderheit waren, aber Schlüsselpositionen innehatten. Dies erwies sich als dramatische Fehleinschätzung der Konservativen. So überreichten die Konservativen Hitler letztlich die Kanzlerschaft, nicht weil sie ihn und die NSDAP von Anfang an unterstützten, sondern weil ein signifikanter Teil der deutschen Wählerschaft für sie stimmte. Die Republik wurde an der Wahlurne abgewählt, ein Prozess, der die politische Landschaft Deutschlands unwiderruflich veränderte.

These 5: Die politisch-kulturelle These - Republik ohne Republikaner

Die Weimarer Republik, schon zu ihrer Zeit betrachtet als eine Republik ohne echte Republikaner, steht oft im Schatten der Annahme, dass die Deutschen damals nicht für die Demokratie bereit waren – entweder weil sie sie nicht verstanden oder nicht verstehen wollten. Diese Sichtweise ist jedoch eine Vereinfachung, die wichtige Aspekte der deutschen Geschichte außer Acht lässt. Sie ignoriert die existierende demokratische Tradition in Deutschland und übergeht die Tatsache, dass die Weimarer Republik trotz zahlreicher Krisen zwischenzeitlich durchaus passabel funktionierte. Selbst diejenigen, die der Monarchie nachtrauerten, begannen, sich mit dem neuen System zu arrangieren. In der Mitte der 1920er Jahre schien es sogar, als wären die Gegner der Republik in die Defensive gedrängt worden.

Historiker haben in jüngerer Zeit die vielen kleinen und großen Erfolge der Weimarer Republik hervorgehoben und betont, dass ihre Geschichte nicht ausschließlich von ihrem Ende her betrachtet werden sollte. Dennoch, wenn man die letzten drei Jahre vor Hitlers Machtergreifung ins Auge fasst, wird deutlich, dass die Republik von der Mehrheit der Deutschen nicht mehr gewünscht wurde. Die politische

Kultur war vergiftet, die Parteien verfeindet und der Reichstag handlungsunfähig.

Bei den Wahlen im Juli 1932 erhielten die Gegner des Systems – Kommunisten, Nazis und Deutschnationale – zusammengerechnet 57,5 % der Stimmen. Die moderaten bürgerlichen Parteien schrumpften auf wenige Prozentpunkte. Selbst Teile der katholischen Zentrumspartei wandten sich von der Republik ab. Als klare republikanische Kraft blieb nur die SPD mit rund 20 % der Stimmen übrig. Diese Entwicklungen zeugen von einer tiefgreifenden politischen und gesellschaftlichen Krise, die die Grundfesten der Weimarer Republik erschütterte.

These 6: Die Modernitätsthese - Die Nazis waren moderner als alle anderen

Die Frage, warum sich ausgerechnet die Nationalsozialisten in der turbulenten Phase der Weimarer Republik durchsetzen konnten, lässt sich durch eine Zusammenfassung verschiedener Erklärungsansätze beantworten. Diese betonen, dass die Nazis in gewisser Weise besser organisiert, moderner und aus damaliger Sicht konsequenter als ihre Konkurrenten waren.

Zu diesen Erklärungen zählt erstens das Charisma und die agitatorische Raffinesse Adolf Hitlers. Seine Reden, die als verführerische Massenspektakel inszeniert wurden, begeisterten viele Zuhörer. Allerdings gibt es Wissenschaftler, die diesen sogenannten "Hitler-Effekt" anzweifeln, indem sie die Wahlergebnisse in Regionen vergleichen, in denen Hitler auftrat und wo er nicht auftrat, und dabei feststellen, dass seine Reden vielleicht doch keinen so großen Unterschied machten.

Zweitens zeichneten sich die Nazis durch eine erschreckend effektive Wahlkampfführung aus. Sie nutzten in Deutschland beispiellos nicht nur Flugblätter und Plakate, sondern auch Lautsprecher, Trommler, Mikrofone und Zirkuszelte, und prägten das Bild des Wahlkampfs mittels Flugzeugen.

Drittens entwickelte sich die NSDAP Anfang der 1930er Jahre zur ersten deutschen Volkspartei, die nicht nur spezifische Gruppen oder Klassen ansprach. Ihr Pathos der Volksgemeinschaft richtete sich an nahezu alle, ausgenommen die deutschen Juden. So gelang es der NSDAP, unterschiedlichste Interessengruppen zu integrieren, was ihr einen Vorteil gegenüber anderen radikalen Gruppierungen, wie der KPD, verschaffte. Mittlerweile gilt die Annahme, dass hauptsächlich ein radikalisierter Mittelstand die NSDAP wählte, als überholt. Ihre Wählerschaft umfasste Selbstständige, Bauern, Beamte und auch viele Arbeiter.

Viertens war das Versagen der konservativen Konkurrenz entscheidend. Die Deutschnationalen hatten in den 1920er Jahren bereits mitregiert und konnten somit nicht als radikale Alternative überzeugen. Noch wichtiger ist, dass viele alte Eliten und Konservative geistig noch im 19. Jahrhundert verhaftet waren. Sie lehnten den Parlamentarismus und die Demokratie ab und verachteten häufig die Massen und moderne Wahlkämpfe. Die Nazis hingegen nutzten trotz ihrer Ablehnung des Systems demokratische Mittel und Rhetorik, um offensiv um das Volk zu werben. Heutzutage würde man die Nationalsozialisten wahrscheinlich als sehr erfolgreiche Populisten bezeichnen.

Der Faschismus in Spanien

Der Faschismus in Spanien manifestierte sich in einer besonderen Form, die durch die Figur von Francisco Franco und den Spanischen Bürgerkrieg (1936-1939) geprägt wurde. Während der Faschismus in Italien und Deutschland oft als Modell für autoritäre Regime des 20. Jahrhunderts dient, bietet das spanische Beispiel eine einzigartige Perspektive auf die Adaptation und Manifestation faschistischer Ideologien in einem stark zersplitterten nationalen Kontext.

Der Faschismus gewann in Spanien in den 1930er Jahren an Boden, als das Land tief gespalten war zwischen den Kräften der Republik, die eine gemäßigte bis linke politische Agenda verfolgten, und den konservativen und nationalistischen Kräften, die das alte monarchistische und klerikale Spanien verteidigten. Diese Spannungen führten 1936 zum Ausbruch des Spanischen Bürgerkriegs.

Die spanische faschistische Partei, die Falange Española, wurde 1933 von José Antonio Primo de Rivera, dem Sohn des ehemaligen Diktators Miguel Primo de Rivera, gegründet. Die Falange verband Elemente des italienischen Faschismus mit einer spezifisch spanischen nationalistischen Agenda, die sich stark auf die Wiederherstellung der vermeintlichen Größe Spaniens und die Eliminierung marxistischer Einflüsse konzentrierte.

José Antonio Primo de Rivera, geboren am 24. April 1903 in Madrid, war eine prominente und polarisierende Figur in der spanischen Politik der 1930er Jahre. Als Sohn des ehemaligen spanischen Diktators Miguel Primo de Rivera wurde er in eine Familie von politischer und militärischer Bedeutung hineingeboren. José Antonio, ausgebildet als Jurist, gründete 1933 die Falange Española, eine faschistische Partei, die später als Falange Española de las JONS bekannt wurde, nachdem sie sich mit den Juntas de Ofensiva Nacional-Sindicalista zusammenschloss.

Primo de Rivera konzipierte die Falange als Antwort auf die politische Instabilität Spaniens und als Alternative zu den bestehenden republikanischen, monarchistischen und kommunistischen Gruppen. Inspiriert durch andere faschistische Bewegungen der Zeit, insbesondere das Italien Mussolinis, propagierte seine Partei eine nationalistische, totalitäre Vision, die eine starke Zentralregierung, die Abschaffung der Klassenunterschiede durch nationalen Syndikalismus und eine aggressive expansive Außenpolitik forderte. Die Falange lehnte die parlamentarische Demokratie ab und sah in der Gewalt ein legitimes Mittel zur Erreichung politischer Ziele, was sich in ihrer Beteiligung an Straßenkämpfen und gewalttätigen Auseinandersetzungen widerspiegelte.

Primo de Rivera war eine charismatische Persönlichkeit, die geschickt Rhetorik einsetzte, um seine ideologischen Ziele zu fördern. Seine Reden betonten oft die Notwendigkeit einer nationalen Erneuerung, die durch die "Einheit von Spanien" und die Zurückweisung der Klassenkampfideologie erreicht werden sollte. Diese Ansichten fanden Anklang bei einem Teil der spanischen Jugend und bei bestimmten Segmenten der Arbeiterklasse, die sich von der traditionellen Politik entfremdet fühlten.

Trotz seiner aristokratischen Herkunft und seiner Position innerhalb des Establishments positionierte sich Primo de Rivera als ein Mann des Volkes gegen die "dekadenten" politischen Eliten. Seine Kritiker werfen ihm jedoch vor, dass seine politischen Aktivitäten und die seiner Anhänger häufig mehr durch persönliche und elitäre Interessen als durch echtes Engagement für das Wohl der Arbeiterklasse motiviert waren. Zudem war seine Ideologie tief durchdrungen von Antisemitismus und starken anti-marxistischen Haltungen, was dazu beitrug, eine Atmosphäre der Intoleranz und des Hasses zu schüren.

Seine politische Karriere wurde durch den Ausbruch des Spanischen Bürgerkriegs im Juli 1936 jäh unterbrochen. Primo de Rivera wurde kurz nach Kriegsbeginn von der republikanischen Regierung verhaftet. Während seiner Haft versuchte er, seine Rolle als politischer Führer weiterzuführen, indem er verschiedene Schriften verfasste und seine Anhänger zur Einheit und Fortführung des Kampfes aufrief. Trotz seiner Bemühungen um eine gemäßigtere Positionierung und seinen Aufrufen zur Versöhnung wurde er im November 1936 von einem Volksgericht zum Tode verurteilt und hingerichtet.

José Antonio Primo de Riveras Erbe ist tief umstritten. Während seine Anhänger ihn als Märtyrer und Visionär feiern, der versuchte, Spanien durch eine Zeit tiefgreifender sozialer und wirtschaftlicher Krisen zu führen, sehen seine Kritiker in ihm eine Schlüsselfigur in der Entwicklung des spanischen Faschismus, dessen Ideen und Aktionen zur brutalen Polarisierung der spanischen Gesellschaft und zu den Gräueltaten des Bürgerkriegs beitrugen. Seine Vision eines faschistischen Spaniens war zutiefst antidemokratisch und autoritär, und seine Methoden und Ideologien widersprachen den Grundwerten der Freiheit und Gleichheit.

Fusion mit den Carlisten (1937)

Während des Bürgerkriegs fusionierte die Falange mit den traditionellen monarchistischen Carlisten zu einer Einheitspartei, der Falange Española Tradicionalista y de las JONS, was ihre Position als dominante politische Kraft hinter Francos Nationalisten festigte.

Der Bürgerkrieg war ein entscheidender Wendepunkt für den Faschismus in Spanien. Er begann mit einem Militärputsch gegen die Zweite Spanische Republik, angeführt von einer Gruppe von Offizieren unter General Francisco Franco.

Schlüsselmomente im Bürgerkrieg

- Bombardierung von Guernica (1937): Dieses von der deutschen Legion Condor durchgeführte Bombardement war eines der erschütterndsten Ereignisse des Krieges und zeigte die Brutalität, mit der der Konflikt geführt wurde. Es wurde weltweit bekannt, nicht zuletzt durch Picassos gleichnamiges Gemälde, das als Mahnmal gegen den Krieg gilt.

- Die Schlacht am Ebro (1938): Die längste und blutigste Schlacht des Bürgerkriegs endete mit einem entscheidenden Sieg Francos, der die republikanischen Kräfte entscheidend schwächte und den Weg für den Sieg der Nationalisten ebnete.

Nach dem Sieg der Nationalisten im Jahr 1939 etablierte Francisco Franco eine Diktatur, die bis zu seinem Tod 1975 andauerte. Sein Regime, obwohl oft als faschistisch charakterisiert, war eine Mischform aus traditionellem spanischen Konservatismus, Faschismus und Autoritarismus.

Eine der weniger bekannten Politiken Francos war die Unterdrückung regionaler Sprachen wie Katalanisch, Baskisch und Galicisch. Diese Maßnahme zielte darauf ab, die kulturelle Einheit unter der Doktrin des "Einen Spaniens" zu fördern und jeglichen regionalen Nationalismus zu unterbinden.

Francos Regime war eng mit der Katholischen Kirche verbunden, die als moralische Stütze und Mittel zur Legitimierung seiner Herrschaft diente. Die Kirche genoss unter Franco besondere Privilegien und spielte eine zentrale Rolle in Bildung und gesellschaftlichen Angelegenheiten.

Franco Spanien war während des Kalten Krieges geopolitisch isoliert, besonders nach dem Zweiten Weltkrieg, als die Alliierten den Faschismus in Europa besiegten. Trotzdem konnte das Regime überleben, teils wegen strategischer Bündnisse, wie dem Pakt mit den USA während der 1950er Jahre, der Spanien in den Kontext des antikommunistischen Kampfes einband.

Der spanische Faschismus, geprägt durch die einzigartige politische Kultur Spaniens und den brutalen Bürgerkrieg, zeigt die Vielfalt faschistischer Bewegungen in Europa. Francos Regime hinterließ ein komplexes Erbe, das bis heute die spanische Gesellschaft und ihre Auseinandersetzung mit ihrer Vergangenheit beeinflusst.[11]

Stanley G. Payne, geboren am 9. September 1934 in Denton, Texas, ist ein US-amerikanischer Historiker und Experte für die Geschichte Spaniens und des Faschismus. Er promovierte an der Columbia University und lehrte an der University of Wisconsin-Madison. Payne verfasste über vierzig Bücher, darunter „Fascism: Comparison and Definition" und „The Franco Regime, 1936-1975". Seine Arbeiten zeichnen sich durch detaillierte Forschung und präzise Analysen aus, insbesondere zum Spanischen Bürgerkrieg, dem Franco-Regime und europäischen Faschismus. Payne hat wesentlich dazu beigetragen, das Verständnis des Faschismus und seiner unterschiedlichen Ausprägungen zu vertiefen, und ist bekannt für seine klare, zugängliche Schreibweise.

Der Faschismus des 20. Jahrhunderts hinterließ eine dauerhafte Narbe in der Geschichte der betroffenen Länder und der Welt. Die Lehren aus dieser Ära sind entscheidend, um die Bedeutung von Demokratie, Menschenrechten und internationaler Zusammenarbeit zu verstehen und zu schätzen. Die Auseinandersetzung mit dieser dunklen Periode ist unerlässlich, um zu gewährleisten, dass sich ähnliche Tragödien in der Zukunft nicht wiederholen.

11 Stanley G. Payne, Geschichte des Faschismus. Aufstieg und Fall einer europäischen Bewegung. Propyläen, Berlin 2001, ISBN 3-549-07148-5

7. RECHTSEXTREMISMUS HEUTE

Im 21. Jahrhundert hat sich der Rechtsextremismus zu einer wachsenden Bedrohung für die demokratische Stabilität und den sozialen Frieden entwickelt. In vielen Teilen der Welt beobachten wir eine beunruhigende Zunahme extremistischer Strömungen, die sich durch ihre nationalistische, fremdenfeindliche und oft rassistische Ideologie auszeichnen. Diese Ideologien appellieren an tiefliegende Ängste und Unsicherheiten, die durch soziale, wirtschaftliche und politische Krisen verstärkt werden, und finden in breiten Teilen der Gesellschaft Anklang. Das Phänomen des Rechtsextremismus ist dabei keineswegs auf eine bestimmte Region oder Kultur beschränkt; es zeigt sich in unterschiedlichen Ausprägungen weltweit und entfaltet in den jeweiligen Kontexten unterschiedliche Wirkungsformen.

Eine der Hauptursachen für das Wiedererstarken rechtsextremistischer Ideologien liegt in der zunehmenden Globalisierung und den damit verbundenen wirtschaftlichen Veränderungen. In vielen Ländern fühlen sich große Teile der Bevölkerung durch den rasanten Wandel der Arbeitsmärkte, die wachsende Ungleichheit und den Verlust traditioneller Industrien abgehängt. Die Angst vor sozialem Abstieg und die Unzufriedenheit mit den etablierten politischen Eliten schaffen ein Klima der Verunsicherung, in dem einfache, radikale Lösungen auf fruchtbaren Boden fallen. Rechtsextreme Bewegungen nutzen diese Stimmung gezielt aus, indem sie eine Rückkehr zu nationaler Souveränität, den Schutz vor ausländischen Einflüssen und die Bewahrung „traditioneller" Werte versprechen. Sie bieten eine scheinbare Alternative zu den als gescheitert wahrgenommenen Versprechen der Globalisierung und sprechen damit gezielt jene an, die sich von den bestehenden politischen und wirtschaftlichen Strukturen im Stich gelassen fühlen.

Doch nicht nur wirtschaftliche Unsicherheiten treiben den Aufstieg des Rechtsextremismus voran. Auch kulturelle Ängste und die Wahrnehmung eines Verlusts der eigenen Identität spielen eine zentrale Rolle. In vielen westlichen Ländern wird die wachsende ethnische und kulturelle Vielfalt, die durch Migration und Globalisierung zugenommen hat, von rechtsextremen Gruppen als Bedrohung für die nationale Identität dargestellt. Diese Gruppen propagieren eine Ideologie, die eine Homogenität der Gesellschaft idealisiert und ethnische oder religiöse Minderheiten als Fremdkörper und Gefahrenquelle für den sozialen Zusammenhalt brandmarkt. Die zunehmende kulturelle Diversität, die in einer globalisierten Welt eine unvermeidbare Realität ist, wird von rechtsextremen Bewegungen instrumentalisiert, um Fremdenfeindlichkeit und Hass zu schüren. Sie zeichnen ein Bild einer vermeintlich „reinen" und „ursprünglichen" Nation, die durch den Einfluss von Migranten und Minderheiten korrumpiert und bedroht wird.

Die politischen Krisen der letzten Jahre haben ebenfalls dazu beigetragen, dass sich der Rechtsextremismus in vielen Ländern ausbreiten konnte. Die Flüchtlingskrise in Europa 2015, die anhaltenden Konflikte im Nahen Osten und Nordafrika sowie die zunehmende Polarisierung in vielen westlichen Demokratien haben den Nährboden für rechtsextreme Bewegungen bereitet. In Zeiten, in denen die Regierungen mit globalen Herausforderungen wie der Migration oder dem Klimawandel kämpfen, sehen viele Menschen in den radikalen Versprechungen rechtsextremer Parteien eine Alternative zu dem als ineffizient empfundenen politischen System. Rechtsextreme Parteien und Bewegungen nutzen diese Krisen gezielt, um Ängste zu verstärken und den politischen Diskurs zu polarisieren. Ihre Rhetorik zeichnet oft ein Bild der Schwäche und Inkompetenz der politischen Eliten und plädiert für autoritäre, nationalistische Lösungen, die vermeintlich die Interessen der „wahren" Bevölkerung schützen sollen.

Diese Entwicklungen haben tiefgreifende Auswirkungen auf die demokratischen Strukturen und den sozialen Frieden in vielen Ländern. Rechtsextreme Ideologien greifen die Grundlagen der Demokratie an, indem sie auf eine autoritäre Politik setzen, die auf die Ausgrenzung und Diskriminierung bestimmter Gruppen abzielt. Demokratische Prinzipien wie die Rechtsstaatlichkeit, die Meinungsfreiheit und die Gleichberechtigung aller Bürger werden infrage gestellt und durch einen radikalen Nationalismus ersetzt, der Loyalität gegenüber dem Staat und der Nation über individuelle Rechte und Freiheiten stellt. Diese Bewegungen tragen zur Polarisierung der Gesellschaft bei, indem sie die politische Landschaft in „wir" und „sie" aufteilen und jegliche abweichenden Meinungen als Verrat am nationalen Interesse darstellen.

Darüber hinaus haben rechtsextreme Ideologien auch konkrete Auswirkungen auf das tägliche Leben und die Sicherheit von Minderheiten. In vielen Ländern ist ein deutlicher Anstieg rassistischer und fremdenfeindlicher Gewalt zu verzeichnen, die oft durch die Rhetorik rechtsextremer Gruppen befeuert wird. Diese Gruppen schaffen ein Klima der Angst und der Feindseligkeit, das nicht nur zu verbalen Angriffen, sondern auch zu physischen Übergriffen und sogar terroristischen Akten führt. In diesem Sinne stellt der Rechtsextremismus nicht nur eine ideologische Bedrohung für die Demokratie dar, sondern auch eine reale Gefahr für den sozialen Frieden und das Sicherheitsgefühl vieler Menschen.

Dieses Kapitel wird sich eingehend mit der Entwicklung des modernen Rechtsextremismus auseinandersetzen und seine Ursprünge, die wichtigsten Akteure und die Mechanismen untersuchen, durch die er in verschiedenen Ländern Fuß fassen konnte. Besondere Aufmerksamkeit wird dabei der Frage gewidmet, wie soziale, wirtschaftliche und politische Krisen das Wiederaufleben rechtsextremer Bewegungen fördern und welche Auswirkungen dies auf die Stabilität demokratischer Gesellschaften weltweit hat.

Rechtsextremismus bezeichnet politische Ideologien, die sich durch autoritäres Denken, ethnischen Nationalismus und die Ablehnung demokratischer und pluralistischer Prinzipien auszeichnen. Oft verbindet sich damit auch eine idealisierte Vorstellung von einer homogenen nationalen Gemeinschaft, die gegen vermeintliche Feinde von außen und innen verteidigt werden muss. Rechtsextremisten lehnen in der Regel die moderne liberale Demokratie ab und bevorzugen autoritäre Regierungsformen, die eine starke Führung und strikte soziale Ordnungen betonen.

Die Ursachen des modernen Rechtsextremismus sind vielfältig und komplex. Zu den wichtigsten Faktoren gehören:

- <u>Wirtschaftliche Unsicherheit:</u> Globalisierung und wirtschaftliche Umstrukturierungen haben in vielen Teilen der Welt zu Arbeitsplatzverlusten und sozialer Verunsicherung geführt. Rechtsextreme Gruppen nutzen diese Ängste, indem sie einfache Lösungen und Sündenböcke anbieten, oft in Form von Migranten und anderen marginalisierten Gruppen.
- <u>Kulturelle Veränderungen:</u> Schnelle soziale Veränderungen, einschließlich Migration und demografische Verschiebungen, haben bei einigen Bevölkerungsteilen das Gefühl der Entfremdung verstärkt. Rechtsextreme Ideologien sprechen diese Menschen an, indem sie eine Rückkehr zu einer idealisierten, oft fiktiven nationalen Vergangenheit versprechen.
- <u>Politische Entfremdung:</u> Das Misstrauen gegenüber traditionellen politischen Parteien und Institutionen ist ein weiterer Nährboden für rechtsextreme Bewegungen. Diese Gruppen stellen sich oft als Anti-Establishment-Alternativen dar, die gegen die "korrupten Eliten" kämpfen.

Hauptakteure und Bewegungen

Die rechtsextreme Szene ist global und heterogen, mit zahlreichen Gruppen, die in verschiedenen nationalen Kontexten operieren:

Europa

In den letzten Jahrzehnten hat der rechtsextreme Populismus in Europa signifikant zugenommen, was durch den Aufstieg verschiedener Parteien und Bewegungen sichtbar wird. Diese Gruppen haben national unterschiedliche Ursprünge und Ziele, teilen jedoch gemeinsame Kernideologien, die sich gegen Einwanderung, die Europäische Union und oft gegen das politische Establishment richten. Dieser Text untersucht detailliert einige der prominentesten rechtsextremen Akteure in Europa, ihre Entwicklungen, Erfolge und die weniger bekannten Ereignisse, die ihre Trajektorien geprägt haben.[12]

Deutschland: Alternative für Deutschland (AfD)

Die Alternative für Deutschland (AfD) wurde im Jahr 2013 ursprünglich als Reaktion auf die Eurokrise und die Politik der Europäischen Union gegründet, mit dem Ziel, eine euroskeptische Stimme in der deutschen politischen Landschaft zu etablieren. Ihr Fokus lag zunächst auf wirtschaftlichen Themen, insbesondere auf der Kritik an der europäischen Währungsunion und der vermeintlichen Bedrohung deutscher Souveränität durch europäische Institutionen. Doch schon wenige Jahre nach ihrer Gründung vollzog die Partei eine tiefgreifende ideologische Wandlung, die sie von einer technokratisch orientierten euroskeptischen Bewegung zu einer zunehmend rechtsextremen

---

12 Roger Eatwell und Matthew Goodwin, 2018, National Populism: The Revolt against Liberal Democracy, ISBN 978-0241312001

politischen Kraft machte. Diese Entwicklung führte dazu, dass die AfD schnell nationale Aufmerksamkeit erregte und sich als zentraler Akteur im rechtsgerichteten politischen Spektrum etablierte.

Ein bedeutender Wendepunkt in der Entwicklung der AfD war die Flüchtlingskrise im Jahr 2015, die die politische Landschaft in Deutschland nachhaltig veränderte. Während viele Parteien um eine humanitäre Lösung bemüht waren, griff die AfD die Ängste und Unsicherheiten in der Bevölkerung auf und baute ihre politische Plattform auf einer scharfen Kritik an der Einwanderungspolitik der Bundesregierung auf. Die AfD argumentierte, dass die Aufnahme von Flüchtlingen nicht nur eine wirtschaftliche Belastung darstelle, sondern auch eine kulturelle Bedrohung für die deutsche Gesellschaft sei. Besonders der Islam rückte in den Mittelpunkt ihrer Kampagnen, wobei die Partei ihn als unvereinbar mit westlichen Werten und der deutschen Kultur darstellte. Diese Positionen fanden vor allem in ländlichen Gebieten und unter Wählern, die sich von den etablierten Parteien nicht mehr vertreten fühlten, großen Anklang.

Neben der Kritik an der Einwanderungspolitik und dem Islam rückte die AfD zunehmend auch Themen wie die vermeintliche Bedrohung der deutschen kulturellen Identität und die Verteidigung eines „nationalen Erbes" in den Vordergrund. Sie bediente sich dabei einer Rhetorik, die stark an die Vorstellung einer ethnisch und kulturell homogenen Nation anknüpfte und die globalen Entwicklungen der Migration und Diversität als Gefahr für die nationale Einheit darstellte. Diese Betonung eines völkisch-nationalistischen Weltbildes trug dazu bei, dass sich die AfD nicht nur als Anti-Establishment-Partei inszenierte, sondern auch als Hüterin einer bedrohten nationalen Identität, die gegen äußere Einflüsse verteidigt werden müsse.

Ein entscheidender Moment, der den inneren Wandel der AfD hin zu einer rechtsextremen politischen Kraft verdeutlichte, war die Veröffentlichung der sogenannten „Erfurter Resolution" im Jahr 2015. Dieses interne Dokument, initiiert von Björn Höcke, einer der kontroversesten und radikalsten Figuren innerhalb der AfD, und anderen Mitstreitern, markierte einen deutlichen Rechtsruck innerhalb der Partei. Die Erfurter Resolution kritisierte die Parteiführung scharf für ihren vermeintlich zu moderaten Kurs und forderte eine stärkere Betonung völkisch-nationalistischer Themen. Die Verfasser der Resolution argumentierten, dass die AfD ihre ursprüngliche Mission, radikale Veränderungen im deutschen politischen System herbeizuführen, verraten habe und sich stattdessen zu sehr an den etablierten Parteien orientiere.

Björn Höcke, geboren am 1. April 1972 in Lünen, ist ein prominenter AfD-Politiker und zentraler Akteur der rechtsextremen Szene in Deutschland. Als Fraktionsvorsitzender der AfD in Thüringen ist er für seine nationalistischen, rassistischen und geschichtsrevisionistischen Positionen bekannt, die ihm breite Kritik einbringen. Höcke fordert eine "180-Grad-Wende" in der deutschen Erinnerungskultur und bezeichnete das Holocaust-Mahnmal als "Denkmal der Schande", was als Relativierung der NS-Verbrechen gilt. Seine fremdenfeindliche und antidemokratische Rhetorik, besonders gegen Einwanderer und Muslime, verstärkt soziale Spannungen und fördert ein Klima der Angst. Höckes Einfluss innerhalb der AfD und seine Popularität unter Rechtsextremen verdeutlichen die wachsende Gefahr des Rechtsextremismus in Deutschland und fordern eine entschiedene Reaktion der Demokratie.

Die Erfurter Resolution forderte explizit die Rückkehr zu einer Politik, die sich stärker auf die „deutsche Volksgemeinschaft" konzentrieren und die nationale Identität gegenüber globalen und multikulturellen Einflüssen verteidigen solle. Diese Rhetorik, die an nationalistische und völkische Ideen des frühen 20. Jahrhunderts anknüpfte, löste innerhalb der Partei heftige Diskussionen aus. Während einige Mitglieder der AfD, insbesondere aus dem wirtschaftsliberalen Flügel, diese Radikalisierung ablehnten, fand die Resolution in Teilen der Partei, insbesondere in ostdeutschen Landesverbänden, großen Anklang. Sie führte letztlich zu einer weiteren Polarisierung innerhalb der AfD, bei der sich der radikale Flügel, der von Höcke und seiner Bewegung „Der Flügel" angeführt wurde, zunehmend durchsetzte.

Der Flügel bezeichnete eine Strömung innerhalb der Alternative für Deutschland (AfD), die als besonders rechtsgerichtet galt. Diese Gruppierung formierte sich offiziell im Jahr 2015 und wurde von Björn Höcke und André Poggenburg als eine Art informeller Zusammenschluss von Parteimitgliedern ins Leben gerufen, die eine besonders konservative bis nationalistische Ausrichtung innerhalb der Partei vertraten.

Die Gründung des Flügels kann als Reaktion auf die innerparteilichen Auseinandersetzungen und den Kurs der AfD gesehen werden, insbesondere in Bezug auf Fragen der nationalen Identität, Migration und EU-Skepsis. Die Mitglieder des Flügels befürworteten eine strengere Migrationspolitik und betonten die Bedeutung der deutschen Kultur und Tradition, was oft mit einer kritischen Haltung gegenüber dem Islam verbunden war. Ihre Positionen wurden häufig als radikaler im Vergleich zum moderateren Hauptstrom der Partei angesehen.

Der Flügel war bekannt für seine emotionale und polarisierende Rhetorik. Björn Höcke, eine der zentralen Figuren, sorgte wiederholt für Kontroversen, unter anderem mit Äußerungen zur deutschen Erinnerungskultur und zum Holocaust-Mahnmal in Berlin, die von vielen als geschichtsrevisionistisch angesehen wurden. Diese Äußerungen führten zu erheblichem Widerstand sowohl innerhalb als auch außerhalb der Partei.

Der Einfluss des Flügels erstreckte sich über die rhetorische Ebene hinaus in die organisatorische Struktur der AfD. Sie schafften es, viele Schlüsselpositionen auf Landes- und Bundesebene zu besetzen, was ihnen erhebliche Macht innerhalb der Partei verlieh. Ihre Veranstaltungen und Treffen, oft charakterisiert durch eine Mischung aus politischen Reden und kulturellen Darbietungen, zogen regelmäßig eine große Anzahl von Anhängern an.

Aufgrund seiner extremen Positionen und seiner bedeutenden Rolle innerhalb der AfD wurde der Flügel 2020 vom Bundesamt für Verfassungsschutz als rechtsextremistische Bestrebung eingestuft. Diese Einstufung markierte einen bedeutenden Wendepunkt, der erhöhte staatliche Überwachung und öffentlichen Druck nach sich zog. Im selben Jahr erklärte die AfD offiziell die Auflösung des Flügels, auch wenn Kritiker behaupteten, dass die Ideologien und Netzwerke, die durch den Flügel entstanden waren, innerhalb der Partei weiterhin bestehen.

Die langfristigen Auswirkungen des Flügels auf die AfD hat die Partei nachhaltig geprägt und die Debatten über den Umgang mit Rechtsextremismus und Nationalismus in Deutschland intensiviert. Die Kontroverse um den Flügel wirft grundlegende Fragen über die Grenzen der politischen Meinungsfreiheit und die Verantwortung von Parteien im demokratischen System auf.

Aufbruch deutscher Patrioten – Mitteldeutschland (AdP)

Die "Aufbruch deutscher Patrioten – Mitteldeutschland" (AdP) ist eine politische Partei in Deutschland, die im Januar 2019 von André Poggenburg gegründet wurde. Poggenburg, ein ehemaliges Mitglied der Alternative für Deutschland (AfD), initiierte die Gründung der AdP nach seinem Austritt aus der AfD aufgrund interner Meinungsverschiedenheiten und Konflikte. Die Partei positioniert sich rechts von der AfD und zielt darauf ab, eine spezifisch nationalistische und konservativ-populistische Agenda zu verfolgen. Die AdP wurde mit der Absicht gegründet, eine stärkere Betonung auf die Interessen der ostdeutschen Bevölkerung zu legen und sich klar gegen die Migrationspolitik der Bundesregierung zu positionieren. Ihre politische Ausrichtung ist stark von Poggenburgs vorheriger Rolle im rechten Flügel der

AfD geprägt, insbesondere von seiner Zugehörigkeit zum "Flügel", der als besonders nationalistisch und konservativ innerhalb der AfD galt. Die ideologische Grundlage der AdP umfasst eine starke Betonung der nationalen Souveränität, eine kritische Haltung gegenüber der Europäischen Union und eine strikte Ablehnung der aktuellen Einwanderungs- und Asylpolitik in Deutschland. Die Partei fordert eine strikte Begrenzung und Kontrolle der Zuwanderung und positioniert sich gegen das, was sie als "Überfremdung" Deutschlands betrachtet. Weitere zentrale Themen sind die Stärkung lokaler Wirtschaften, die Betonung traditioneller kultureller Werte und die Förderung der Interessen der einheimischen Bevölkerung.

Die AdP hat seit ihrer Gründung versucht, sich in den politischen Landschaften der Bundesländer, insbesondere in Sachsen, Sachsen-Anhalt und Thüringen, zu etablieren. Trotz ambitionierter Ziele und mehrerer Wahlteilnahmen konnte die Partei jedoch nur geringe Erfolge erzielen und ist in der breiten politischen Arena Deutschlands relativ marginal geblieben. Ihre Aktivitäten haben allerdings mediale Aufmerksamkeit erregt, vor allem aufgrund der kontroversen Äußerungen ihres Gründers und der klaren rechtsextremen Positionierung.

Die AdP und insbesondere André Poggenburg sind wegen ihrer extremen Positionen und ihrer Rhetorik, die oft als fremdenfeindlich und spalterisch angesehen wird, in der Öffentlichkeit stark kritisiert worden. Die Partei wurde auch vom Verfassungsschutz beobachtet, was ihre kontroverse Natur und die Bedenken hinsichtlich ihrer Verfassungstreue unterstreicht. Die Zukunft der AdP ist unsicher, da sie in einem zunehmend gesättigten Feld rechter und rechtsextremer Parteien in Deutschland um Anerkennung und Wählerstimmen kämpft. Ihre Fähigkeit, sich als relevante politische Kraft zu etablieren, hängt von vielen Faktoren ab, einschließlich der politischen Landschaft in Deutschland, dem Erfolg ihrer Organisationsbemühungen und ihrer Fähigkeit, sich von anderen rechtspopulistischen und rechtsextremen

Gruppierungen abzuheben. Insgesamt spiegelt die AdP die Fragmentierung und die Radikalisierung innerhalb des rechten politischen Spektrums in Deutschland wider und stellt eine von mehreren kleinen Gruppierungen dar, die versuchen, sich in der politischen Landschaft des Landes zu etablieren.

Die Auswirkungen dieses innerparteilichen Machtkampfs sind bis heute spürbar. Die AfD, die einst als Protestbewegung gegen die Euro-rettungspolitik angetreten war, entwickelte sich unter dem Einfluss von Höcke und anderen zunehmend zu einer Partei, die offen rechts-extreme Positionen vertritt. Themen wie die Ablehnung der liberalen Demokratie, die Forderung nach einer Rückkehr zu nationalistischen Idealen und die Ausgrenzung von Minderheiten wurden immer zen-traler für die politische Ausrichtung der Partei. Diese Radikalisierung hat dazu geführt, dass die AfD zwar in bestimmten Wählergruppen, insbesondere in Ostdeutschland, weiter an Popularität gewann, gleichzeitig aber auch von vielen als rechtsextreme Bedrohung für die deutsche Demokratie wahrgenommen wird.

Frankreich: Rassemblement National (RN)

Der Rassemblement National (RN), ehemals bekannt als Front Natio-nal, wurde 1972 von Jean-Marie Le Pen gegründet und begann als ra-dikal rechte, ultranationalistische Bewegung, die sich vor allem durch ihre Fremdenfeindlichkeit und scharfe Anti-Einwanderungspolitik aus-zeichnete. Lange Zeit fristete die Partei ein Dasein am politischen Rand, doch unter der Führung von Marine Le Pen, die 2011 die Lei-tung der Partei von ihrem Vater übernahm, erlebte sie einen bemer-kenswerten Aufstieg und wandelte sich zu einer zentralen Akteurin in der französischen Politik. Marine Le Pen gelang es, die Front National in den Mainstream der politischen Debatte zu führen, und dies in einer Weise, die ihre Partei weit über den radikalen rechten Rand hinaus sichtbar machte.

Marine Le Pen erkannte früh, dass die ursprüngliche Strategie ihres Vaters, die Partei als eine extreme, unverhohlen nationalistische Bewegung zu führen, nur eine begrenzte Wählerschaft ansprechen konnte. Um den Rassemblement National als glaubwürdige Alternative im politischen Spektrum Frankreichs zu etablieren, verfolgte sie eine Strategie der „Entdämonisierung". Dies bedeutete, dass sie das Image der Partei moderieren und von ihren extremen Wurzeln abkoppeln wollte, ohne jedoch die Kernanliegen – vor allem die rigide Anti-Immigrationspolitik und den entschiedenen Euroskeptizismus – aufzugeben. Marine Le Pen positionierte sich als Verfechterin der französischen Souveränität und des nationalen Erbes und wandte sich gegen die EU-Integration und das vermeintliche Diktat aus Brüssel, das sie als Bedrohung für die nationale Selbstbestimmung darstellte.

Marine Le Pen, geboren am 5. August 1968, ist seit 2011 Vorsitzende des rechtsextremen Rassemblement National (ehemals Front National) in Frankreich. Sie hat die Partei in zwei Präsidentschaftswahlen angeführt und versucht, ihr Image zu moderieren, bleibt aber umstritten. Le Pen studierte Jura und arbeitete als Anwältin, bevor sie sich der Politik widmete. Unter ihrer Führung distanzierte sich die Partei von offenem Antisemitismus, doch Kritiker sehen diese Änderungen als oberflächlich. Ihre Agenda umfasst strikte Einwanderungskontrollen, nationalistische Wirtschaftsmaßnahmen und die Ablehnung der EU in ihrer jetzigen Form. Obwohl sie sich als Verteidigerin der Arbeiterklasse präsentiert, wird ihre Politik oft als populistisch und isolationistisch kritisiert. Ihre wachsende Unterstützung spiegelt den anhaltenden Rechtsruck und die politischen Spannungen in Frankreich wider.

Ein besonders symbolträchtiger Schritt auf diesem Weg war die Entscheidung, ihrem Vater Jean-Marie Le Pen, dem charismatischen und umstrittenen Gründer der Partei, die Parteimitgliedschaft zu entziehen. Jean-Marie Le Pen hatte über Jahrzehnte hinweg durch seine wiederholten Holocaust-Relativierungen und antisemitischen Äußerungen die Partei in den Augen der Öffentlichkeit stark belastet. Seine oft provokanten und extremistischen Äußerungen hatten der Front National zwar in radikaleren Kreisen Popularität verschafft, sie aber gleichzeitig für ein breiteres Wählerpublikum weitgehend unakzeptabel gemacht. Marine Le Pen war sich bewusst, dass ihre Bemühungen, die Partei in die politische Mitte zu führen, ohne eine deutliche Distanzierung von ihrem Vater kaum erfolgreich sein würden.

Die Entscheidung, ihren Vater öffentlich zu verurteilen und aus der Partei auszuschließen, war ein mutiger und zugleich riskanter Schritt, der das Erbe des Front National tief erschütterte. Dieser Schritt war jedoch Teil einer umfassenden Strategie, die Partei von ihrer belastenden Vergangenheit zu lösen und als moderne, populistische Kraft darzustellen, die die Sorgen und Ängste der breiten Bevölkerung aufgreift, ohne dabei offen extremistisch zu wirken. Mit diesem Schachzug wollte Marine Le Pen die Partei für gemäßigte Konservative und frustrierte Wähler gewinnen, die sich von den traditionellen politischen Eliten nicht mehr vertreten fühlten. Ihr Ziel war es, den Rassemblement National als eine Partei der „Vergessenen" zu positionieren – derjenigen, die sich in einer globalisierten und pluralistischen Welt vom politischen Establishment im Stich gelassen fühlten.

Obwohl Marine Le Pen den Rassemblement National in einigen Bereichen moderierte, blieb sie ihren zentralen Themen treu. Die Anti-Einwanderungsrhetorik der Partei blieb scharf, und sie setzte sich weiterhin für eine strikte Begrenzung der Migration nach Frankreich ein, die sie als eine Gefahr für die nationale Identität und den sozialen Zusammenhalt darstellte. Besonders der Islam wurde dabei immer wieder als Bedrohung für die säkulare, republikanische Ordnung Frankreichs dargestellt, und die Partei plädierte für eine härtere Gangart gegenüber muslimischen Gemeinschaften und Institutionen. Diese Haltung fand besonders in ländlichen Regionen und unter denjenigen Wählern Anklang, die sich von der globalen Migration und den kulturellen Veränderungen überfordert fühlten.

Auch in ihrer euroskeptischen Haltung blieb Marine Le Pen kompromisslos. Sie prangerte die Europäische Union als undemokratisch und zentralistisch an und setzte sich für eine Rückkehr zu nationaler Souveränität ein. Marine Le Pen kritisierte die Währungsunion und argumentierte, dass der Euro Frankreich wirtschaftlich schwäche und es daran hindere, eigenständige finanzpolitische Entscheidungen zu treffen. Diese Positionen verschafften ihr breite Unterstützung unter denjenigen, die die EU als Bedrohung für die französische Autonomie und als Verursacher wirtschaftlicher Probleme sahen, insbesondere nach der Eurokrise und den Sparmaßnahmen, die viele als von Brüssel aufgezwungen empfanden.

Marine Le Pens Strategie der Entdämonisierung und Modernisierung der Partei erwies sich als erfolgreich. Der Rassemblement National erzielte bei mehreren nationalen und europäischen Wahlen beachtliche Erfolge und etablierte sich als eine ernstzunehmende politische Kraft in Frankreich. Marine Le Pen schaffte es, das rechte Lager zu vereinen und Wähler aus verschiedenen gesellschaftlichen Schichten anzusprechen – von traditionell konservativen Bürgern bis hin zu Arbeitern, die sich von der linken Politik abgewendet hatten. Ihr Erfolg zeigt, wie populistische und nationalistische Bewegungen sich anpassen und weiterentwickeln können, um in einem sich wandelnden politischen Umfeld zu überleben und zu gedeihen.

Italien: Lega

Die Lega, früher als Lega Nord bekannt, hat unter der Führung von Matteo Salvini einen bemerkenswerten Wandel vollzogen. Ursprünglich als regionalistische Partei gegründet, deren Hauptziel es war, die wirtschaftlich wohlhabenden Regionen Norditaliens vom Rest des

Landes zu trennen, hat die Lega ihre Agenda inzwischen deutlich aus-
geweitet. Unter Salvinis Leitung wandelte sich die Partei von einer Bewegung, die sich vorrangig auf regionale Interessen konzentrierte, hin
zu einer nationalistischen Kraft, die sich zunehmend auf gesamtitalie-
nische Themen fokussiert. Besonders hervorzuheben ist die Erweiterung ihrer politischen Ausrichtung, die sich nun stark auf die Themen
nationale Identität, Migration und Euroskepsis stützt.

Matteo Salvini, geboren am 9. März 1973 in Mailand, ist ein italienischer
Politiker und Führer der Lega, bekannt für seine populistischen und kontroversen Positionen. Unter seiner Führung wandelte sich die Lega von einer
regionalen Autonomiepartei zu einer nationalistischen Bewegung mit harter Anti-Immigrationspolitik und euroskeptischen Ansichten. Als Innenminister (2018–2019) sorgte er international für Aufsehen, als er Häfen für
Rettungsschiffe mit Migranten schloss, was zu scharfer Kritik von Men-
schenrechtsorganisationen führte. Salvini nutzt soziale Medien effektiv, um
seine Anhänger zu mobilisieren und verbreitet oft provokative Aussagen.
Kritiker werfen ihm vor, Fremdenfeindlichkeit zu fördern und die politische
Diskussion zu verschärfen. Trotz seiner umstrittenen Ansichten bleibt Salvini eine Schlüsselfigur der italienischen und europäischen Politik, die den
wachsenden Einfluss nationalistischer Bewegungen in Europa verkörpert.

Salvini erkannte früh, dass der Lega in ihrer ursprünglichen Form als
regionale Partei Grenzen gesetzt waren. Um die Partei auf nationaler
Ebene konkurrenzfähig zu machen, richtete er den Fokus auf eine
scharfe Anti-Migrationspolitik und einen vehementen Widerstand gegen die Europäische Union. In einer Zeit, in der Italien mit großen
Herausforderungen im Bereich Migration konfrontiert war, insbesondere durch den Zustrom von Flüchtlingen über das Mittelmeer, gelang
es Salvini, diese Themen erfolgreich zu politisieren und eine breite
Wählerschaft anzusprechen. Mit seiner strikten Haltung gegen die
Aufnahme von Flüchtlingen und seiner Forderung nach einer stärkeren Kontrolle der nationalen Grenzen schuf er ein Narrativ, das den

Unmut vieler Italiener über die bestehende Einwanderungspolitik aufgriff.

Bei den letzten Wahlen konnte die Lega erheblichen Zuspruch gewinnen, insbesondere in ländlichen Regionen und unter Wählern, die sich von der etablierten Politik im Stich gelassen fühlten. Salvinis Rhetorik zielte darauf ab, die Migration als zentrale Ursache vieler sozialer und wirtschaftlicher Probleme darzustellen, von Arbeitslosigkeit bis hin zu einer angeblichen Bedrohung der öffentlichen Sicherheit. Seine Kritik an der Europäischen Union, die er als Hauptverantwortliche für die unkontrollierte Migration und für wirtschaftliche Zwänge darstellte, fand in großen Teilen der Bevölkerung Anklang. Diese Kombination aus Nationalismus, Anti-Migrationspolitik und Euroskepsis verhalf der Lega zu einem bemerkenswerten Aufstieg, der die Partei zu einer der führenden politischen Kräfte in Italien machte.

Ein besonders aufsehenerregender Vorfall, der die Kontroversen um Salvinis Anti-Migrationspolitik weiter anfachte, war die Festnahme der deutschen Kapitänin Carola Rackete im Jahr 2019. Rackete, die als Kapitänin des Rettungsschiffs „Sea-Watch 3" agierte, brachte trotz eines ausdrücklichen Einreiseverbots Flüchtlinge nach Italien, die sie im Mittelmeer gerettet hatte. Dieser Vorfall erregte nicht nur in Italien, sondern auch international großes Aufsehen und wurde zum Symbol für den scharfen Konflikt zwischen humanitären Organisationen und der restriktiven Migrationspolitik der italienischen Regierung. Während Racketes Unterstützer sie als Heldin feierten, die mutig gehandelt habe, um Menschenleben zu retten, nutzte Salvini den Vorfall, um seine harte Haltung weiter zu untermauern.

Salvini, der damals als Innenminister fungierte, griff den Vorfall auf, um seine Position als Verteidiger der nationalen Sicherheit zu stärken. Er stellte Rackete und die Aktionen der Nichtregierungsorganisationen, die im Mittelmeer Rettungsaktionen durchführen, als Gefahr für die italienische Souveränität und Sicherheit dar. In seiner Rhetorik präsentierte er die Rettungseinsätze als Teil eines größeren Problems, das die Kontrolle Italiens über seine eigenen Grenzen untergrabe und das Land übermäßig belaste. Dieser Vorfall diente ihm als Bühne, um seine Politik der „geschlossenen Häfen" zu verteidigen und die Abschottung gegen unkontrollierte Migration weiter zu legitimieren.

In den darauffolgenden Wochen und Monaten verstärkte Salvini seine Botschaften und positionierte sich als unnachgiebiger Beschützer der nationalen Interessen Italiens. Seine Rhetorik, die immer wieder auf das Thema nationale Sicherheit, Souveränität und den Schutz vor unkontrollierter Migration zurückgriff, war darauf ausgerichtet, die italienische Bevölkerung in Zeiten der Unsicherheit hinter seiner Politik zu vereinen. Für viele seiner Unterstützer stand Salvini für eine Rückkehr zu starker Führung und nationalem Selbstbewusstsein – Werte, die er als unter der vorangegangenen, moderateren Politik vernachlässigt darstellte.

Griechenland: Goldene Morgenröte

Die Goldene Morgenröte, eine der extremsten und berüchtigtsten Gruppierungen des europäischen Rechtsextremismus, hat sich durch ihre unverhohlen neonazistische Ideologie und die Verwicklung in zahlreiche Gewalttaten gegen Migranten und politische Gegner einen beunruhigenden Ruf erworben. Diese Bewegung, die in den 1980er Jahren in Griechenland gegründet wurde, war lange Zeit eine Randerscheinung im politischen Spektrum des Landes. Doch im Zuge der schweren Wirtschaftskrise, die Griechenland ab 2009 erschütterte, gelang es der Goldenen Morgenröte, sich von einer marginalen extremistischen Gruppe zu einer bedeutenden politischen Kraft zu entwickeln. Mit ihrer rassistischen und ultranationalistischen Propaganda, die Migranten als Hauptverantwortliche für die wirtschaftlichen und sozialen Probleme des Landes darstellte, schaffte sie es, tief in die verunsicherte Bevölkerung vorzudringen und beachtliche Wahlerfolge zu erzielen.

Die Ideologie der Goldenen Morgenröte war von Beginn an von extremer Fremdenfeindlichkeit, Antisemitismus und einer unverhohlenen Verherrlichung des Nationalsozialismus geprägt. Ihre Anhänger trugen offen Symbole, die an die Hakenkreuz-Ästhetik erinnerten, und ihr Gründer, Nikos Michaloliakos, machte keinen Hehl aus seiner Bewunderung für Adolf Hitler und das Dritte Reich. Doch obwohl diese neonazistischen Elemente offensichtlich waren, konnte die Partei insbesondere in den Jahren der Wirtschaftskrise einen beträchtlichen Teil der griechischen Wähler mobilisieren, die sich von den etablierten Parteien im Stich gelassen fühlten. In einer Zeit, in der Arbeitslosigkeit, Armut und soziale Unruhen das Land dominierten, präsentierte sich die Goldene Morgenröte als radikale Alternative, die angeblich für die Belange des „wahren griechischen Volkes" eintrat.

Nikos Michaloliakos, geboren am 16. Dezember 1957 in Athen, Griechenland, ist der Gründer und langjährige Führer der Goldenen Morgenröte, einer griechischen politischen Partei, die weitgehend für ihre extrem rechten, nationalistischen und neo-nazistischen Positionen bekannt ist. Michaloliakos, der seine politische Karriere in den Jugendorganisationen der extremen Rechten begann, gründete die Goldene Morgenröte in den 1980er Jahren, die sich durch eine aggressive fremdenfeindliche und rassistische Rhetorik auszeichnet. Die Partei, die Michaloliakos aus einem obskuren Randphänomen zu einer ernstzunehmenden politischen Kraft formte, erlangte während der griechischen Finanzkrise an Popularität, indem sie einfache Lösungen für komplexe soziale und wirtschaftliche Probleme anbot und die wachsende Unzufriedenheit in der Bevölkerung ausnutzte. Ihre Mitglieder, einschließlich Michaloliakos, wurden jedoch wiederholt beschuldigt und teilweise verurteilt wegen Gewalttaten und Hassverbrechen gegen Migranten, politische Gegner und Minderheiten. 2013 wurde Michaloliakos zusammen mit anderen Parteimitgliedern verhaftet und 2020 schließlich wegen Führung einer kriminellen Organisation verurteilt. Dieser

Prozess beleuchtete die tiefen Verbindungen zwischen der Partei und gewalttätigen Aktivitäten, einschließlich Mordes. Michaloliakos' Ideologie und die seiner Partei wurden international stark kritisiert, da sie demokratische Werte und Menschenrechte untergraben. Sein politisches Erbe in Griechenland ist daher äußerst umstritten und steht symbolisch für den Aufstieg extremistischer Bewegungen in Europa. Trotz seiner Verurteilung bleibt die Gefahr, die von solchen extremen Ideologien ausgeht, ein aktuelles Thema in der politischen Diskussion Europas.

Mit dem Aufstieg der Partei ging eine beispiellose Welle der Gewalt einher. Mitglieder der Goldenen Morgenröte waren in zahlreiche Angriffe auf Migranten, linke Aktivisten und politische Gegner verwickelt. Diese Angriffe reichten von Einschüchterungsversuchen bis hin zu brutalen körperlichen Übergriffen, die oft tödlich endeten. Die Partei organisierte auch sogenannte „Bürgerpatrouillen", die durch die Straßen zogen und Migranten angriffen, wobei sie sich als Verteidiger der griechischen Nation gegen die angebliche „Invasion" von Ausländern inszenierten. Die Justiz und die Polizei sahen lange Zeit weitgehend tatenlos zu, was der Goldenen Morgenröte ermöglichte, ihre kriminellen Aktivitäten nahezu ungestört fortzusetzen.

Ein tragischer Höhepunkt der Gewalt, die von der Goldenen Morgenröte ausging, war der Mord an dem antifaschistischen Rapper Pavlos Fyssas im Jahr 2013. Fyssas, der für seine scharfe Kritik an der Goldenen Morgenröte und ihre rechtsextremen Ideologien bekannt war, wurde in einem Vorort von Athen von einem Anhänger der Partei erstochen. Dieser Mord entsetzte die griechische Öffentlichkeit und führte zu einem landesweiten Aufschrei, der schließlich die Strafverfolgungsbehörden dazu zwang, gegen die Partei vorzugehen. Der Fall Pavlos Fyssas markierte einen Wendepunkt im Umgang des griechischen Staates mit der Goldenen Morgenröte. Zum ersten Mal wurde das Ausmaß der kriminellen Machenschaften der Partei offen sichtbar, und die politische Führung sah sich gezwungen zu handeln.

Im Anschluss an den Mord an Fyssas wurde eine umfassende strafrechtliche Untersuchung gegen die Goldene Morgenröte eingeleitet, die letztlich in einem langjährigen Prozess gegen die Parteiführung gipfelte. Die Ermittlungen enthüllten, dass die Goldene Morgenröte nicht nur eine politische Partei war, sondern eine kriminelle Organisation, die systematisch Gewalt gegen ihre politischen Gegner und Minderheiten förderte und organisierte. Zahlreiche Beweise, darunter interne Dokumente und Zeugenaussagen, belegten, dass die Partei auf kriminelle Aktivitäten setzte, um ihre politischen Ziele zu erreichen und ihre Macht in der griechischen Gesellschaft zu festigen.

Im Jahr 2020, nach mehreren Jahren des Verfahrens, wurden schließlich Nikos Michaloliakos und die führenden Mitglieder der Goldenen Morgenröte wegen der Führung einer kriminellen Organisation verurteilt. Dieses Urteil war ein Meilenstein im Kampf gegen den Rechtsextremismus in Europa und wurde international als wichtiger Schritt im Umgang mit extremistischen Gruppierungen gefeiert. Der Prozess und die Verurteilung der Parteiführung verdeutlichten, dass rechtsextreme Gewalt und die systematische Unterwanderung demokratischer Strukturen durch radikale Bewegungen nicht ungestraft bleiben dürfen.

Das Urteil gegen die Goldene Morgenröte sendete ein starkes Signal an andere rechtsextreme Gruppierungen in Europa. Es zeigte, dass der Staat und die Justiz in der Lage und bereit sind, entschlossen gegen jene vorzugehen, die versuchen, die Demokratie zu destabilisieren und das gesellschaftliche Miteinander durch Hass und Gewalt zu zerstören. Doch es war auch eine Mahnung: Die Gefahr, die von rechtsextremen Bewegungen wie der Goldenen Morgenröte ausgeht, bleibt bestehen. Trotz des Niedergangs der Partei sind die Ideologien, die sie verbreitete, weiterhin in Teilen der griechischen Gesellschaft verankert, und ähnliche Gruppierungen in anderen europäischen Ländern nutzen ähnliche Methoden und Rhetoriken, um ihre radikalen Ideen zu verbreiten.

Der Rechtsextremismus in Europa bleibt eine vielschichtige und dynamische Kraft, die die politische Landschaft des Kontinents weiterhin prägt. Trotz Bemühungen, sich als legitime politische Alternativen zu positionieren, bleiben diese Gruppen aufgrund ihrer radikalen Ideologien, ihrer Tendenz zur Gewalt und ihrer desintegrativen Politik kontrovers. Die Entwicklung dieser Bewegungen wird weiterhin sowohl nationale als auch europäische politische Debatten beeinflussen.

Vereinigte Staaten

Der Rechtsextremismus in den Vereinigten Staaten stellt seit langem eine bedeutende Herausforderung für die soziale Kohäsion und die demokratischen Werte des Landes dar. Während die Vereinigten Staaten auf den Prinzipien von Freiheit, Gleichheit und Rechtsstaatlichkeit gegründet wurden, hat sich der Rechtsextremismus als eine beständige Kraft etabliert, die diese Ideale wiederholt infrage stellt. Geprägt von einer komplexen und tief verwurzelten Geschichte, reicht der amerikanische Rechtsextremismus von organisierten Neonazi-Gruppen bis hin zu losen Milizen und rassistisch motivierten Hassorganisationen, die in verschiedenen Formen immer wieder in Erscheinung treten. Diese Gruppen haben nicht nur in der Vergangenheit durch Gewalt und Terror Aufmerksamkeit erregt, sondern stellen auch in der Gegenwart eine alarmierende Bedrohung dar, die zunehmend an Sichtbarkeit und Einfluss gewinnt.

Rechtsextremismus in den USA hat Wurzeln, die bis ins 19. Jahrhundert zurückreichen, einschließlich Organisationen wie dem Ku Klux Klan (KKK), der kurz nach dem Amerikanischen Bürgerkrieg gegründet wurde. Im Laufe des 20. Jahrhunderts haben sich die Formen des

Rechtsextremismus diversifiziert und an die sozialen und politischen Veränderungen des Landes angepasst.

Der Ku Klux Klan, gegründet im Jahr 1866, ist eine der ältesten und bekanntesten rechtsextremen Gruppen in Amerika. Ursprünglich als Reaktion auf die Reconstruction-Ära und die Emanzipation der Sklaven ins Leben gerufen, durchlief der KKK mehrere Phasen der Reorganisation und war an zahlreichen Gewaltakten gegen Afroamerikaner, Juden und andere Minderheiten beteiligt.

In den 1920er Jahren erlebte der KKK eine Renaissance und weitete seine Agenda auf anti-katholische und anti-immigrantische Positionen aus. Zu seinem Höhepunkt zählte der Klan Millionen von Mitgliedern, einschließlich einflussreicher Politiker. Sein Einfluss schwand jedoch Ende der 1920er Jahre nach einer Reihe von Skandalen und internen Konflikten.

In den Jahrzehnten nach dem Zweiten Weltkrieg entstanden in den USA verschiedene neonazistische Gruppen. Diese Gruppen, inspiriert von der Ideologie des deutschen Nationalsozialismus, haben ihre Hassbotschaften gegen Minderheiten gerichtet und suchen oft eine Rassenkrieg.

George Lincoln Rockwell gründete die American Nazi Party, die sich offen zu Hitlers Ideologie bekannte. Rockwells Partei erreichte nie eine große Mitgliederzahl, beeinflusste jedoch viele spätere rechtsextreme Gruppen in den USA.

George Lincoln Rockwell, geboren am 9. März 1918 in Bloomington, Illinois, war ein amerikanischer Marineoffizier und später Gründer der American Nazi Party im Jahr 1959. Rockwell war eine höchst kontroverse Figur, die für seine extremen rassistischen und antisemitischen Ansichten bekannt war. Er vertrat offen die Ideologie des Nationalsozialismus und bewunderte Adolf Hitler, was ihn zu einer zentralen Figur in der amerikanischen Neonazi-Bewegung machte. Rockwells öffentliche Auftritte und seine

Publikationen waren geprägt von provokativen Hassreden, in denen er regelmäßig zur Segregation und zur Deportation von Minderheiten aufrief. Seine aggressive Rhetorik und sein radikales Auftreten zogen Kritik und Abscheu sowohl von der Öffentlichkeit als auch von vielen etablierten Organisationen an. Er nutzte Medienauftritte und öffentliche Veranstaltungen, um seine Ideen zu verbreiten, was oft zu Gegenprotesten und gewalttätigen Auseinandersetzungen führte. Rockwells Leben endete gewaltsam, als er 1967 von einem Mitglied seiner eigenen Partei ermordet wurde. Sein Erbe bleibt ein dunkles Kapitel in der amerikanischen Geschichte, symbolisch für Hass und Intoleranz.

Im 20. Jahrhundert breitete sich der Rechtsextremismus in den Vereinigten Staaten weiter aus, wobei verschiedene Gruppen und Bewegungen auftauchten, die eine gemeinsame Ideologie von Rassismus, Antisemitismus und Nationalismus teilten. Neonazistische Organisationen, die sich an den Ideen des Nationalsozialismus orientierten, gewannen an Bedeutung und traten durch ihre offene Verherrlichung Adolf Hitlers und das Anstreben einer rassisch „reinen" Gesellschaft in den Vordergrund. Diese Gruppen propagierten eine Weltanschauung, die die Überlegenheit der weißen Rasse über alle anderen Bevölkerungsgruppen betonte und jede Form von Diversität als Bedrohung ansah. Insbesondere die afroamerikanische Bevölkerung, jüdische Gemeinden und Einwanderer wurden zu Zielen ihrer Hasskampagnen.

Während der Rechtsextremismus in den USA historisch eng mit der Frage der Rassenbeziehungen verknüpft ist, haben sich im Laufe der Zeit auch neue Ausdrucksformen dieses Phänomens herausgebildet. Insbesondere in den letzten Jahrzehnten haben lose organisierte Milizen und paramilitärische Gruppen an Bedeutung gewonnen. Diese Milizen, die häufig unter dem Deckmantel des „Schutzes der Freiheit" und des „Kampfes gegen die Tyrannei" operieren, lehnen die Autorität der Bundesregierung ab und propagieren eine radikale Ideologie der Selbstbestimmung. Sie sehen sich als Verteidiger der individuellen

Freiheit und der Rechte des „wahren amerikanischen Volkes", das ihrer Ansicht nach von einer vermeintlich korrupten Elite bedroht wird. Viele dieser Gruppen sind stark bewaffnet und scheuen nicht davor zurück, Gewalt als legitimes Mittel zur Durchsetzung ihrer Ziele einzusetzen.

Besonders alarmierend ist die Zunahme rechtsextremer Aktivitäten in der jüngeren Vergangenheit. Während des 21. Jahrhunderts haben soziale, politische und wirtschaftliche Krisen dazu beigetragen, dass sich rechtsextreme Gruppen und Bewegungen verstärkt radikalisieren und an Einfluss gewinnen konnten. Die Globalisierung, die Zunahme der Migration und die wachsende Diversität der amerikanischen Gesellschaft wurden von vielen rechtsextremen Gruppen als Bedrohung für die weiße Vorherrschaft interpretiert. Diese Entwicklungen haben dazu geführt, dass sich rechtsextreme Bewegungen neu formierten und ihre Ideologien an die veränderten gesellschaftlichen Bedingungen anpassten.

Ein wichtiger Faktor, der das Wiederaufleben des Rechtsextremismus in den USA verstärkte, war die zunehmende Nutzung des Internets und sozialer Medien durch extremistische Gruppen. Das Internet bot diesen Bewegungen eine neue Plattform, um ihre Ideologien zu verbreiten, Anhänger zu rekrutieren und Netzwerke aufzubauen. Online-Foren, soziale Medien und Nachrichtendienste dienten als Instrumente zur Radikalisierung, durch die sich rechtsextreme Gruppen schnell organisieren und mobilisieren konnten. Diese Entwicklung führte zu einer Verschiebung der Dynamik des Rechtsextremismus, da er nicht mehr auf bestimmte geografische Regionen oder physische Gemeinschaften beschränkt war, sondern durch das Internet eine viel größere Reichweite und Wirkung entfalten konnte.

Ein besonders beunruhigender Trend, der sich in den letzten Jahren herauskristallisierte, ist die Verflechtung von Rechtsextremismus und politischer Gewalt. Immer wieder haben rechtsextreme Einzelpersonen und Gruppen zu terroristischen Anschlägen und Gewaltakten gegriffen, um ihre politischen Ziele zu verfolgen. Angriffe auf Synagogen, Moscheen und migrantische Gemeinschaften sowie Morde an politischen Gegnern sind tragische Beispiele für die Eskalation der Gewalt, die von diesen Bewegungen ausgeht. Der Sturm auf das US-Kapitol am 6. Januar 2021, bei dem rechtsextreme Gruppen eine führende Rolle spielten, war ein beispielloser Angriff auf die demokratischen Institutionen des Landes und verdeutlichte, wie ernst die Bedrohung durch den Rechtsextremismus in den USA geworden ist.

Die Alt-Right-Bewegung

Die Alternative Right, bekannt als "Alt-Right", ist eine lose definierte Gruppe, die rechtsgerichtete Ideologien, weißen Nationalismus und Elemente der extremen Rechten umfasst. Diese Bewegung hat seit den frühen 2010er Jahren an Sichtbarkeit gewonnen und nutzt moderne Kommunikationstechnologien, um ihre Botschaften zu verbreiten. Die Alt-Right hat vor allem in den Vereinigten Staaten an Bedeutung gewonnen, beeinflusst aber auch politische Diskurse in anderen Teilen der Welt.

Die Alt-Right hat ihre Wurzeln in verschiedenen Strömungen des amerikanischen Konservatismus und der extremen Rechten. Sie entstand als definierbare Bewegung um das Jahr 2010, als der Begriff von Richard Spencer, einem bekannten rechtsextremen Aktivisten, popularisiert wurde. Spencer gründete die Website „Alternative Right" und begann, die Bewegung als eine Alternative zu traditionellen konservativen Politiken zu positionieren, die er als ineffektiv und zu nachgiebig gegenüber progressiven Ideologien ansah.

Die Bewegung gewann durch die Nutzung sozialer Medien und Internetforen wie 4chan und Reddit an Fahrt, wo sie eine jugendliche, internet-versierte Basis fand. Die Alt-Right nutzte Memes und virale

Kampagnen, um politische Diskussionen zu beeinflussen und ihre ideologischen Standpunkte zu verbreiten.

Die ideologische Basis der Alt-Right ist nicht homogen, sondern setzt sich aus verschiedenen Strömungen zusammen, die von kulturellem Konservatismus bis hin zu offenem Rassismus und Neonazismus reichen. Zu den zentralen Überzeugungen gehören:

- Weißer Nationalismus: Viele Anhänger der Alt-Right treten für eine angebliche Bewahrung der „weißen Identität" und Kultur ein und befürworten restriktive Einwanderungspolitiken, um die demografische Zusammensetzung der USA zu erhalten.
- Anti-Globalismus: Die Bewegung steht globalen Institutionen und multilateralen Abkommen kritisch gegenüber, die sie als Bedrohung für nationale Souveränität und lokale Kulturen betrachtet.
- Anti-Establishment-Haltung: Die Alt-Right richtet sich gegen das, was sie als politische und kulturelle Elite betrachtet, und nutzt populistische Rhetorik, um Unzufriedenheit und Misstrauen gegenüber traditionellen Medien und politischen Parteien zu schüren.
- Internetkultur: Die Bewegung hat eine eigene Subkultur entwickelt, die stark von der Online-Kommunikation und -Symbolik geprägt ist. Memes, ironische Kommentare und provokative Inhalte werden genutzt, um Aufmerksamkeit zu erregen und Gegenreaktionen zu provozieren.

Der Einfluss der Alt-Right erreichte während des Präsidentschaftswahlkampfs 2016 in den USA einen Höhepunkt, als Teile der Bewegung Donald Trump unterstützten. Trumps Rhetorik und Politik gegenüber Einwanderung und politischer Korrektheit fanden Anklang bei Anhängern der Alt-Right, die ihn als Befürworter ihrer Anliegen sahen.

Ein besonders kontroverses Ereignis, das mit der Alt-Right in Verbindung steht, ist die "Unite the Right"-Rallye 2017 in Charlottesville, Virginia. Diese Versammlung, die gewalttätig wurde und bei der eine Gegendemonstrantin ums Leben kam, zog nationale und internationale Verurteilung nach sich und führte zu einer intensiven Debatte über den Aufstieg rechtsextremer Gruppen in den USA.

Die Alt-Right-Bewegung steht sowohl national als auch international unter erheblicher Kritik. Bürgerrechtsorganisationen, politische Kommentatoren und Regierungen haben die Bewegung für ihre fremdenfeindlichen, rassistischen und oft antidemokratischen Ansichten kritisiert. Gegenbewegungen und Proteste haben sich als Reaktion auf öffentliche Auftritte und Veranstaltungen der Alt-Right formiert, um deren Ideologien entgegenzutreten und pluralistische, inklusive Gesellschaftsnormen zu fördern.

Die Alt-Right ist ein Beispiel dafür, wie digitale Technologien und soziale Medien die Verbreitung extremistischer Ideologien beschleunigen können. Sie zeigt auch, wie politische und gesellschaftliche Unzufriedenheiten in radikale und spaltende Bewegungen umgewandelt werden können. Die Herausforderung, die die Alt-Right darstellt, erfordert ein tiefgehendes Verständnis ihrer Wurzeln, Methoden und Ziele, um wirksame Strategien zu ihrer Bekämpfung entwickeln zu können.

In den USA gibt es auch eine Vielzahl von Milizen und anti-regierungsorientierten Gruppen, die stark bewaffnet sind und oft radikale libertäre Ideologien vertreten. Diese Gruppen misstrauen zentraler Autorität und fördern eine extrem individualistische Vorstellung von Freiheit.

Der Rechtsextremismus in den Vereinigten Staaten bleibt eine komplexe und bedrohliche Kraft, die sich an die sich wandelnden sozialen und politischen Landschaften des Landes anpasst. Die Bekämpfung dieser Bewegungen erfordert ein tiefes Verständnis ihrer Geschichte, ihrer Ideologien und ihrer Methoden sowie eine koordinierte Antwort von Gesetzgebung, Strafverfolgung und zivilgesellschaftlichen Organisationen.

Die Proud Boys

Die "Proud Boys" sind eine rechtsextreme, neofaschistische Organisation, die 2016 von Gavin McInnes in den USA gegründet wurde. Die Gruppe vertritt ultranationalistische, chauvinistische und gewaltbereite Ansichten und hat sich in den letzten Jahren besonders im politischen Diskurs der Vereinigten Staaten hervorgetan. Sie positioniert sich offen gegen den "linken" und progressiven politischen Flügel und propagiert eine aggressive Ablehnung von Feminismus, Antirassismus und Multikulturalismus. Die Proud Boys spielen eine zentrale Rolle in vielen Diskussionen über den Aufstieg der rechtsextremen Bewegung in den USA und weltweit.

Die Gründung der Proud Boys kann als Reaktion auf die wachsende Politisierung und Polarisierung in den USA verstanden werden. McInnes, der zuvor als Mitbegründer des Magazins *Vice* bekannt wurde, hatte sich bereits seit den frühen 2000er Jahren durch provokative und oft kontroverse politische Kommentare einen Namen gemacht. Seine zunehmende Radikalisierung, insbesondere seine Abkehr von den progressiven Idealen, die *Vice* einst repräsentierte, führte zur Gründung der Proud Boys als eine explizit konservative und anti-progressive Organisation.

Die anfängliche Selbstdarstellung der Proud Boys als "Spaß-Gruppierung", die lediglich den "westlichen Chauvinismus" feiere, verbarg zunächst die tiefergehenden politischen und ideologischen Ziele. Der Begriff "westlicher Chauvinismus" wurde dabei von McInnes und seinen Anhängern bewusst provokativ gewählt. Sie behaupteten, sich für die Vorherrschaft und den vermeintlichen zivilisatorischen Fortschritt der westlichen Welt – insbesondere der angloamerikanischen Kultur – einzusetzen. Dies beinhaltete eine Verherrlichung der westlichen Zivilisation, wie sie in konservativen und reaktionären Kreisen häufig dargestellt wird, mit einem klaren Bekenntnis zu hierarchischen Geschlechterrollen, kultureller Homogenität und der Ablehnung von Einwanderung und Multikulturalismus.

Von Anfang an positionierten sich die Proud Boys gegen das, was sie als "Kultur des Schuldbewusstseins" wahrnahmen. Sie lehnten die Vorstellung ab, dass die westlichen Gesellschaften für koloniale Eroberungen, Sklaverei, Rassismus oder Unterdrückung zur Verantwortung gezogen werden sollten. Stattdessen forderten sie eine Rückkehr zu einer Gesellschaftsordnung, die weiße, heterosexuelle Männer als natürliche Führungspersönlichkeiten begreift. Die Proud Boys entwickelten so ein politisches und kulturelles Programm, das sich gegen Feminismus, gegen die LGBTQ+-Bewegung und gegen den zunehmenden Einfluss von Menschen mit Migrationshintergrund in westlichen Gesellschaften richtete.

McInnes spielte eine zentrale Rolle in der ideologischen Entwicklung der Gruppe. Er formulierte oft in zugespitzter, aggressiver Rhetorik, die die Grenzen zwischen Satire und ernst gemeinter politischer Agitation bewusst verwischte. Dies war eine bewusste Taktik: McInnes, der sich selbst gerne als "Provokateur" darstellt, versuchte, die Sympathien von jungen, konservativen Männern zu gewinnen, die sich durch den gesellschaftlichen Fortschritt und die zunehmende Sichtbarkeit von Minderheiten und progressiven Bewegungen "bedroht" fühlten.

Eine seiner zentralen Thesen war, dass Männer "entmännlicht" würden, insbesondere durch den Feminismus, der eine zu starke Präsenz im politischen und sozialen Diskurs gewonnen habe. Daher sei es notwendig, "echte Männlichkeit" wiederherzustellen, was McInnes oft mit Gewalt und Aggression in Verbindung brachte. Diese Vorstellungen passten gut zu einer wachsenden Bewegung innerhalb der politischen Rechten, die das Gefühl hatte, durch den liberalen Zeitgeist marginalisiert zu werden.

Während McInnes anfangs darauf bestand, dass die Proud Boys keine rassistische oder rechtsextreme Gruppe seien, begann sich schnell zu zeigen, dass viele Mitglieder offen rassistische und weiße suprematistische Ansichten vertraten. Zwar definierte sich die Gruppe nicht explizit als rassistisch – McInnes versuchte stets, die Rhetorik der Gruppe so zu gestalten, dass sie nicht unmittelbar als neonazistisch oder krypto-faschistisch erkannt wurde –, doch viele Proud Boys schlossen sich Bewegungen an, die klar rassistische und faschistische Ideologien vertraten. Insbesondere die Annahme, dass die westliche Zivilisation unter "Bedrohung" stünde, bot eine Basis für eine stark nationalistische und fremdenfeindliche Ausrichtung.

Die Gruppe verfolgte das Ziel, eine vermeintlich degenerierte westliche Kultur gegen Einflüsse von außen zu verteidigen. Dies beinhaltete in erster Linie eine aggressive Anti-Einwanderungspolitik, die sich speziell gegen nicht-weiße Migranten richtete, sowie die Ablehnung von politischen Bestrebungen, die Gleichheit und Inklusion fördern. Die Proud Boys argumentierten, dass der Multikulturalismus die "Identität" der westlichen Nationen zerstören würde und eine Rückkehr zu traditionellen, konservativen Werten notwendig sei, um diesen Prozess aufzuhalten.

Schon früh entwickelte sich die Tendenz zur Militarisierung innerhalb der Gruppe. Proud Boys-Mitglieder begannen, sich auf Straßenproteste und gewaltsame Auseinandersetzungen vorzubereiten, die sie als "Verteidigung" ihrer Ideale ansahen. Diese Bereitschaft zur Gewalt wurde durch McInnes und andere führende Köpfe der Bewegung indirekt gefördert. Er sprach oft darüber, dass Gewalt ein legitimes

Mittel zur Verteidigung sei, und die Proud Boys akzeptierten diese Maxime voll und ganz. Dies führte zu einer zunehmenden Radikalisierung der Gruppe, die sich in öffentlichen Schlägereien und gewaltsamen Auseinandersetzungen mit Antifaschisten und anderen linken Gruppen manifestierte.

Die Ideologie der Proud Boys lässt sich als ein Amalgam aus verschiedenen rechtsextremen, chauvinistischen und faschistischen Elementen beschreiben. Sie mischen konservative Elemente, wie die Betonung auf traditionelle Geschlechterrollen und den Nationalismus, mit rechtsextremen Gedanken, die sich in einer Überhöhung der westlichen Kultur und der Ablehnung von Diversität ausdrücken. Was die Proud Boys besonders gefährlich macht, ist ihre Fähigkeit, eine "Mainstream-Kompatibilität" zu bewahren, indem sie sich äußerlich von offensichtlichem Rassismus distanzieren, während sie dennoch die ideologischen Grundlagen für Hass und Gewalt gegen Minderheiten legen.

Diese Mischung aus Provokation, Gewaltbereitschaft und einer pseudo-intellektuellen Verteidigung westlicher Werte hat die Proud Boys zu einer der sichtbarsten rechtsextremen Gruppen in den USA gemacht. Ihre Ideologie ist dabei exemplarisch für viele Gruppierungen, die sich durch die Angst vor dem Verlust traditioneller Machtstrukturen und Identitäten definieren und gewillt sind, diese mit allen Mitteln zu verteidigen.

Die Proud Boys haben eine strikte Hierarchie und Rituale, die neue Mitglieder durchlaufen müssen. Sie müssen öffentlich den "westlichen Chauvinismus" bejahen und sich verpflichten, Gewalt als Verteidigungsmittel einzusetzen, wenn es darum geht, ihre Ansichten durchzusetzen. Ein weiteres Ritual ist der "Kampfclub"-Aspekt, bei dem Mitglieder sich Schlägereien stellen müssen, um aufzusteigen.

Die Organisation lehnt Frauen als Mitglieder ab und fördert ein extrem konservatives Familienbild, das Frauen auf die Rolle der Hausfrau und Mutter beschränkt. Sie zeigen oft große Sympathie für Donald Trump und die „Make America Great Again"-Bewegung, was sich unter anderem durch ihre Teilnahme an mehreren Pro-Trump-Demonstrationen und ihrem gewaltsamen Auftreten gegen Antifaschisten und andere Gegner zeigt.

Die Proud Boys sind nicht nur durch ihre rechtsextreme Rhetorik bekannt geworden, sondern vor allem durch ihre aktive Beteiligung an gewaltsamen Auseinandersetzungen. Sie haben eine lange Geschichte von körperlichen Auseinandersetzungen mit linksgerichteten Gruppen wie der Antifa und treten oft in Zusammenhang mit politischen Kundgebungen und Demonstrationen auf. Ihre Bereitschaft, Gewalt einzusetzen, wurde besonders im Zuge der Präsidentschaftswahlen 2020 in den USA und der Erstürmung des Kapitols am 6. Januar 2021 sichtbar. Mehrere Mitglieder der Proud Boys spielten eine zentrale Rolle bei diesem Angriff auf die Demokratie in den USA und wurden dafür strafrechtlich verfolgt.

Die Proud Boys sind eng mit anderen rechtsextremen Gruppierungen in den USA verbunden. Sie unterhalten Kontakte zu sogenannten "Militias", also bewaffneten Bürgerwehren, sowie zu weißen Suprematisten und rechtsextremen Netzwerken wie den "Oath Keepers". Diese Verbindungen zeigen die klare Verflechtung der Proud Boys mit dem breiteren rechtsextremen Spektrum in den USA.

Obwohl die Proud Boys ihren Ursprung in den USA haben, haben sie auch Anhänger in anderen Ländern, darunter Kanada, Australien und Großbritannien. In Deutschland gibt es keine direkte Proud-Boys-Bewegung, jedoch gibt es Parallelen zu rechtsextremen Gruppen wie der Identitären Bewegung, die ähnliche Ideologien von Nationalismus und der "Verteidigung der westlichen Kultur" vertreten. Die Proud Boys sind Teil eines globalen Trends, bei dem rechtsextreme Gruppierungen durch den Einsatz sozialer Medien international vernetzt sind und ihre Ideologien weltweit verbreiten.

In den USA wurde die Gruppe mittlerweile von mehreren Plattformen wie Facebook, Twitter und YouTube verbannt, da sie gegen deren Richtlinien verstoßen haben. Darüber hinaus wurden ihre gewaltsamen Aktionen bei mehreren Gelegenheiten von den Behörden untersucht, und einige Mitglieder sind bereits wegen ihrer Beteiligung an gewaltsamen Demonstrationen verurteilt worden. In Kanada wurden die Proud Boys im Februar 2021 als terroristische Organisation eingestuft, was ein klares Signal gegen die rechtsextreme Gewalt sendet.

Asien und Australien

In Asien und Australien hat der Rechtsextremismus spezifische lokale Ausprägungen, die tief in den jeweiligen kulturellen und historischen Kontexten verwurzelt sind. Während in Asien nationalistische und ethnozentrische Bewegungen oft mit religiösen und territorialen Konflikten verwoben sind, manifestiert sich der Rechtsextremismus in Australien vorrangig durch Anti-Einwanderungsstimmungen und Islamophobie. Diese Untersuchung bietet einen umfassenden Überblick über die bedeutendsten rechtsextremen Gruppen und Ereignisse in diesen Regionen und beleuchtet weniger bekannte Vorfälle, die ihre Entwicklung geprägt haben.

Indien: Hindunationalismus

Der Hindunationalismus, oft auch als "Hindutva" bezeichnet, ist eine politische Ideologie und Bewegung in Indien, die eine dominante Rolle in der modernen indischen Politik spielt. Diese Ideologie zielt darauf ab, die indische Nation auf der Grundlage der hinduistischen Kultur und Religion zu definieren. Der Hindunationalismus hat seine

Wurzeln in der späten kolonialen Periode und hat sich seitdem zu einer bedeutenden Kraft in der indischen Gesellschaft entwickelt, insbesondere durch die politischen Aktivitäten der Bharatiya Janata Party (BJP) und ihrer ideologischen Stütze, der Rashtriya Swayamsevak Sangh (RSS).

Die Ursprünge des Hindunationalismus lassen sich auf das späte 19. und frühe 20. Jahrhundert zurückführen, als Indien noch unter britischer Kolonialherrschaft stand. Die Ideologie des Hindunationalismus entstand als Reaktion auf die wahrgenommene Bedrohung durch die muslimische Bevölkerung und die britische Kolonialpolitik, die als feindlich gegenüber der hinduistischen Kultur angesehen wurde. Schlüsselfiguren wie Vinayak Damodar Savarkar und später Madhav Sadashiv Golwalkar prägten die Ideologie mit ihren Schriften und Reden, indem sie die Vorstellung von Indien als einer primär hinduistischen Nation vertraten.

Die RSS, gegründet im Jahr 1925 von Keshav Baliram Hedgewar, ist die wohl einflussreichste Organisation innerhalb der Hindunationalismusbewegung. Die RSS wurde mit dem Ziel ins Leben gerufen, die hinduistische Kultur zu fördern und zu schützen und eine starke, vereinte Hindu-Community aufzubauen. Die Organisation betont Disziplin und fördert physische Fitness durch regelmäßige Übungen und Paraden, die als Mittel zur Stärkung des Charakters und der moralischen Werte angesehen werden.

Die Kernideologie des Hindunationalismus basiert auf dem Konzept von "Hindutva", einem Begriff, der erstmals von Savarkar in seinem Pamphlet "Hindutva: Who is a Hindu?" von 1923 verwendet wurde. "Hindutva" ist ein Versuch, eine kollektive hinduistische Identität zu schaffen, die nicht nur religiöse, sondern auch kulturelle, ethnische und politische Aspekte umfasst. Zentrale Ziele des Hindunationalismus umfassen:

- Die Förderung der hinduistischen Kultur als zentrale Säule der indischen Nationalidentität.
- Die politische und soziale Dominanz der Hindus in Indien.
- Die Integration von Jammu und Kaschmir in Indien.
- Der Bau eines Tempels am umstrittenen Standort in Ayodhya, wo einst die Babri-Moschee stand, die 1992 von hindunationalistischen Aktivisten zerstört wurde.

Der politische Arm des Hindunationalismus, die BJP, wurde 1980 gegründet und hat seitdem bedeutende politische Erfolge erzielt. Unter der Führung von Figuren wie Atal Bihari Vajpayee und später Narendra Modi hat die BJP mehrere Wahlen gewonnen und Indien in verschiedenen Amtszeiten regiert. Modis Wahlsieg im Jahr 2014 und seine Wiederwahl 2019 wurden weitgehend als Bestätigung der hindunationalistischen Agenda und als Zeichen für eine Verschiebung der indischen Politik nach rechts interpretiert.

Die Ausbreitung des Hindunationalismus hat nicht nur die politische Landschaft Indiens verändert, sondern auch zu Spannungen und gewaltsamen Auseinandersetzungen zwischen verschiedenen religiösen und ethnischen Gruppen geführt. Kritiker beschuldigen die Bewegung der Förderung von Intoleranz und der Marginalisierung von Minderheiten, insbesondere der Muslime und Christen in Indien. Ereignisse wie die Gujarat-Unruhen von 2002, bei denen Hunderte von Muslimen getötet wurden, und die jüngsten Unruhen in Delhi im Jahr 2020 sind Beispiele für die potenziell destabilisierenden Auswirkungen des Hindunationalismus.

Der Hindunationalismus bleibt eine mächtige und polarisierende Kraft in Indien. Während seine Anhänger ihn als notwendige Bewegung zur Wiederherstellung und zum Schutz der hinduistischen Kultur betrachten, warnen Kritiker vor den Gefahren, die diese Ideologie für die demokratischen und pluralistischen Werte Indiens darstellt. Die Zukunft dieser Bewegung wird zweifellos weiterhin ein zentraler Faktor in der Gestaltung des sozialen und politischen Lebens in Indien sein.

Japan: Uyoku Dantai

Die Uyoku Dantai, oder japanische ultranationalistische Gruppen, sind eine markante Erscheinung in der politischen Landschaft Japans. Diese Organisationen, die für ihre extremen nationalistischen, oft kaiserlich nostalgischen Ideologien bekannt sind, haben eine lange und komplexe Geschichte, die eng mit den sozialen und politischen Entwicklungen Japans verwoben ist. Ihr Einfluss erstreckt sich von öffentlichen Demonstrationen über politische Lobbyarbeit bis hin zu gewaltsamen Aktionen.

Die Wurzeln der Uyoku Dantai reichen zurück in die Zeit nach dem Zweiten Weltkrieg, als Japan mit den Folgen seiner Niederlage und der anschließenden amerikanischen Besatzung konfrontiert war. Viele dieser Gruppen entstanden aus der Unzufriedenheit mit der Nachkriegsdemokratisierung Japans und der Abkehr vom kaiserzentrierten nationalistischen Staat. Sie schöpfen ihre Ideologie aus einer idealisierten Vorstellung der Meiji-Restauration und der früheren imperialen Ära, wobei sie oft eine Rückkehr zu einem militaristischen und expansionistischen Japan befürworten.

Die ideologische Ausrichtung der Uyoku Dantai variiert, doch einige zentrale Themen bleiben konstant:

- Kaiserliche Verehrung: Ein Großteil ihrer Ideologie dreht sich um die Verehrung des japanischen Kaisers, den sie als spirituelles und politisches Oberhaupt Japans ansehen, obwohl die aktuelle Verfassung den Kaiser lediglich als Symbol des Staates definiert.

- Anti-Kommunismus: Viele Uyoku-Gruppen sind stark antikommunistisch und betrachten sowohl internationale als auch inländische linke Bewegungen als Bedrohungen für Japan.
- Revisionismus: Sie befürworten die Revision der pazifistischen Nachkriegsverfassung Japans, insbesondere des Artikel 9, der Japan die Führung eines Krieges untersagt. Sie setzen sich für eine Wiederbewaffnung und die Wiedererlangung der "vollen Souveränität" Japans ein.

Die Uyoku Dantai sind bekannt für ihre hoch sichtbaren Aktivitäten, insbesondere für ihre Lautsprecherwagen, mit denen sie durch Städte fahren und nationalistische, oft kaiserliche und militaristische Musik spielen sowie politische Botschaften über Megafone verbreiten. Diese Präsenz auf den Straßen dient nicht nur der Propaganda, sondern auch der Einschüchterung politischer Gegner.

- Attentat auf den sozialistischen Parteiführer Asanuma Inejirō (1960): Ein Mitglied einer ultranationalistischen Gruppe ermordete den Vorsitzenden der Sozialistischen Partei Japans, Asanuma Inejirō, während einer öffentlichen Rede, ein Ereignis, das durch das ikonische Foto des Attentats weltweit bekannt wurde. Dieser Vorfall verdeutlicht die gelegentliche Gewaltbereitschaft innerhalb der Uyoku-Szene.

Die Uyoku Dantai stehen oft im Zentrum öffentlicher Kritik und rechtlicher Auseinandersetzungen aufgrund ihrer extremen Ansichten und Methoden. Ihre nationalistische Rhetorik wird insbesondere in einer globalisierten Welt, in der Japan eine wichtige wirtschaftliche und diplomatische Rolle spielt, als rückwärtsgewandt kritisiert. Zudem wird ihnen vorgeworfen, historische Kriegsverbrechen zu leugnen und damit internationale Spannungen, besonders mit China und Korea, zu verschärfen.

Die Uyoku Dantai sind ein fester Bestandteil des politischen Lebens in Japan, obwohl sie oft am Rande der Gesellschaft operieren. Ihre fortgesetzte Präsenz und Aktivität werfen wichtige Fragen hinsichtlich des Umgangs mit nationalistischen und extremistischen Bewegungen in modernen Demokratien auf. Die Auseinandersetzung mit der Uyoku Dantai ist entscheidend für das Verständnis der Spannungen zwischen Japans modernen demokratischen Idealen und seiner nationalistischen, militaristischen Vergangenheit.

Australien: Aufstieg der Rechtsextremen

In Australien hat der Rechtsextremismus in den letzten Jahrzehnten zugenommen, angetrieben durch eine Mischung aus sozioökonomischen Veränderungen, geopolitischen Ereignissen und einer sich wandelnden kulturellen Landschaft. Diese Bewegungen, die von Anti-Einwanderungsstimmungen und Islamophobie geprägt sind, reflektieren einen globalen Trend, in dem rechtsextreme Gruppen zunehmend an politischem Einfluss gewinnen. Dieser Text untersucht die Ursachen, Hauptakteure und besondere Ereignisse, die zum Aufstieg des Rechtsextremismus in Australien beigetragen haben.

Australiens Erfahrung mit Rechtsextremismus ist nicht neu, aber die Art und Weise, wie sich diese Bewegungen entwickelt haben, hat sich im Laufe der Jahre verändert. In der Vergangenheit wurde der australische Nationalismus oft durch die "White Australia"-Politik symbolisiert, die bis zur Mitte des 20. Jahrhunderts aktiv war und die Einwanderung auf europäische Migranten beschränkte. Diese Politik spiegelt die frühen Anfänge des institutionellen Rassismus in Australien wider, der den Nährboden für spätere rechtsextreme Ideologien bildete.

In den 1990er Jahren begannen rechtsextreme Gruppen in Australien, mehr Aufmerksamkeit zu erlangen, teils als Reaktion auf erhöhte Einwanderung aus Asien und dem Nahen Osten. Gruppen wie die "One

Nation Party" von Pauline Hanson, die Mitte der 1990er Jahre gegründet wurde, spielten eine zentrale Rolle bei der Förderung anti-einwandererischer und islamfeindlicher Agenden. Hanson's Rhetorik, die oft offen rassistisch war, fand Anklang bei einem Segment der Bevölkerung, das sich von der Globalisierung und den damit verbundenen demografischen Veränderungen bedroht fühlte.

Ein Schlüsselereignis, das den Rechtsextremismus in Australien ins nationale Bewusstsein rückte, waren die Cronulla-Unruhen. Diese rassistisch motivierten Unruhen begannen als Reaktion auf Berichte über gewalttätige Auseinandersetzungen zwischen Gruppen junger Männer libanesischer Herkunft und lokalen australischen Jugendlichen am Cronulla Beach in Sydney. Die Gewalt eskalierte, als Tausende von Menschen, angestachelt durch rechtsextreme Agitatoren, zu einer Großdemonstration zusammenkamen.

Heute ist der Rechtsextremismus in Australien durch eine Vielzahl von Gruppen gekennzeichnet, von organisierten politischen Parteien bis hin zu loseren Bewegungen und Online-Communities. Die Verbreitung des Internets und sozialer Medien hat es rechtsextremen Ideologien erleichtert, ein breiteres Publikum zu erreichen und Gleichgesinnte zu mobilisieren.

- Reclaim Australia und die United Patriots Front: Diese Gruppen sind Beispiele für moderne rechtsextreme Bewegungen in Australien, die sich stark gegen die islamische Einwanderung und die angebliche Islamisierung Australiens aussprechen. Ihre Veranstaltungen und Proteste haben oft Gegendemonstrationen hervorgerufen und zu öffentlichen Auseinandersetzungen geführt.

Die Aktivitäten rechtsextremer Gruppen in Australien haben nicht nur zu einer Verschärfung der politischen und sozialen Spannungen geführt, sondern auch Gegenbewegungen provoziert. Organisationen und Gruppen, die sich für multikulturelle Vielfalt und gegen Rassismus einsetzen, haben an Bedeutung gewonnen. Sie arbeiten daran, Aufklärung zu betreiben und Unterstützung für bedrohte Gemeinschaften zu mobilisieren.

Der Aufstieg des Rechtsextremismus in Australien ist ein komplexes Phänomen, das tief in der Geschichte und den sozialen Strukturen des Landes verwurzelt ist. Während diese Bewegungen weiterhin eine Herausforderung darstellen, gibt es auch eine wachsende Bewegung, die sich für Toleranz, Inklusion und die Achtung der Menschenrechte einsetzt. Der Kampf gegen den Rechtsextremismus erfordert fortgesetzte Anstrengungen auf allen Ebenen der Gesellschaft, von politischen Maßnahmen und gesetzgeberischen Initiativen bis hin zu Bildungsprogrammen und zivilgesellschaftlichem Engagement.

Südkorea: Anti-Kommunismus und Konservatismus

In Südkorea spielen Anti-Kommunismus und konservative Ideologien eine zentrale Rolle in der politischen und gesellschaftlichen Landschaft. Diese Einstellungen sind tief verwurzelt in der modernen Geschichte des Landes, insbesondere in Bezug auf die Teilung der Koreanischen Halbinsel nach dem Zweiten Weltkrieg und den darauf folgenden Koreakrieg. Dieser Text untersucht die Entwicklung und Auswirkungen des Anti-Kommunismus und des Konservatismus in Südkorea, mit einem Fokus auf politische Bewegungen, staatliche Politiken und deren gesellschaftliche Relevanz.

Nach der Befreiung Koreas von der japanischen Kolonialherrschaft im Jahr 1945 wurde die Koreanische Halbinsel entlang des 38. Breitengrades in eine sowjetisch unterstützte nördliche Zone und eine amerikanisch unterstützte südliche Zone aufgeteilt. Diese Teilung führte 1950 zum Koreakrieg, der die ideologischen Spannungen zwischen Kommunismus und Anti-Kommunismus vertiefte. Südkorea entwickelte unter der Führung von Syngman Rhee, einem stark anti-kommunistischen Präsidenten, eine tiefe Abneigung gegen den Kommunismus, die zur zentralen Achse der nationalen Sicherheitspolitik wurde.

Anti-Kommunismus in Südkorea diente nicht nur als politische Ideologie, sondern auch als Mittel zur Legitimation der politischen Ordnung. In den Jahren nach dem Koreakrieg wurde der Anti-Kommunismus institutionalisiert und war oft mit autoritären Regierungspraktiken verbunden, insbesondere unter den Präsidentschaften von Park Chunghee und Chun Doo-hwan.

Ein zentrales Element des institutionellen Anti-Kommunismus in Südkorea sind die Nationalen Sicherheitsgesetze. Diese Gesetze, die ursprünglich dazu dienten, südkoreanische Bürger vor nordkoreanischer Spionage zu schützen, wurden oft kritisiert, weil sie auch benutzt wurden, um politische Opposition zu unterdrücken und Meinungsfreiheit einzuschränken. Kritiker und Dissidenten, die als pro-nordkoreanisch angesehen wurden, konnten unter diesen Gesetzen verhaftet und verurteilt werden.[13]

Der Konservatismus in Südkorea ist eng mit dem Anti-Kommunismus verknüpft und betont starke hierarchische soziale Strukturen, Familienwerte und das Wirtschaftswachstum. Konservative Parteien wie die Saenuri-Partei, später umbenannt in Freiheitskorea-Partei, haben diese Werte genutzt, um breite Unterstützung, insbesondere unter älteren Wählern und der ländlichen Bevölkerung, zu mobilisieren.

Ein wichtiger Aspekt des konservativen Einflusses in Südkorea ist die Wirtschaftspolitik. Konservative Regierungen förderten aktiv die Entwicklung von Chaebols, den großen Familienunternehmen, die eine zentrale Rolle in der südkoreanischen Wirtschaft spielen. Diese Politik wurde oft damit gerechtfertigt, dass sie zur nationalen Sicherheit bei-

13 Cumings, Bruce - Korea's Place in the Sun: A Modern History, New York London: W. W. Norton & Company, S.238, ISBN 9780393327021

trägt, indem sie Südkorea wirtschaftlich stärkt und somit gegenüber Nordkorea resilienter macht.

Konservatismus und Anti-Kommunismus beeinflussen auch die kulturelle Sphäre in Südkorea. In Bildungseinrichtungen, Medien und sogar in der Popkultur finden sich Elemente, die diese Ideologien widerspiegeln. Beispielsweise wird in Schulbüchern oft eine sehr kritische Perspektive auf den Kommunismus vermittelt, und Filme, die den Koreakrieg thematisieren, porträtieren häufig Nordkorea als aggressiven und unmoralischen Feind.

Anti-Kommunismus und Konservatismus bleiben in Südkorea wirkmächtige Kräfte, die sowohl die politische Landschaft als auch die gesellschaftlichen Normen prägen. Während diese Ideologien in der Vergangenheit zur nationalen Einheit und wirtschaftlichen Entwicklung beigetragen haben, rufen sie auch Kritik hervor, insbesondere in Bezug auf Menschenrechtsverletzungen und die Einschränkung der Meinungsfreiheit. Der Umgang mit diesem Erbe und die Balance zwischen Sicherheit und Freiheit bleiben zentrale Herausforderungen für Südkorea.

Der Rechtsextremismus in Asien und Australien zeigt die Vielfalt und Komplexität rechtsextremer Bewegungen weltweit. Jede Region hat ihre eigenen spezifischen Herausforderungen und historischen Kontexte, die die Form und Taktik dieser Gruppen beeinflussen. Während der Rechtsextremismus weiterhin eine Bedrohung für die gesellschaftliche Stabilität und den sozialen Frieden darstellt, ist ein tiefes Verständnis dieser Bewegungen entscheidend für die Entwicklung effektiver Strategien zu ihrer Bekämpfung.

Die Auswirkungen des Rechtsextremismus sind tiefgreifend und oft destruktiv:

- Politischer Diskurs: Rechtsextreme Gruppen haben den politischen Diskurs in vielen Ländern nach rechts verschoben. Sie haben Themen wie Einwanderung, nationale Sicherheit und kulturelle Identität in den Vordergrund gerückt und die öffentliche Debatte polarisiert.

- Sozialer Zusammenhalt: Die von rechtsextremen Gruppen geschürten Spannungen können zu sozialer Spaltung und sogar zu gewalttätigen Zusammenstößen führen. In einigen Fällen haben rechtsextreme Terrorakte tiefe Wunden in der Gesellschaft hinterlassen.
- Demokratische Institutionen: Der Aufstieg des Rechtsextremismus stellt eine direkte Bedrohung für demokratische Institutionen und Prinzipien dar. Durch die Untergrabung des Vertrauens in die Demokratie und die Förderung autoritärer Alternativen gefährden diese Gruppen die Grundlagen demokratischer Systeme.

Der moderne Rechtsextremismus stellt eine ernsthafte und zunehmend globale Herausforderung für Gesellschaften dar. Seine Ideologien des Hasses und der Intoleranz zielen darauf ab, die Grundfesten der demokratischen Ordnung zu untergraben und das gesellschaftliche Miteinander zu spalten. Um dieser Bedrohung wirksam zu begegnen, ist es von entscheidender Bedeutung, die tief verwurzelten Ursachen und sozialen Dynamiken zu verstehen, die den Rechtsextremismus begünstigen. Es bedarf nicht nur einer klaren Analyse dieser Faktoren, sondern auch der Entwicklung umfassender Gegenstrategien, die politisch, sozial und pädagogisch auf allen Ebenen ansetzen. Der Schlüssel zur Bekämpfung liegt in der Stärkung der Resilienz demokratischer Institutionen, in der Förderung einer inklusiven Gesellschaft sowie in der Erziehung zu Toleranz und kritischem Denken. Nur durch eine koordinierte Anstrengung, die Politik, Bildung und Zivilgesellschaft einbezieht, können langfristig die gefährlichen Ideologien des Rechtsextremismus überwunden und ein friedliches, demokratisches Zusammenleben gesichert werden.

8. PSYCHOLOGIE DES EXTREMISMUS

Extremismus, definiert als das Festhalten an radikalen, unerbittlichen und oft gewalttätigen Überzeugungen, stellt weltweit eine Herausforderung dar. Die Psychologie des Extremismus versucht, die mentalen Prozesse und sozialpsychologischen Dynamiken zu verstehen, die Individuen dazu bringen, extreme Positionen zu übernehmen. Dieser Text untersucht die verschiedenen psychologischen Theorien und Modelle, die entwickelt wurden, um das Phänomen des Extremismus zu erklären, und beleuchtet die Rolle von Faktoren wie Identität, sozialen Einflüssen und kognitiven Verzerrungen.[14]

Kognitive Dissonanz

Einer der zentralen psychologischen Mechanismen, die im Extremismus eine Rolle spielen, ist die kognitive Dissonanz. Diese Theorie, eingeführt von Leon Festinger, postuliert, dass Individuen ein inneres Gleichgewicht ihrer Überzeugungen, Werte und Erfahrungen anstreben. Extremistische Ideologien bieten oft einfache Antworten auf komplexe Probleme, was den Individuen hilft, Dissonanzen zwischen ihren Überzeugungen und der Realität zu reduzieren.

Leon Festinger (1919–1989) war ein einflussreicher amerikanischer Sozialpsychologe, bekannt für seine Theorie der kognitiven Dissonanz, die 1957 veröffentlicht wurde. Diese Theorie besagt, dass Menschen ein inneres Bedürfnis haben, Widersprüche zwischen Überzeugungen und Verhalten aufzulösen, da diese als unangenehm empfunden werden. Festingers Arbeit hat die Psychologie nachhaltig geprägt, insbesondere in den Bereichen Einstellungsänderung und Entscheidungsfindung. Trotz Kritik an der Messbarkeit seiner Konzepte bleibt Festingers Einfluss auf die Sozialpsychologie unbestritten.

14 Theodor W. Adorno, 1995, Edition Suhrkamp, Studien zum autoritären Charakter, ISBN 9783518287828

Identität und Zugehörigkeit

Die Theorie der sozialen Identität, entwickelt von Henri Tajfel und John Turner, ist ebenfalls ein Schlüsselelement zum Verständnis des Extremismus. Diese Theorie betont, dass die Zugehörigkeit zu einer Gruppe das Selbstbild und Selbstwertgefühl einer Person stark beeinflusst. Extremistische Gruppen bieten oft eine starke Gruppenidentität, die Individuen ein Gefühl von Zweck und Zugehörigkeit gibt, insbesondere in Zeiten persönlicher oder gesellschaftlicher Krisen.

Henri Tajfel (1919–1982) war ein bedeutender britischer Sozialpsychologe, bekannt für die Entwicklung der Theorie der sozialen Identität. Diese Theorie, gemeinsam mit John Turner in den 1970er Jahren formuliert, untersucht, wie die Zugehörigkeit zu sozialen Gruppen das Verhalten und die Einstellungen von Individuen prägt. Als Holocaust-Überlebender erforschte Tajfel Mechanismen von Diskriminierung und Vorurteilen. Seine Experimente, besonders das Minimalgruppen-Paradigma, zeigten, wie schnell und willkürlich Gruppenloyalitäten entstehen und zu Diskriminierung führen. Trotz Kritik an der Übertragbarkeit auf reale Situationen bleibt Tajfels Arbeit wegweisend für das Verständnis von Gruppendynamiken und kollektiver Identität.

John Turner (1947–2011) war ein angesehener britischer Sozialpsychologe, der gemeinsam mit Henri Tajfel die Theorie der sozialen Identität entwickelte. Diese Theorie hat das Verständnis von Gruppenverhalten, sozialer Kognition und Identität stark geprägt. Turners Forschung zeigte, wie soziale Identitäten, abgeleitet aus Gruppenzugehörigkeiten, das Verhalten und die Einstellungen von Individuen beeinflussen. Seine Arbeiten verdeutlichten, dass Gruppenidentitäten sowohl die persönliche Identität als auch intergruppale Beziehungen und Konflikte formen. Trotz der Anerkennung seiner Theorie gab es Kritik an der Übertragbarkeit experimenteller Befunde, wie dem Minimalgruppen-Paradigma, auf komplexere soziale Realitäten. Einige Kritiker bemängelten auch, dass seine Modelle die Rolle von Macht und sozialen Strukturen in sozialen Prozessen zu wenig betonen. Turners Beiträge bleiben jedoch einflussreich und werden weiterhin in der Sozialpsychologie studiert.

Autoritarismus

Die Theorie des Autoritarismus, ursprünglich von Theodor W. Adorno und anderen formuliert, verbindet extremistische Einstellungen mit Persönlichkeitsmerkmalen, die durch starre Denkweisen, Unterwürfigkeit gegenüber Autoritäten und Aggression gegenüber Außenseitern gekennzeichnet sind. Autoritäre Persönlichkeiten sind besonders anfällig für extremistische Ideologien, die klare Hierarchien und unumstößliche Regeln bieten.

Sozialpsychologische Faktoren

Gruppendynamik und Konformität

Die Forschung zur Gruppendynamik zeigt, wie Gruppenzwang und das Bedürfnis nach Konformität Individuen dazu bringen können, extreme Ansichten zu akzeptieren oder sogar zu fördern. Soloman Aschs Konformitätsexperimente illustrieren, wie stark der Einfluss der Gruppe auf die Meinungen des Einzelnen sein kann, selbst wenn diese Meinungen offensichtlich falsch sind.

Radikalisierung und soziale Medien

Die Rolle der sozialen Medien bei der Radikalisierung ist ein neuerer Forschungsbereich, der zeigt, wie digitale Plattformen die Verbreitung extremistischer Ideologien beschleunigen können. Durch Algorithmen, die dazu neigen, Nutzer in Echokammern ähnlicher Meinungen zu isolieren, können soziale Medien die Exposition gegenüber extremistischen Inhalten verstärken und die Radikalisierung fördern.

Dehumanisierung und moralische Disengagement

Die Prozesse der Dehumanisierung und des moralischen Disengagements spielen eine entscheidende Rolle im Extremismus. Indem sie "die Anderen" als weniger menschlich darstellen, rechtfertigen extremistische Ideologien Gewalt und Unterdrückung gegenüber Außengruppen. Albert Banduras Theorie des moralischen Disengagements zeigt auf, wie Individuen moralische Standards suspendieren, um schädigende Verhaltensweisen zu rechtfertigen.

Die Beteiligung an extremistischen Aktivitäten kann erhebliche psychologische Kosten verursachen, einschließlich Angst, Schuld und kognitiver Erschöpfung. Das Verständnis dieser Kosten ist entscheidend, um effektive Interventionsstrategien zu entwickeln.

Interventionen, die darauf abzielen, Extremismus zu verhindern oder zu mildern, umfassen Bildungsprogramme, die kritisches Denken und Empathie fördern, sowie Initiativen, die auf die Stärkung sozialer Bindungen und den Abbau von Feindbildern ausgerichtet sind. Programms like "EXIT", die darauf abzielen, Individuen aus extremistischen Gruppen zu helfen, bieten Unterstützung beim Wiedereintritt in die Gesellschaft und beim Aufbau einer neuen Identität.

Die Psychologie des Extremismus ist ein vielschichtiges und herausforderndes Forschungsgebiet, das tief in den Mechanismen menschlichen Verhaltens und sozialer Dynamiken verwurzelt ist. Sie umfasst eine breite Palette psychologischer und sozialpsychologischer Theorien, die erklären sollen, warum Menschen sich extremistischen Ideologien zuwenden und in der Lage sind, gewalttätige und zerstörerische Handlungen im Namen dieser Überzeugungen zu begehen. Ein tiefes Verständnis dieser Prozesse ist von entscheidender Bedeutung, um die zugrunde liegenden Ursachen des Extremismus zu identifizieren und wirksame Präventions- und Gegenstrategien zu entwickeln. Die Komplexität der Thematik erfordert eine interdisziplinäre Herangehensweise, die psychologische, soziale, kulturelle und politische Faktoren miteinander verknüpft.

Einer der zentralen Aspekte der Extremismusforschung ist die Frage, warum Individuen anfällig für radikale Ideologien sind. Psychologische Theorien weisen darauf hin, dass Menschen in Zeiten persönlicher oder sozialer Unsicherheit besonders empfänglich für extremistische Botschaften sein können. Menschen, die sich entfremdet, marginalisiert oder von der Gesellschaft ausgeschlossen fühlen, sind oft auf der Suche nach einem klaren Sinn und einer Identität, die ihnen das Gefühl von Zugehörigkeit und Bedeutung vermittelt. Extremistische Gruppen bieten nicht nur eine einfache Erklärung für komplexe gesellschaftliche Probleme, sondern auch eine klare Feindbildkonstruktion, die es den Anhängern ermöglicht, sich als Teil einer „gerechten" und „überlegenen" Gemeinschaft zu sehen, die gegen das „Böse" kämpft.

Angesichts der globalen Reichweite und der gravierenden Folgen extremistischer Bewegungen ist das Verständnis dieser psychologischen und sozialen Dynamiken von entscheidender Bedeutung für die Entwicklung effektiver Gegenstrategien. Präventionsmaßnahmen, die sich nur auf die äußeren Symptome des Extremismus konzentrieren, greifen oft zu kurz, da sie die tieferliegenden psychologischen Mechanismen außer Acht lassen, die den Extremismus antreiben. Erfolgreiche Präventionsstrategien müssen daher auf verschiedenen Ebenen ansetzen – sie müssen sowohl individuelle als auch kollektive Bedürfnisse adressieren und alternative Wege der Identitätsbildung und der gesellschaftlichen Integration aufzeigen.

Ein zentraler Bestandteil dieser Bemühungen ist die Stärkung von Resilienz gegen extremistische Ideologien. Resilienz bedeutet in diesem Zusammenhang, dass Menschen in der Lage sind, mit Unsicherheit, Ambivalenz und sozialen Spannungen auf gesunde Weise umzugehen, ohne sich extremistischen oder gewalttätigen Lösungen zuzuwenden. Dies erfordert Bildungsprogramme, die kritisches Denken fördern, die Vermittlung von Toleranz und Empathie und den Aufbau von sozialen Netzwerken, die Menschen in Krisenzeiten stützen können. Die Förderung des sozialen Zusammenhalts und das Schaffen von inklusiven Gemeinschaften sind ebenfalls entscheidende Maßnahmen, um Menschen davor zu bewahren, sich von extremistischen Gruppen angezogen zu fühlen.

Darüber hinaus ist die Rolle der Gemeinschaften und der Gesellschaft insgesamt nicht zu unterschätzen. Extremismus gedeiht oft in einem Umfeld, in dem Menschen das Gefühl haben, nicht gehört oder nicht respektiert zu werden. Maßnahmen, die den Dialog fördern, Vertrauen zwischen verschiedenen Bevölkerungsgruppen aufbauen und den sozialen Zusammenhalt stärken, sind von zentraler Bedeutung, um den Nährboden für extremistische Bewegungen zu entziehen. Hierbei spielen sowohl politische Entscheidungsträger als auch zivilgesellschaftliche Organisationen eine wichtige Rolle.

9. WIRTSCHAFTLICHE ASPEKTE

Der Faschismus, ein politisches System, das im frühen 20. Jahrhundert in verschiedenen Teilen der Welt—insbesondere in Europa—an Bedeutung gewann, stellt eine der einflussreichsten und zugleich verhängnisvollsten Ideologien dieser Epoche dar. Geprägt von einer strikten autoritären Struktur und der rigorosen Zentralisierung der Macht in den Händen eines einzelnen Führers oder einer Elitegruppe, bot der Faschismus eine radikale Alternative zu den bestehenden demokratischen und liberalen Ordnungen seiner Zeit. Länder wie Italien unter Benito Mussolini und Deutschland unter Adolf Hitler sind wohl die bekanntesten Beispiele für faschistische Regime, die durch ihre aggressive Expansion und den totalitären Kontrollanspruch tiefgreifende Spuren in der Geschichte hinterlassen haben.

In historischen Diskussionen stehen häufig die politischen und sozialen Aspekte des Faschismus im Vordergrund. Dazu gehören der ausgeprägte Nationalismus, die Unterdrückung politischer Opposition, der Einsatz von Propaganda zur Manipulation der öffentlichen Meinung und die Mobilisierung der Massen durch charismatische Führerfiguren. Diese Elemente sind zweifellos entscheidend für das Verständnis der faschistischen Bewegungen und ihrer Auswirkungen auf die Gesellschaft.

Weniger beachtet, aber nicht minder wichtig, sind jedoch die wirtschaftlichen Theorien und Praktiken, die unter faschistischen Regimen umgesetzt wurden. Diese ökonomischen Strategien bildeten eine zentrale Achse für die Funktionsweise dieser Systeme und waren eng mit ihren politischen Zielen verknüpft. Durch Maßnahmen wie staatliche Kontrolle und Lenkung der Wirtschaft, Förderung bestimmter Industriezweige, Autarkiebestrebungen und umfangreiche Rüstungsprogramme versuchten die faschistischen Regierungen, ihre Länder wirtschaftlich zu stärken und unabhängig zu machen.

Die Untersuchung dieser wirtschaftlichen Dimension ist unerlässlich, um ein vollständiges Verständnis des Faschismus zu erlangen. Sie zeigt, wie wirtschaftliche Politik genutzt wurde, um soziale Kontrolle auszuüben, nationale Identität zu formen und die Voraussetzungen für militärische Expansion zu schaffen. Darüber hinaus verdeutlicht sie, wie wirtschaftliche Interessen und Ideologien ineinandergreifen und wie sie die Handlungsspielräume und Entscheidungen der Regime beeinflussten.

Durch eine detaillierte Betrachtung sowohl der politischen als auch der wirtschaftlichen Aspekte des Faschismus können wir die Komplexität dieser Systeme besser erfassen. Dies ermöglicht nicht nur ein tieferes historisches Verständnis, sondern bietet auch wertvolle Erkenntnisse für die Analyse autoritärer Tendenzen in der heutigen Zeit. Es erinnert uns daran, wie eng politische Macht und wirtschaftliche Kontrolle miteinander verflochten sein können und welche Folgen dies für Gesellschaften haben kann.

Im Kern des faschistischen Wirtschaftsverständnisses steht der Interventionismus. Faschistische Regime sahen die Wirtschaft nicht als einen selbstregulierenden Mechanismus, der dem freien Markt überlassen werden sollte, sondern als ein Werkzeug, das aktiv gestaltet und kontrolliert werden muss, um nationale Ziele zu erreichen. Diese Ziele variierten von der Erhöhung der nationalen Sicherheit über die Steigerung der Beschäftigung bis hin zur Mobilisierung der Bevölkerung für staatliche Zwecke. Der Staat griff direkt in die Wirtschaft ein, regulierte Unternehmen, setzte Preise und Löhne fest und kontrollierte die Produktion und Verteilung von Gütern.

Ein zentrales Element der faschistischen Wirtschaftspolitik war der Korporatismus. Diese Theorie sieht vor, dass die verschiedenen Sektoren der Wirtschaft wie Landwirtschaft, Industrie und Handel durch korporative Gruppen vertreten werden, die sowohl Arbeitgeber als auch Arbeitnehmer einschließen. Diese Gruppen sollten nicht im klassischen Sinne des Klassenkampfes gegeneinander arbeiten, sondern harmonisch zusammenarbeiten, um die Produktion zu steigern und Konflikte zu minimieren. In der Praxis führte dies jedoch oft zu einer Dominanz der Unternehmer, während die Rechte der Arbeiter eingeschränkt wurden. Der Korporatismus sollte den Klassenkampf eliminieren, führte aber in vielen Fällen zu einer Verstärkung der hierarchischen Strukturen innerhalb der Gesellschaft und einer weiteren Machtzentralisierung beim Staat.

Autarkie, das Streben nach wirtschaftlicher Selbstgenügsamkeit, war ein weiteres zentrales Ziel vieler faschistischer Regime. Angesichts der globalen wirtschaftlichen Unsicherheiten der Zwischenkriegszeit und der negativen Erfahrungen mit internationalen Handelsabhängigkeiten suchten Länder wie Italien und Deutschland nach Wegen, ihre Abhängigkeit von ausländischen Gütern und Einflüssen zu reduzieren. Dies führte zur Förderung der nationalen Produktion, zur Erschließung neuer Ressourcen innerhalb des eigenen Territoriums und zum Aufbau von Industrien, die zuvor importierte Güter produzieren sollten. Diese Politik hatte nicht nur wirtschaftliche, sondern auch tiefgreifende soziale und kulturelle Auswirkungen, da sie das nationale Bewusstsein stärkte und die Ideologie des "nationalen Wiederaufstiegs" unterstützte.

Die Militarisierung der Wirtschaft war ein weiteres kennzeichnendes Merkmal der faschistischen Wirtschaftspolitik. Insbesondere in Deutschland und Italien wurde die Wirtschaft in den 1930er Jahren zunehmend auf Kriegsführung ausgerichtet. Die Produktion von Waffen und militärischen Gütern erhielt Priorität, was zu einem schnellen Wirtschaftswachstum und einer Verringerung der Arbeitslosigkeit führte. Diese Wirtschaftspolitik war jedoch kurzfristig und nicht nachhaltig, da sie die zivile Produktion vernachlässigte und die Wirtschaft stark von staatlichen Ausgaben abhängig machte.

Die wirtschaftlichen Theorien des Faschismus waren untrennbar mit dessen rassischen und sozialen Ideologien verbunden. Wirtschaftliche Maßnahmen wurden nicht nur dazu verwendet, die Wirtschaft zu stärken, sondern auch, um bestimmte Gruppen auszuschließen oder zu benachteiligen. Dies zeigte sich besonders deutlich in Nazi-Deutschland, wo jüdische Unternehmer systematisch enteignet wurden und "arische" Wirtschaftsstrukturen gefördert wurden. Diese Politik führte zu einer verheerenden Zerstörung des sozialen und wirtschaftlichen Lebens ganzer Bevölkerungsgruppen und hinterließ Narben, die bis heute nachwirken.

Die wirtschaftlichen Grundlagen des Faschismus zeichnen sich also durch eine komplexe Mischung aus staatlichem Interventionismus, korporatistischer Organisation, Streben nach Autarkie, Militarisierung und rassisch-sozialer Exklusion aus. Diese Elemente waren darauf ausgerichtet, die staatliche Kontrolle zu maximieren und die Gesellschaft gemäß einer bestimmten ideologischen Vision zu formen, was tiefgreifende und oft verheerende Auswirkungen auf die wirtschaftliche und soziale Struktur der betroffenen Länder hatte.

1. Deutschland unter der NSDAP

Als die Nationalsozialistische Deutsche Arbeiterpartei (NSDAP) 1933 die Macht ergriff, war Deutschland von der Weltwirtschaftskrise stark betroffen. Die Arbeitslosigkeit war hoch, und die wirtschaftliche Stabilität war durch die Reparationszahlungen des Versailler Vertrags weiter gefährdet. Die NSDAP, angeführt von Adolf Hitler, versprach die Wiederherstellung der deutschen Wirtschaftskraft und die Beseitigung der Arbeitslosigkeit durch umfassende staatliche Eingriffe.

Ein zentraler Aspekt der Nazi-Wirtschaftspolitik war das Streben nach Autarkie, das heißt, die Unabhängigkeit von ausländischen Lieferungen, insbesondere bei Rohstoffen und Lebensmitteln. Der Vierjahres-plan, der 1936 initiiert wurde, zielte darauf ab, Deutschland auf einen Krieg vorzubereiten, indem die Produktion von Rüstungsgütern maxi-miert und die Selbstversorgung in kritischen Bereichen wie Gummi, Stahl und Treibstoffen angestrebt wurde. Dieser Plan umfasste auch Maßnahmen wie Preiskontrollen, Lohnregulierung und intensive staatliche Investitionen in die Industrie.

Die Rüstungswirtschaft erlebte unter dem Nazi-Regime eine enorme Expansion. Die Militarisierung der Wirtschaft führte zu einem deutli-chen Rückgang der Arbeitslosigkeit, da große Bevölkerungsteile in der Rüstungsindustrie beschäftigt wurden. Diese Wirtschaftspolitik war jedoch stark auf kurzfristige Ziele ausgerichtet und vernachlässigte die Bedürfnisse der zivilen Wirtschaft, was nach Kriegsbeginn zu erhebli-chen Versorgungsproblemen führte.

Die wirtschaftlichen Maßnahmen des Nazi-Regimes waren untrenn-bar mit seiner rassistischen und antisemitischen Ideologie verbunden. Jüdische Geschäftsleute wurden systematisch aus der Wirtschaft ver-drängt, ihre Vermögen wurden konfisziert, und sie wurden in die Emi-gration oder in Konzentrationslager gezwungen. Diese Politik der sozialen Exklusion erstreckte sich auch auf andere Gruppen, die als "nicht-arisch" oder politisch unerwünscht angesehen wurden.

2. Italien unter Mussolini

Als Benito Mussolini 1922 an die Macht kam, stand Italien vor ähnli-chen wirtschaftlichen Herausforderungen wie Deutschland: hohe Ar-beitslosigkeit, soziale Unruhen und eine schwache industrielle Basis. Mussolinis Ziel war es, Italien in einen modernen, selbstgenügsamen Industriestaat zu verwandeln und die nationale Einheit durch wirt-schaftliche Stärke zu festigen.

Die italienische Wirtschaftspolitik unter dem Faschismus basierte auf dem Prinzip des Korporatismus. Die Wirtschaft wurde in verschiedene

Sektoren unterteilt, die jeweils durch korporative Kammern vertreten wurden. Diese Kammern sollten die Interessen von Arbeitgebern und Arbeitnehmern harmonisieren und Konflikte vermeiden. In der Praxis führte dies jedoch zu einer starken Kontrolle der Wirtschaft durch den Staat und zu einer Einschränkung der unternehmerischen Freiheit.

Auch Mussolini strebte nach wirtschaftlicher Autarkie. Der sogenannte "Schlacht um das Getreide" war ein Versuch, Italien in der Lebensmittelproduktion selbstgenügsam zu machen. Große Investitionen wurden auch in die Schwerindustrie getätigt, um die Abhängigkeit von ausländischen Stahl- und Kohleimporten zu verringern. Diese Politik hatte gemischte Ergebnisse: Während die Produktion in einigen Bereichen stieg, blieben andere Sektoren, wie die Verbrauchsgüterindustrie, unterentwickelt.

Die Militarisierung der Wirtschaft war auch in Italien ein wichtiges Thema, insbesondere im Hinblick auf Mussolinis imperialistische Ziele in Afrika. Der Abessinienkrieg und die Beteiligung Italiens am Zweiten Weltkrieg erforderten erhebliche wirtschaftliche Ressourcen, die zu Lasten der zivilen Wirtschaft gingen und die wirtschaftliche Lage der meisten Italiener verschlechterten.

Die Fallstudien Deutschlands und Italiens zeigen, dass faschistische Wirtschaftspolitik durch eine starke staatliche Kontrolle, das Streben nach Autarkie, die Militarisierung der Wirtschaft und eine rassische sowie soziale Exklusionspolitik gekennzeichnet war. Diese Politiken waren auf die Stärkung der staatlichen Macht ausgerichtet, führten jedoch oft zu ineffizienten Wirtschaftsstrukturen und hatten verheerende soziale und wirtschaftliche Folgen.

In der heutigen Zeit, in der politische und wirtschaftliche Unsicherheiten oft Parallelen zu den Unruhen der frühen bis mittleren 20. Jahrhunderts aufweisen, ist es unerlässlich, aus der Geschichte zu lernen. Die Wirtschaftspolitik faschistischer Regime bietet dabei wichtige Einsichten, die nicht nur für Historiker und Wirtschaftswissenschaftler von Bedeutung sind, sondern auch für Politiker, Entscheidungsträger und die breite Öffentlichkeit relevante Lehren bereithalten.

Faschistische Regime zeichneten sich durch eine extreme Zentralisierung der Macht aus, die auch die Wirtschaft einschloss. Diese Zentralisierung führte oft zu ineffizienten und unflexiblen Wirtschaftsstrukturen, da Entscheidungen von einer kleinen Elite getroffen wurden, die nicht immer die besten wirtschaftlichen Interessen des Landes verfolgte. In der heutigen Zeit sehen wir ähnliche Tendenzen in autokratischen Regierungen, die versuchen, die Kontrolle über die Wirtschaft zu zentralisieren, was oft zu Korruption, Missmanagement und wirtschaftlicher Stagnation führt. Die Lehre hieraus ist, dass eine gesunde Distanz zwischen politischer Macht und wirtschaftlicher Entscheidungsfindung essentiell für eine nachhaltige Entwicklung ist.

Die faschistischen Bestrebungen nach wirtschaftlicher Selbstgenügsamkeit (Autarkie) waren teilweise eine Reaktion auf die globale Wirtschaftsinstabilität und die Unsicherheiten des internationalen Handels. Während es wichtig ist, eine gewisse Widerstandsfähigkeit gegenüber globalen Schocks zu entwickeln, zeigt die Geschichte, dass eine vollständige Autarkie oft zu einer suboptimalen Allokation von Ressourcen führt und die wirtschaftliche Innovation hemmt. In einer globalisierten Welt ist es daher entscheidend, das richtige Gleichgewicht zwischen Offenheit und dem Schutz nationaler wirtschaftlicher Interessen zu finden.

Die faschistischen Regime investierten massiv in militärische Kapazitäten, was kurzfristig zur Verringerung der Arbeitslosigkeit und zum Wirtschaftswachstum führte. Langfristig erwiesen sich diese Investitionen jedoch als untragbar, da sie Ressourcen von der zivilen Wirtschaft abzogen und zu einer Vernachlässigung anderer wichtiger Sektoren führten. Die heutigen geopolitischen Spannungen und das Wiederaufleben von Nationalismus und Protektionismus könnten ähnliche Tendenzen fördern. Es ist wichtig, aus der Geschichte zu lernen und sicherzustellen, dass die Wirtschaft nicht zu sehr auf das Militär ausgerichtet wird, sondern eine ausgewogene Entwicklung aller Sektoren gefördert wird.

Faschistische Wirtschaftspolitik war tief in der ideologischen Agenda des Regimes verwurzelt, oft mit dem Ziel, bestimmte soziale Gruppen auszuschließen oder zu benachteiligen. Die heutige Wirtschaftspolitik kann ebenfalls ideologisch gefärbt sein, was zu Entscheidungen führen kann, die bestimmte Gruppen bevorzugen oder benachteiligen. Es ist entscheidend, dass wirtschaftliche Entscheidungen auf rationalen und inklusiven Grundsätzen basieren und alle Teile der Gesellschaft berücksichtigen.

Die faschistischen Regime nutzten wirtschaftliche Maßnahmen, um ihre politischen Ziele zu unterstützen, was oft zu sozialer Unruhe und Instabilität führte. Die moderne Wirtschaftspolitik muss die sozialen Auswirkungen wirtschaftlicher Entscheidungen erkennen und Strategien entwickeln, die nicht nur das Wirtschaftswachstum fördern, sondern auch die soziale Stabilität stärken. Dies umfasst Maßnahmen zur Verringerung der Ungleichheit, zur Förderung der sozialen Mobilität und zur Gewährleistung eines angemessenen Lebensstandards für alle Bürger.

Die Geschichte zeigt, dass Isolationismus und protektionistische Wirtschaftspolitik oft zu wirtschaftlichen Schwierigkeiten führen. Die heutige Welt ist durch internationale Zusammenarbeit und multilaterale Institutionen charakterisiert, die darauf abzielen, wirtschaftliche Konflikte zu vermeiden und gemeinsame Herausforderungen zu bewältigen. Es ist wichtig, dass Staaten weiterhin zusammenarbeiten, um globale Probleme wie den Klimawandel, pandemische Krankheiten und wirtschaftliche Instabilität anzugehen.

Die wirtschaftlichen Aspekte des Faschismus bieten zahlreiche Lehren für die moderne Welt. Indem wir verstehen, wie faschistische Regime die Wirtschaft gestaltet haben und welche Auswirkungen dies hatte, können wir bessere Strategien für die heutige Zeit entwickeln. Die Geschichte sollte als Mahnung dienen, dass wirtschaftliche Politik, die auf Exklusion, Isolationismus und kurzfristigen Zielen basiert, oft zu langfristigen Schäden für ein Land und seine Bürger führt. Die Herausforderung für die heutigen Entscheidungsträger besteht darin, aus diesen Fehlern zu lernen und eine gerechtere, stabilere und nachhaltigere wirtschaftliche Zukunft zu gestalten.

10. KULTURELLE EINFLÜSSE UND MEDIEN

Kunst und Architektur im Faschismus

Die kulturellen Manifestationen des Faschismus sind tief mit dessen ideologischen Zielen verwoben. Kunst und Architektur, zwei der sichtbarsten Ausdrucksformen menschlicher Kreativität, wurden von faschistischen Regimen gezielt eingesetzt, um Macht zu symbolisieren, ideologische Botschaften zu verbreiten und eine neue kulturelle Identität zu formen. In diesem Kapitel wird untersucht, wie speziell die Kunst und Architektur während der faschistischen Ära in Italien unter Benito Mussolini und im nationalsozialistischen Deutschland unter Adolf Hitler als Instrumente der Staatsmacht und der Propaganda dienten.

Faschistische Kunst und Architektur waren tief durchdrungen von der Ideologie des Übermenschentums, der heroischen Ideale und der Betonung einer "reinen" nationalen Kultur. Diese Elemente dienten als Grundlage für die ästhetischen Prinzipien, die in den Werken jener Zeit umgesetzt wurden. Ziel war es, eine Formensprache zu entwickeln, die sowohl die Vergangenheit glorifizierte als auch eine zukunftsweisende Vision verkündete.

Die Architektur des Faschismus zeichnet sich durch ihre Monumentalität und den Einsatz von klassischen Stilelementen aus, die neu interpretiert wurden, um Macht und Beständigkeit zu symbolisieren. Beispiele hierfür sind das EUR-Viertel in Rom und die Reichsparteitagsgelände in Nürnberg. Diese Bauten sollten nicht nur Ehrfurcht einflößen, sondern auch die Unantastbarkeit und historische Legitimität der faschistischen Regime unterstreichen.

In der Kunst wurde eine ähnliche Rückbesinnung auf klassische und heroische Motive vollzogen. Künstler wie Arno Breker und Josef Thorak schufen gigantische Skulpturen, die die "arische" Physiognomie und Tugenden wie Stärke, Tapferkeit und Opferbereitschaft glorifizierten. In Italien förderte Mussolini die "Novecento Italiano" Bewegung, die eine Rückkehr zu traditionellen Themen und Techniken anstrebte und gleichzeitig moderne Elemente einfließen ließ, um eine spezifisch faschistische Kunstform zu schaffen.

Arno Breker, geboren am 19. Juli 1900 in Elberfeld, war ein deutscher Bildhauer, der als bevorzugter Künstler des NS-Regimes bekannt wurde. Nach seinem Kunststudium in Düsseldorf und Paris stieg er in den 1930er Jahren zum führenden Bildhauer des Nationalsozialismus auf. Brekers Werke, wie „Die Partei" und „Die Wehrmacht", idealisierten die menschliche Form und dienten der nationalsozialistischen Propaganda, indem sie die Überlegenheit der „arischen Rasse" darstellten. Seine enge Zusammenarbeit mit Adolf Hitler und Albert Speer machte ihn zu einer zentralen Figur der künstlerischen Inszenierung des Regimes. Nach dem Zweiten Weltkrieg wurde Breker für seine Rolle im Nationalsozialismus kritisiert, und viele seiner Werke wurden entfernt. Trotz Versuchen, seine Karriere fortzusetzen, blieb seine Kunst eng mit der Ideologie des Nationalsozialismus verknüpft, was sein Vermächtnis bis heute umstritten macht.

Josef Thorak, geboren am 7. Februar 1889 in Salzburg, war ein deutsch-österreichischer Bildhauer, der eng mit dem nationalsozialistischen Deutschland verbunden war. Nach seinem Kunststudium in Wien und München erlangte er zunächst in der Weimarer Republik Anerkennung, bevor er im Dritten Reich zu einem der bevorzugten Künstler aufstieg. Thorak wurde für seine monumentalen Skulpturen bekannt, die überdimensionale, muskulöse Figuren darstellten und die faschistische Ästhetik und Ideologie symbolisierten. Werke wie „Kameradschaft" und „Wagenlenker" verkörperten Macht und die vermeintliche Überlegenheit der „arischen Rasse". Während des Zweiten Weltkriegs profitierte Thorak als Staatskünstler von zahlreichen Großaufträgen, die ihm Wohlstand und Ansehen brachten. Nach Kriegsende wurde seine Kunst aufgrund ihrer Verbindung zum Nationalsozialismus kritisiert und teilweise entfernt. Seine Nachkriegskarriere blieb von seiner NS-Vergangenheit überschattet, und sein Ruf als Künstler war dauerhaft beschädigt.

Kunst und Architektur dienten im faschistischen Staat nicht nur der ästhetischen Gestaltung, sondern waren auch wesentliche Bestandteile der politischen Maschinerie. Sie wurden eingesetzt, um die Bevölkerung zu beeinflussen, ideologische Botschaften zu vermitteln und das Bild eines starken, vereinten Staates zu fördern. Dies geschah durch öffentliche Aufträge, staatlich organisierte Ausstellungen und die Kontrolle der künstlerischen Ausdrucksformen durch Zensur und Förderung genehmer Künstler.[15]

Die Analyse der Kunst und Architektur des Faschismus offenbart, wie tiefgreifend diese Regime versuchten, Kultur als Mittel zur Machtausübung und zur Formung der gesellschaftlichen Ordnung einzusetzen. Die hinterlassenen Werke sind somit nicht nur künstlerische oder architektonische Artefakte, sondern auch Zeugnisse der dunklen Kapitel der europäischen Geschichte.

Medien und Propaganda im Faschismus

Propaganda ist ein wesentliches Instrument politischer Macht, und kein Regime hat dies effektiver genutzt als die faschistischen Diktaturen des 20. Jahrhunderts. In diesem Kapitel beschreibe ich, wie faschistische Regierungen in Italien und Deutschland die Medien zur Verbreitung ihrer Ideologien eingesetzt haben, welche Methoden dabei zur Anwendung kamen und welche Auswirkungen dies auf die Gesellschaft hatte.

Faschistische Propaganda zielte darauf ab, die Bevölkerung zu vereinheitlichen und eine kritiklose Akzeptanz der Staatsideologie zu erreichen. Kernbotschaften drehten sich um Themen wie nationale Wiedererweckung, die Überlegenheit der eigenen Nation und Rasse so-

---

15 Claudia Koonz, The Nazi Conscience Cambridge, Massachusetts: The Belknap Press of Harvard University Press, 2003, ISBN 978-0-674-01172-4

wie die Notwendigkeit eines starken Führers. Diese Botschaften wurden durch eine Kombination aus selektiver Wahrheitsdarstellung, Mythenbildung und der Schaffung von Feindbildern verbreitet.

Die Medienlandschaft unter faschistischen Regimen war streng kontrolliert und zentralisiert, was eine gleichgeschaltete Berichterstattung ermöglichte. In Italien und Deutschland wurden Zeitungen, Radiosender und später auch das Fernsehen systematisch gleichgeschaltet. Kritische Medien wurden geschlossen oder übernommen, Journalisten mussten Mitglied der faschistischen Parteien sein, und die Inhalte wurden streng überwacht.

Das Radio war vielleicht das mächtigste Medium für die faschistischen Propagandisten. In Deutschland etablierte Joseph Goebbels das Konzept des "Volksempfängers", eines preiswerten Radios, das darauf ausgelegt war, die Botschaften der NSDAP in jedes Wohnzimmer zu bringen. Die Reden von Hitler und anderen Parteiführern wurden regelmäßig übertragen, und politische Veranstaltungen wurden inszeniert, um die Zuhörer emotional zu binden.

Der Film war ein weiteres wichtiges Propagandainstrument. Leni Riefenstahls „Triumph des Willens" ist ein bekanntes Beispiel für die Nutzung des Films zur Verherrlichung des Führerkults und zur Inszenierung der Macht der NSDAP. In Italien wurden Filme produziert, die die Errungenschaften des Regimes, insbesondere im Bereich der Infrastruktur und Militärmacht, darstellten.

Auch die Presse spielte eine wichtige Rolle in der Propagandamaschinerie. Zeitungen wie der „Völkische Beobachter" und „Il Popolo d'Italia" verbreiteten täglich die Ideologie des Faschismus. Artikel und Karikaturen stellten die Feinde des Regimes – seien es politische Gegner, Juden oder „dekadente" Künstler – in einem negativen Licht dar und trugen zur Stigmatisierung und Dehumanisierung bei.

Die Propaganda durchdrang auch das Bildungssystem und die Kultur. Schulbücher wurden überarbeitet, um die faschistische Ideologie zu vermitteln, und Lehrer mussten spezielle Schulungen durchlaufen. In der Kunst und Literatur wurden Werke gefördert, die die Ideale des Faschismus unterstützten, während kritische oder abweichende Stimmen unterdrückt wurden.

Die systematische Nutzung der Medien zur Verbreitung faschistischer Propaganda war ein entscheidender Faktor für die Macht und Langlebigkeit der faschistischen Regime in Italien und Deutschland. Durch die Kontrolle über die Informationsflüsse konnten diese Regierungen nicht nur ihre Herrschaft festigen, sondern auch das Denken und Fühlen einer ganzen Generation prägen.

Musik und darstellende Künste im Faschismus

In faschistischen Regimen wurden Musik und darstellende Künste strategisch eingesetzt, um ideologische Botschaften zu verbreiten und emotionale Bindungen an das Regime zu stärken. Dieses Kapitel untersucht, wie das nationalsozialistische Deutschland und das faschistische Italien Musik und Theater als Propagandainstrumente nutzten und welche Auswirkungen dies auf Künstler und das kulturelle Leben hatte.

Die Führungsebenen des Nationalsozialismus und des italienischen Faschismus erkannten schnell die Macht der Musik, Menschen emotional zu bewegen und Gemeinschaftsgefühle zu stärken. In Deutschland wurde die Musikpolitik direkt von führenden NS-Funktionären wie Joseph Goebbels überwacht, der das Propagandaministerium leitete und die kulturelle Ausrichtung stark kontrollierte. In Italien nutzte Mussolini Musik, um seine Botschaften der nationalen Stärke und kulturellen Erneuerung zu verbreiten.

Musikorganisationen, Komponisten und Aufführungen wurden streng kontrolliert. In Deutschland wurden jüdische und politisch missliebige Musiker aus ihren Positionen entfernt und durch ideologisch konforme Künstler ersetzt. Werke, die als „entartet" galten, insbesondere jene der modernen und atonalen Musik, wurden verboten. Stattdessen förderte das Regime traditionelle und klassische Musikformen, die als Ausdruck „arischer Reinheit" galten. Ähnlich verfuhr das faschistische Regime in Italien, das eine Rückkehr zu traditioneller italienischer Musik forderte und moderne Einflüsse ablehnte.

Propagandakonzerte und speziell komponierte Marschmusik wurden häufig bei öffentlichen Veranstaltungen und Parteifeiern eingesetzt. Diese Musikstücke waren oft heroisch und pathetisch gestaltet, um Gefühle von Stolz und patriotischer Hingabe zu wecken. Die bekanntesten Beispiele umfassen Werke wie die „Horst-Wessel-Lied" in Deutschland und die zahlreichen Marschlieder Mussolinis.

Die Oper, besonders verehrt für ihre emotionale und kulturelle Tiefe, wurde ebenfalls von den faschistischen Regimen vereinnahmt. In Deutschland wurden spezifische Stücke wie Wagners Opern aufgrund ihrer mythologischen und nationalen Themen bevorzugt. In Italien wurden neue Opern komponiert, die die faschistischen Ideale von Stärke und nationaler Identität reflektierten.

Das Theater erfuhr eine ähnliche ideologische Überformung. Stücke, die die Geschichte glorifizierten oder die faschistische Sicht auf Familie und Staat unterstützten, wurden gefördert. Das Kabarett und andere Formen des kritischen Theaters wurden in Deutschland stark zensiert oder ganz verboten, während in Italien das Theater dazu genutzt wurde, die Bevölkerung über Mussolinis Visionen zu unterrichten.

Trotz der strengen Kontrollen gab es Musiker und Schauspieler, die sich den Regimen widersetzten. Einige nutzten versteckte Botschaften in ihren Werken, um Kritik zu üben oder Widerstand zu leisten. Diese Akte des Widerstands waren jedoch gefährlich und oft mit schweren Konsequenzen verbunden.

Musik und darstellende Künste im Faschismus waren sowohl Spiegel als auch Werkzeuge der totalitären Ideologie. Sie reflektierten die gesellschaftlichen und politischen Verhältnisse und dienten zugleich als Mittel zur Verstärkung und Verbreitung faschistischer Ideale. Die Auswirkungen dieser Politiken auf die Kunst und die Künstler waren tiefgreifend und hinterließen Spuren, die bis heute im kulturellen Gedächtnis präsent sind.[16]

Literatur und Bildung im Faschismus

Literatur und Bildung waren unter faschistischen Regimen zentrale Felder ideologischer Einflussnahme. In diesem Kapitel untersuche ich, wie das nationalsozialistische Deutschland und das faschistische Italien Bildungssysteme und literarische Schaffensprozesse manipulierten, um ihre politischen und ideologischen Ziele durchzusetzen.

Faschistische Regierungen überarbeiteten die Bildungssysteme grundlegend, um die Jugend im Geiste ihrer Ideologien zu erziehen. Lehrpläne, Lehrbücher und Lehrmethoden wurden angepasst, um den Faschismus zu glorifizieren und die historische und kulturelle Sichtweise der Regime zu vermitteln. In Deutschland wurde die Hitlerjugend zu einem zentralen Bestandteil des außerschulischen Lebens vieler Jugendlicher, während in Italien die „Opera Nazionale Balilla" vergleichbare Ziele verfolgte.

In Deutschland wurden alle Bildungsinstitutionen gleichgeschaltet. Dies bedeutete die Entfernung aller jüdischen und politisch uner-

---

16 Fred K. Prieberg, Mißbrauchte Tonkunst. Musik als Machtmedium. dtv, München 1991, ISBN 3-423-04556-6

wünschten Lehrer sowie die Einführung strenger Vorschriften für Lehrpläne und Unterrichtsmaterialien. Ähnliche Maßnahmen wurden in Italien durchgeführt, wobei besonderer Wert darauf gelegt wurde, den italienischen Imperialismus und Mussolinis Politik zu verherrlichen.

Literatur wurde als mächtiges Mittel zur Verbreitung ideologischer Inhalte genutzt. In Deutschland wurden Bücher, die als „entartet" oder politisch gefährlich angesehen wurden, öffentlich verbrannt. Schriftsteller, die den neuen ideologischen Anforderungen nicht entsprachen, wurden verfolgt oder ins Exil gezwungen. In Italien wurden literarische Werke gefördert, die die faschistische Ideologie unterstützten, und Preise für Literatur, die den Faschismus verherrlichte, eingerichtet.

Auch die Hochschulbildung wurde nicht verschont. Universitäten wurden zu Instrumenten der Staatspropaganda umfunktioniert, wissenschaftliche Freiheit eingeschränkt und akademische Inhalte zensiert. Wissenschaftler mussten oft ihre Forschungen den ideologischen Zielen des Regimes anpassen oder sahen sich Repressalien ausgesetzt.

Die faschistischen Regime griffen direkt in die Literaturproduktion ein. In Deutschland entstand unter der Ägide der Reichsschrifttumskammer eine Literatur, die den „Blut-und-Boden"-Ideologien entsprach, während in Italien Mussolini selbst als literarische Figur in vielen Werken gefeiert wurde. Das Ziel war stets, die Literatur in den Dienst der Staatspropaganda zu stellen.

Trotz der starken Kontrollen gab es literarischen Widerstand. Einige Autoren nutzten subtile Formen der Kritik und verschlüsselte Botschaften, um ihre Missbilligung der Regime auszudrücken. Diese Werke zirkulierten oft heimlich und auf großes persönliches Risiko der beteiligten Personen.

Die Instrumentalisierung der Bildung und Literatur durch faschistische Regime zeigt die zentrale Rolle, die diese Bereiche in der Gesellschaft spielten. Sie waren nicht nur Mittel zur Verbreitung ideologischer Inhalte, sondern auch Schlachtfelder, auf denen um die Kontrolle des kulturellen und intellektuellen Lebens gekämpft wurde. Die Nachwirkungen dieser Politiken sind bis heute in den Bildungs- und Literatursystemen der betroffenen Länder spürbar.

11. GEGENBEWEGUNGEN

Der Konflikt zwischen Liberalismus und Faschismus prägte das 20. Jahrhundert auf tiefgreifende Weise. Während der Liberalismus auf den Grundsätzen der Freiheit, Gleichheit und des Rechtsstaats beruht, stellt der Faschismus diese Ideale durch autoritäre und totalitäre Strukturen in Frage. Dieses Kapitel untersucht, wie liberale Kräfte auf den Aufstieg des Faschismus reagierten und welche Lehren daraus gezogen werden können.

Der Liberalismus, als eine der einflussreichsten Ideologien der modernen Welt, wurzelt tief in den Gedanken der europäischen Aufklärung, die seit dem 17. Jahrhundert das westliche Denken prägt. Seine Philosophie basiert auf der Vorstellung, dass alle Menschen von Natur aus frei sind und das Recht haben, ihr Leben, ihre Freiheit und ihr Eigentum zu schützen. Diese Ideen waren revolutionär in einer Zeit, in der absolutistische Monarchien und eine rigide soziale Hierarchie vorherrschten.

Die Anfänge des Liberalismus lassen sich auf das intellektuelle Erwachen in Europa zurückführen, das als Aufklärung bekannt ist. Philosophen wie John Locke in England und Montesquieu in Frankreich stellten die göttlichen Rechte der Könige infrage und argumentierten, dass wahre Legitimität aus dem Volk hervorgehen müsse. John Locke, oft als Vater des Liberalismus bezeichnet, betonte in seinem Werk „Zwei Abhandlungen über die Regierung" (1690), dass die Regierung mit Zustimmung der Regierten existieren und die natürlichen Rechte des Einzelnen schützen sollte. Diese Rechte umfassten Leben, Freiheit und Eigentum. Locke stellte eine Gesellschaftsvertragstheorie auf, nach der Menschen sich aus ihrem Naturzustand heraus zu einer Gesellschaft zusammenschließen und dabei einige Rechte an eine zentrale Autorität abgeben, um Schutz zu gewährleisten.

Der Rationalismus, der davon ausgeht, dass Vernunft die primäre Quelle des Wissens ist, spielte ebenfalls eine entscheidende Rolle in der Entwicklung des liberalen Gedankens. René Descartes und später Immanuel Kant entwickelten Theorien, die die Fähigkeit des Menschen betonten, unabhängig von traditionellen Autoritäten zu denken und zu handeln. Für Kant war die Autonomie des Individuums ein zentraler Wert, und seine Idee des „kategorischen Imperativs" fordert, dass Handlungen so gewählt werden sollten, dass sie als allgemeines Gesetz gelten könnten. Diese Betonung auf individueller moralischer Verantwortung ist ein Grundstein des liberalen Denkens.

Wirtschaftlich wurde der Liberalismus stark durch Adam Smith beeinflusst, dessen Werk „Der Wohlstand der Nationen" (1776) oft als die Geburtsstunde der modernen Ökonomie betrachtet wird. Smith argumentierte, dass Wohlstand am besten durch freie Märkte geschaffen wird, auf denen Individuen ohne staatliche Einmischung handeln können. Seine Theorien über den freien Handel und die „unsichtbare Hand", die dafür sorgt, dass selbst eigennütziges Verhalten zum Nutzen aller führen kann, wurden zu zentralen Säulen des ökonomischen Liberalismus.

Im 19. Jahrhundert entwickelte sich der Liberalismus weiter und beeinflusste die politische Landschaft Europas und Amerikas tiefgreifend. Die liberalen Ideen von repräsentativer Regierung und individuellen Freiheiten führten zu Reformen in vielen Ländern, einschließlich der Ausweitung des Wahlrechts und der Abnahme absolutistischer Machtstrukturen. Die Französische Revolution von 1789 und die darauf folgenden politischen Umwälzungen in Europa zeigten die praktische Anwendung liberaler Ideen, aber auch deren Grenzen, als radikalere Elemente die liberalen Ideale von Freiheit und Gleichheit in Frage stellten.

Im 20. Jahrhundert wurde der Liberalismus durch die Weltkriege und die Konfrontation mit totalitären Ideologien wie dem Faschismus und später dem Kommunismus auf die Probe gestellt. Liberale Demokratien fanden sich im ideologischen Kampf gegen faschistische Regime, die Freiheit und individuelle Rechte missachteten und eine zentralisierte Kontrolle und autoritäre Führung bevorzugten. Der Kalte Krieg sah eine weitere Auseinandersetzung zwischen liberalen und autoritären Weltanschauungen, wobei die USA und ihre Verbündeten sich als Verteidiger der liberalen Ordnung positionierten.

Heute steht der Liberalismus vor neuen Herausforderungen, wie Globalisierung, technologischen Wandel und wachsende wirtschaftliche Ungleichheiten, die die liberalen Prinzipien sowohl bestätigen als auch herausfordern. Kritiker bemängeln oft eine zu starke Betonung auf wirtschaftliche Freiheiten, die zu Lasten sozialer Gerechtigkeit gehen kann. Dennoch bleibt der Kern des liberalen Gedankens – die Wertschätzung des Individuums und seiner Freiheiten – ein zentraler Pfeiler moderner demokratischer Gesellschaften.

Der Liberalismus hat als philosophische und politische Ideologie die moderne Welt entscheidend geprägt und wird dies auch weiterhin tun. Sein fortwährender Einfluss und seine Anpassungsfähigkeit an neue Herausforderungen zeigen seine Stärke und Vitalität. Die Auseinandersetzung mit dem Faschismus im 20. Jahrhundert ist nur ein Beispiel für die entscheidende Rolle, die liberale Werte in der Verteidigung der Freiheit und der Förderung des menschlichen Fortschritts spielen.

Die direkten Auseinandersetzungen zwischen den Anhängern des Liberalismus und des Faschismus im 20. Jahrhundert bilden ein zentrales Kapitel in der Geschichte der modernen politischen Ideologien. Diese Konflikte waren nicht nur militärische oder politische Auseinandersetzungen, sondern auch tiefgehende ideologische Kämpfe, die die Grundwerte der beteiligten Gesellschaften herausforderten und oft dauerhaft veränderten.

Die faschistischen Bewegungen, die in den 1920er und 1930er Jahren in Italien unter Benito Mussolini und in Deutschland unter Adolf Hitler an Macht gewannen, stellten eine direkte Antwort auf die wahrgenommenen Schwächen liberaler Demokratien dar. Diese Bewegungen nutzten wirtschaftliche Unsicherheit, nationale Demütigung und soziale Unruhen, um breite Unterstützung zu mobilisieren. Sie propagierten ein autoritäres Staatsmodell, das sich stark von den liberalen Ideen der Freiheit und individuellen Rechten unterschied.

Ein prägnantes Beispiel für den direkten Konflikt zwischen Liberalismus und Faschismus war der Spanische Bürgerkrieg (1936-1939). Dieser Krieg war eine direkte Auseinandersetzung zwischen den republikanischen Kräften, die von vielen als Verteidiger des Liberalismus angesehen wurden, und den nationalistischen Kräften unter der Führung von Francisco Franco, die faschistische Unterstützung aus Italien und Nazi-Deutschland erhielten. Der Krieg zog Freiwillige aus der ganzen Welt an, darunter viele liberale Intellektuelle und Kämpfer, die in den Internationalen Brigaden dienten. Diese globalen Freiwilligen sahen ihren Kampf als notwendige Verteidigung der liberalen Werte gegen den aufkommenden Faschismus.

Der Spanische Bürgerkrieg war nur ein Vorspiel zu dem noch umfassenderen und verheerenderen Konflikt des Zweiten Weltkriegs, der viele der gleichen ideologischen Gegensätze auf einer globalen Bühne darstellte. Der Krieg begann 1939, nachdem das faschistische Deutschland Polen überfallen hatte, und entwickelte sich schnell zu einem weltumspannenden Konflikt. Für die liberalen Demokratien, insbesondere für Großbritannien und später die Vereinigten Staaten, wurde der Krieg zu einem entscheidenden Kampf gegen die faschistischen Mächte. Dieser Krieg war nicht nur ein Kampf um territoriale Kontrolle, sondern auch ein ideologischer Kampf um die Zukunft der liberalen Demokratie.

Parallel zu den militärischen und politischen Auseinandersetzungen fanden auch intensive kulturelle und ideologische Kämpfe statt. Liberale Intellektuelle, Künstler und Schriftsteller setzten sich in ihren Werken mit den Bedrohungen durch den Faschismus auseinander. Figuren wie George Orwell, dessen Erfahrungen im Spanischen Bürgerkrieg seine Werke "Homage to Catalonia" und später "1984" prägten, waren entscheidend in der Formung der öffentlichen Meinung und der ideologischen Widerstandsbewegung gegen den Faschismus. Diese kulturellen Ausdrücke des Liberalismus spielten eine wichtige Rolle dabei, das Bewusstsein für die Gefahren des Faschismus zu schärfen und die moralischen Grundlagen für den Widerstand zu stärken.

Nach dem Ende des Zweiten Weltkriegs setzten die liberalen Demokratien alles daran, eine Wiederholung der Bedingungen, die zum Aufstieg des Faschismus geführt hatten, zu verhindern. Die Gründung der Vereinten Nationen und die Verabschiedung der Allgemeinen Erklärung der Menschenrechte im Jahr 1948 waren Teil eines umfassenden Bemühens, die liberalen Prinzipien der Menschenrechte und der internationalen Zusammenarbeit zu stärken. Diese Institutionen und Vereinbarungen sollten als Bollwerk gegen zukünftige faschistische Bedrohungen dienen und die weltweite Förderung liberaler Werte unterstützen.

Die Konflikte und Interaktionen zwischen Liberalismus und Faschismus im 20. Jahrhundert zeigen, wie tiefgreifend ideologische Kämpfe die Weltgeschichte beeinflussen können. Die Auseinandersetzungen zwischen diesen beiden Weltanschauungen haben nicht nur die politische Landkarte des 20. Jahrhunderts neu gezeichnet, sondern auch bleibende Auswirkungen auf die Art und Weise, wie Nationen und Individuen über Freiheit, Macht und Gerechtigkeit denken. Die Lehren aus diesen Konflikten bleiben relevant, da sie weiterhin Einfluss auf die internationalen Beziehungen und die innerstaatlichen Politiken weltweit haben.

Liberale Regierungen und Bewegungen suchten nach Wegen, um der faschistischen Bedrohung zu begegnen. In Großbritannien und den Vereinigten Staaten führte dies zu einer Politik der anfänglichen Beschwichtigung, gefolgt von einer entschiedenen militärischen Antwort im Rahmen des Zweiten Weltkriegs. Auch im kulturellen Bereich fanden Auseinandersetzungen statt, wobei Künstler und Schriftsteller die Gefahren des Faschismus thematisierten und die liberalen Werte verteidigten.

Die Auseinandersetzung zwischen Liberalismus und Faschismus bietet wichtige Einblicke in die Bedeutung und die Verletzlichkeit der liberalen Demokratie. Heute, in einer Zeit, in der autokratische und nationalistische Bewegungen erneut an Einfluss gewinnen, sind diese historischen Erfahrungen von besonderer Relevanz.

12. BILDUNG UND IDEOLOGIE

Die Beziehung zwischen Bildung und Ideologie ist ein zentrales Thema in den Sozialwissenschaften und der Bildungsforschung. Bildungseinrichtungen spielen eine entscheidende Rolle bei der Formung von Ideologien, indem sie Werte und Überzeugungen vermitteln, die oft die gesellschaftlichen und politischen Strukturen eines Landes widerspiegeln und verstärken. In diesem Abschnitt erläutere ich, wie Bildungssysteme Ideologien beeinflussen und wie diese Wechselwirkungen die Gesellschaft prägen. Ich gehe auch der Frage nach, wie Bildung als Werkzeug für sozialen Wandel und ideologische Herausforderungen genutzt werden kann.

Bildung als Übermittler von Kultur und Ideologie

Bildung ist eine der zentralen Institutionen moderner Gesellschaften. Sie dient nicht nur der Vermittlung von Wissen und Fähigkeiten, sondern trägt auch zur Formung individueller und kollektiver Identitäten bei. In diesem Zusammenhang spielt Bildung eine entscheidende Rolle als Übermittler von Kultur und Ideologie. Sowohl durch formelle Bildungsprozesse wie Schulunterricht als auch durch informelle Lernumgebungen werden Werte, Normen und Überzeugungen weitergegeben, die tief in die Kultur und Ideologie einer Gesellschaft eingebettet sind. Doch was genau bedeutet es, dass Bildung Kultur und Ideologie übermittelt? Wie geschieht dies, und welche Auswirkungen hat dies auf das Individuum und die Gesellschaft? Zunächst wird der Begriff der Kultur und der Ideologie definiert, bevor der Zusammenhang mit Bildung hergestellt wird. Anschließend werden konkrete Beispiele und Theorien untersucht, um zu zeigen, wie Bildung als Mittel zur kulturellen und ideologischen Prägung wirkt.

Um das Verhältnis zwischen Bildung, Kultur und Ideologie zu verstehen, ist es zunächst notwendig, die Begriffe Kultur und Ideologie genauer zu definieren.

Kultur umfasst die Gesamtheit der materiellen und immateriellen Errungenschaften einer Gesellschaft, darunter Sprache, Kunst, Religion, Moral, Gesetze, Bräuche und Verhaltensweisen. Sie ist das Geflecht von Bedeutungen, Symbolen und Praktiken, durch die Menschen ihre Welt verstehen und gestalten. Kultur ist weder statisch noch homogen. Sie entwickelt sich über die Zeit hinweg und variiert je nach geographischem, historischem und sozialem Kontext. Der amerikanische Anthropologe Clifford Geertz beschrieb Kultur als ein „System von bedeutungsvollen Symbolen", durch das Menschen ihre Erfahrungen interpretieren und ihr Handeln orientieren.

Clifford Geertz, geboren am 23. August 1926 in San Francisco und verstorben am 30. Oktober 2006, war ein amerikanischer Anthropologe, dessen Arbeiten zur symbolischen und interpretativen Anthropologie die Fachrichtung tiefgreifend beeinflussten. Geertz promovierte an der Harvard University und lehrte lange Zeit an der Princeton University. Sein Ansatz, Kultur als ein System von Bedeutungen und Symbolen zu verstehen, das durch dichte Beschreibung erschlossen werden kann, revolutionierte die kulturelle Anthropologie. Geertz' bekanntestes Werk „The Interpretation of Cultures" (1973) führte zu einem Paradigmenwechsel weg von strukturalistischen und funktionalistischen Ansätzen hin zu einem mehr interpretativen Verständnis von Kultur. Sein Konzept der „dichten Beschreibung" ermöglichte tiefergehende Einblicke in die sozialen und kulturellen Kontexte menschlichen Handelns. Kritiker werfen Geertz jedoch vor, dass seine Methode zu subjektiv sein könnte, da sie stark von der Interpretation des Forschers abhängt. Zudem wurde diskutiert, inwieweit seine Arbeit die Machtstrukturen und materiellen Bedingungen innerhalb der untersuchten Kulturen ausreichend berücksichtigt. Trotz dieser Kritikpunkte bleibt Geertz einer der meistzitierten und einflussreichsten Anthropologen des 20. Jahrhunderts, dessen Werke weiterhin breit rezipiert und diskutiert werden.

Ideologie hingegen ist ein komplexeres Konzept, das sich auf die Gesamtheit der Überzeugungen und Werte bezieht, die eine bestimmte soziale Gruppe, Klasse oder Gesellschaftsordnung zusammenhalten. Sie kann als das „mentale Gefüge" einer Gesellschaft verstanden werden, das die Wahrnehmung und Interpretation sozialer Realitäten strukturiert. Eine Ideologie bietet eine spezifische Sicht auf die Welt und beeinflusst, wie Menschen soziale, ökonomische und politische Strukturen bewerten und gestalten. Der Philosoph Louis Althusser prägte den Begriff der „ideologischen Staatsapparate" und sah die Bildung als einen zentralen Mechanismus, durch den Ideologien in einer Gesellschaft aufrechterhalten werden.

Bildungssysteme tragen in erster Linie zur Weitergabe von Kultur bei, indem sie Schülerinnen und Schülern das kulturelle Erbe ihrer Gesellschaft vermitteln. Dies geschieht durch formale Bildung (Schulen, Universitäten) und informelle Lernumgebungen (Familie, Gemeinschaft, Medien). In einem strukturierten Lernprozess werden kulturelle Normen, Traditionen, Rituale und Symbole weitergegeben, die die Identität einer Gesellschaft ausmachen.

Lehrpläne sind eines der offensichtlichsten Mittel, durch die Kultur übermittelt wird. Ein nationaler Lehrplan spiegelt die Werte, Prioritäten und historischen Narrationen wider, die als zentral für das kollektive Gedächtnis einer Gesellschaft angesehen werden. Die Auswahl der Inhalte ist dabei nie neutral, sondern spiegelt kulturelle und politische Entscheidungen wider. Beispielsweise wird in europäischen Ländern wie Frankreich oder Deutschland großen Wert auf die Vermittlung von Aufklärungsidealen gelegt, wie etwa Rationalität, Menschenrechte und Demokratie. Diese Werte sind tief in die europäische Kultur eingebettet und werden durch den Bildungsprozess von Generation zu Generation weitergegeben.

Sprache spielt eine zentrale Rolle in der Vermittlung von Kultur. Sie ist nicht nur ein Kommunikationsmittel, sondern ein Träger von kulturellen Bedeutungen, die unsere Wahrnehmung und unser Weltbild prägen. Der kanadische Kommunikationswissenschaftler Marshall McLuhan betonte, dass „das Medium die Botschaft ist" und meinte damit, dass die Sprache, die wir verwenden, unsere Art zu denken beeinflusst. In Bildungssystemen wird durch die Verwendung einer bestimmten Sprache (meist der Nationalsprache) ein kultureller Rahmen gesetzt, innerhalb dessen Wissen vermittelt und verstanden wird.

In vielen postkolonialen Gesellschaften ist die Sprache ein kontroverses Thema, da Bildungssysteme oft in der Sprache der ehemaligen Kolonialmächte organisiert sind, was zu Spannungen zwischen der lokalen Kultur und der übernommenen, oft westlich geprägten Kultur führt. Der kenianische Schriftsteller Ngũgĩ wa Thiong'o hat in seinem Werk „Decolonizing the Mind" eindringlich beschrieben, wie die koloniale Bildungspolitik zur Entfremdung der Menschen von ihrer eigenen Kultur und Identität führte, indem sie die koloniale Sprache und Werte als überlegen darstellte.

Neben der Weitergabe von Kultur ist Bildung auch ein zentraler Mechanismus zur Vermittlung und Festigung von Ideologien. Diese ideologischen Botschaften können bewusst oder unbewusst in den Unterricht und die schulischen Strukturen integriert werden.

Wie bereits erwähnt, sah Louis Althusser die Schule als einen der wichtigsten ideologischen Staatsapparate. Bildungssysteme vermitteln nicht nur Faktenwissen, sondern auch implizite Botschaften über soziale Hierarchien, Machtverhältnisse und den Status quo. Durch die Institutionalisierung von Bildung in Form von Schulen und Universitäten wird ein Rahmen geschaffen, der bestimmte Verhaltensnormen und Denkweisen fördert.

In autoritären Regimen wird diese Funktion besonders deutlich. In totalitären Staaten wie dem faschistischen Italien unter Mussolini oder dem nationalsozialistischen Deutschland unter Hitler wurde das Bildungssystem aktiv genutzt, um die Ideologie des Regimes zu verbreiten und zu festigen. Lehrpläne, Schulbücher und Unterrichtsmethoden wurden so gestaltet, dass sie die Überlegenheit der herrschenden Ideologie propagierten und alternative Sichtweisen unterdrückten. Die Schulen dienten dazu, die junge Generation im Sinne der ideologischen Ziele des Staates zu formen und auf ihre Rolle in der Gesellschaft vorzubereiten.

Auch in demokratischen Gesellschaften ist Bildung nicht ideologiefrei. Während autoritäre Regime eine einheitliche Ideologie durchzusetzen versuchen, basieren demokratische Bildungssysteme oft auf pluralistischen Idealen, die Freiheit, Gleichheit und Gerechtigkeit betonen. Dennoch spiegeln auch sie die herrschenden gesellschaftlichen Machtstrukturen wider. So wird in vielen kapitalistischen Gesellschaften ein Wirtschaftssystem propagiert, das Wettbewerb, Eigenverantwortung und Marktorientierung in den Vordergrund stellt. Kritiker wie der Bildungsphilosoph Henry Giroux argumentieren, dass Bildung in westlichen Ländern oft dazu beiträgt, neoliberale Ideologien zu reproduzieren, indem sie den Fokus auf individuelle Leistung und Erfolg legt, während strukturelle Ungleichheiten ausgeblendet werden.

Ein weiteres Beispiel für die ideologische Funktion der Bildung in demokratischen Staaten ist die politische Bildung. Durch den Geschichts- und Sozialkundeunterricht wird eine bestimmte Interpretation der politischen Realität vermittelt, die nicht neutral ist. Die Auswahl der Themen und die Art und Weise, wie diese präsentiert werden, reflektieren bestimmte politische und gesellschaftliche Werte.

Ein weiterer Aspekt der Übermittlung von Kultur und Ideologie durch Bildung ist die soziale Reproduktion, also die Aufrechterhaltung und Weitergabe sozialer Strukturen von Generation zu Generation. Der französische Soziologe Pierre Bourdieu hat gezeigt, dass Bildungssysteme dazu beitragen, soziale Ungleichheiten zu reproduzieren, indem sie die kulturellen und sozialen Ressourcen bestimmter Gruppen als normativ darstellen und belohnen.

Bourdieu führte das Konzept des „kulturellen Kapitals" ein, um zu erklären, wie Bildung zur Reproduktion von Machtverhältnissen beiträgt. Kulturelles Kapital bezieht sich auf das Wissen, die Fähigkeiten und die kulturellen Kompetenzen, die in einer bestimmten Gesellschaft als wertvoll angesehen werden. Bildungssysteme bewerten und belohnen bestimmte Formen des kulturellen Kapitals, während andere ignoriert oder abgewertet werden. Dies führt dazu, dass Schülerinnen und Schüler aus privilegierten sozialen Schichten, die bereits über das geforderte kulturelle Kapital verfügen, im Bildungssystem erfolgreicher sind als diejenigen aus benachteiligten Gruppen.

In vielen modernen Gesellschaften wird Bildung als Weg zur sozialen Mobilität angesehen, der auf dem Prinzip der Meritokratie basiert. Das meritokratische Ideal besagt, dass jeder Mensch – unabhängig von seiner sozialen Herkunft – durch harte Arbeit und Talent Erfolg haben kann. Bildungssysteme sind so gestaltet, dass sie dieses Prinzip fördern. Doch Kritiker argumentieren, dass das Konzept der Meritokratie selbst eine ideologische Komponente hat, da es bestehende Ungleichheiten verschleiert und den Fokus auf individuelle Anstrengungen legt, während strukturelle Barrieren ignoriert werden.

Bildung ist weit mehr als die bloße Vermittlung von Wissen und Fähigkeiten. Sie ist ein mächtiges Werkzeug zur Übermittlung von Kultur und Ideologie. Durch formale und informelle Bildungsprozesse werden nicht nur kulturelle Werte und Traditionen weitergegeben, sondern auch gesellschaftliche Machtstrukturen und Ideologien reproduziert und legitimiert. Dabei ist es wichtig, den komplexen und oft verborgenen Einfluss von Bildung auf die kulturelle und ideologische Prägung von Individuen und Gesellschaften zu erkennen. Indem Bildung als Übermittler von Kultur und Ideologie verstanden wird, kann sie auch als ein potenzieller Raum für kritisches Denken und gesellschaftliche Veränderung gesehen werden. Die Reflexion über die Rolle von Bildung in der Gesellschaft eröffnet daher nicht nur eine tiefere Einsicht in die Funktionsweise sozialer Systeme, sondern auch die Möglichkeit, diese zu hinterfragen und zu transformieren.

Bildungssysteme und politische Sozialisation

Bildungssysteme sind mehr als nur Orte, an denen Wissen und Fähigkeiten vermittelt werden. Sie spielen eine zentrale Rolle bei der politischen Sozialisation, indem sie die Art und Weise beeinflussen, wie Individuen politische Werte, Überzeugungen und Verhaltensweisen entwickeln. Politische Sozialisation bezieht sich auf den Prozess, durch den Menschen lernen, sich in einem politischen System zurechtzufinden, sich darin zu engagieren und politische Identitäten zu formen. Dies geschieht sowohl durch formelle als auch informelle Bildung, wobei Schulen, Universitäten und andere Bildungseinrichtungen eine besonders wichtige Rolle spielen.

Dieser Text untersucht detailliert, wie Bildungssysteme zur politischen Sozialisation beitragen, indem sie Wissen über politische Systeme vermitteln, Werte wie Demokratie und Partizipation fördern und die politische Identität von Individuen prägen. Dabei wird auch auf theoretische Modelle und empirische Studien eingegangen, die diesen Prozess beleuchten, sowie auf unterschiedliche Bildungssysteme weltweit und deren jeweilige Auswirkungen auf die politische Sozialisation.

Was ist politische Sozialisation?

Politische Sozialisation bezeichnet den lebenslangen Prozess, durch den Menschen politische Überzeugungen, Werte und Verhaltensweisen entwickeln. Dieser Prozess beginnt oft in der Kindheit und wird durch eine Vielzahl von Faktoren beeinflusst, darunter Familie, Peer-

Groups, Medien und Bildungseinrichtungen. Bildungssysteme spielen eine besonders wichtige Rolle in diesem Prozess, da sie systematisch und strukturiert sind und direkten Einfluss auf junge Menschen in einer formbaren Phase ihres Lebens haben.

Die politische Sozialisation vermittelt sowohl explizites Wissen über politische Systeme – wie beispielsweise über politische Institutionen, Wahlen und Bürgerrechte – als auch implizite Werte, wie etwa das Verständnis von Gerechtigkeit, Gleichheit und der Rolle des Staates. Bildungssysteme sind daher zentrale Mechanismen, durch die politische Systeme stabilisiert und in die nächste Generation übertragen werden.

Bildungssysteme unterscheiden sich von Land zu Land erheblich in ihren Strukturen, Inhalten und Zielen. Sie alle tragen jedoch in irgendeiner Form zur politischen Sozialisation bei. In demokratischen Gesellschaften zielt das Bildungssystem oft darauf ab, Bürger zu schaffen, die informiert, engagiert und in der Lage sind, aktiv am politischen Leben teilzunehmen. In autoritären Systemen hingegen kann das Bildungssystem darauf abzielen, Konformität und Gehorsam gegenüber dem politischen System zu fördern.

Ein zentrales Element der politischen Sozialisation durch Bildungssysteme ist der Lehrplan. In vielen Ländern ist politische Bildung oder Sozialkunde ein fester Bestandteil des Curriculums. Hier lernen Schülerinnen und Schüler über politische Institutionen, die Funktionsweise von Demokratien, die Bedeutung von Wahlen und politischen Parteien sowie die Rechte und Pflichten von Bürgern.

In demokratischen Gesellschaften sind Lehrpläne in der Regel so gestaltet, dass sie ein Verständnis für demokratische Werte wie Meinungsfreiheit, Gleichheit und Menschenrechte fördern. In Deutschland beispielsweise wird durch den Sozialkundeunterricht das Konzept des „mündigen Bürgers" betont, der in der Lage ist, kritisch zu denken, politische Entscheidungen zu hinterfragen und aktiv an demokratischen Prozessen teilzunehmen. Dies steht im Einklang mit der Grundidee der Aufklärung und der Bürgerbeteiligung, die westliche Demokratien prägt.

In autoritären oder totalitären Systemen hingegen kann der Lehrplan genutzt werden, um die Ideologie des Staates zu fördern und alternative politische Sichtweisen zu unterdrücken. In Nordkorea beispielsweise wird die politische Bildung dazu genutzt, Loyalität gegenüber der herrschenden Elite zu fördern und eine einheitliche politische Ideologie zu propagieren. Kritisches Denken oder das Infragestellen des Systems wird in solchen Kontexten unterdrückt.

Neben den Inhalten der Lehrpläne spielen auch die strukturellen und organisatorischen Merkmale von Schulen eine Rolle bei der politischen Sozialisation. Die Art und Weise, wie Schulen organisiert sind, wie Regeln durchgesetzt werden und wie Partizipation gefördert oder eingeschränkt wird, hat einen direkten Einfluss auf die politische Sozialisation von Schülerinnen und Schülern.

Schulen sind oft hierarchisch organisierte Institutionen, in denen Autorität und Machtverhältnisse sichtbar sind. Lehrkräfte und Schulleitungen nehmen eine autoritäre Rolle ein, während Schülerinnen und Schüler oft wenig Mitspracherechte bei der Gestaltung des Schulalltags haben. Diese hierarchische Struktur kann zu einer Form der politischen Sozialisation führen, die eher Gehorsam und Anpassung als Partizipation und Eigenverantwortung fördert.

In einigen Bildungssystemen, insbesondere in demokratischen Gesellschaften, gibt es jedoch Bestrebungen, Schülerinnen und Schüler stärker in Entscheidungsprozesse einzubeziehen, etwa durch Schülervertretungen oder demokratische Entscheidungsprozesse innerhalb der Schule. Solche Ansätze fördern eine aktive politische Sozialisation, die darauf abzielt, junge Menschen auf ihre Rolle als engagierte Bürger vorzubereiten.

Lehrkräfte sind wichtige Akteure in der politischen Sozialisation, da sie nicht nur den Lehrplan vermitteln, sondern auch als Vorbilder und politische Sozialisationsagenten fungieren. Ihre eigenen politischen Überzeugungen und Werte können das politische Lernen ihrer Schülerinnen und Schüler beeinflussen. Es ist gut dokumentiert, dass Lehrkräfte oft bewusst oder unbewusst ihre politischen Einstellungen in den Unterricht einfließen lassen.

In demokratischen Gesellschaften ist es das Ziel, eine neutrale Vermittlung politischer Inhalte zu gewährleisten, um den Schülerinnen und Schülern Raum für eigene Meinungsbildung zu geben. Dies wird jedoch nicht immer erreicht, und es gibt Debatten darüber, inwieweit Lehrkräfte ihre politischen Ansichten im Unterricht präsentieren sollten. Einige Kritiker argumentieren, dass Lehrkräfte nicht vollständig neutral sein können und dass es besser sei, wenn sie ihre politischen Überzeugungen offenlegen und diese als Diskussionsgrundlage nutzen, anstatt eine scheinbare Neutralität zu wahren, die die politische Sozialisation subtil beeinflusst.

Die Art und Weise, wie Bildungssysteme zur politischen Sozialisation beitragen, variiert stark zwischen unterschiedlichen Ländern und politischen Systemen. Im Folgenden werden einige Beispiele aus verschiedenen Ländern betrachtet, um die unterschiedlichen Ansätze zur politischen Sozialisation in Bildungssystemen zu beleuchten.

Deutschland

In Deutschland ist politische Bildung ein fester Bestandteil des Schulsystems und zielt darauf ab, kritische und informierte Bürger hervorzubringen. Die Sozialkunde ist ein Pflichtfach in weiterführenden Schulen, und die Lehrpläne betonen die Bedeutung von Demokratie, Menschenrechten und politischer Partizipation. Seit dem Ende des

Zweiten Weltkriegs und der nationalsozialistischen Diktatur hat Deutschland eine besondere Verantwortung, die demokratische Bildung zu fördern, um autoritäre Tendenzen zu verhindern.

In deutschen Schulen gibt es auch Bemühungen, Schülerinnen und Schüler aktiv in die Gestaltung des Schulalltags einzubeziehen, etwa durch Schülervertretungen und Mitbestimmungsgremien. Dies fördert eine Form der politischen Sozialisation, die auf Partizipation und demokratische Entscheidungsfindung abzielt.

Frankreich

Das französische Bildungssystem ist stark von der republikanischen Idee der „Laizität" geprägt, die die Trennung von Kirche und Staat sowie die Neutralität des Staates in religiösen Angelegenheiten betont. Diese Prinzipien finden sich auch in der politischen Sozialisation, die in französischen Schulen vermittelt wird. Die politische Bildung zielt darauf ab, Bürger hervorzubringen, die sich den Werten der Republik – Freiheit, Gleichheit, Brüderlichkeit – verpflichtet fühlen und die Rolle des säkularen Staates respektieren.

Politische Bildung in Frankreich konzentriert sich daher stark auf das Verständnis der republikanischen Werte und der Funktionsweise des politischen Systems. Zugleich gibt es jedoch immer wieder Debatten darüber, inwieweit diese Form der politischen Sozialisation kulturelle und religiöse Unterschiede ausreichend berücksichtigt und ob sie tatsächlich zu einer inklusiven politischen Kultur führt.

China

In autoritären Systemen wie China spielt Bildung eine zentrale Rolle bei der politischen Sozialisation, indem sie die ideologischen Prinzipien der herrschenden Partei – in diesem Fall der Kommunistischen Partei Chinas – vermittelt. Der Lehrplan ist darauf ausgerichtet, Loyalität gegenüber dem Staat und der Partei zu fördern und alternative politische Überzeugungen zu unterdrücken. Politische Bildung wird genutzt, um die Einhaltung der sozialistischen Ideologie zu sichern und die Rolle der Partei im politischen System zu legitimieren.

Die politische Sozialisation in China ist stark auf Konformität und Gehorsam ausgerichtet. Kritisches Denken und die Hinterfragung des politischen Systems werden nicht gefördert, und politische Bildung dient in erster Linie der Stabilisierung des bestehenden Regimes. Dies steht in starkem Kontrast zu demokratischen Systemen, in denen politische Bildung oft dazu dient, kritische und engagierte Bürger zu fördern.

Empirische Studien haben gezeigt, dass Bildung einen signifikanten Einfluss auf die politische Sozialisation und die spätere politische Beteiligung hat. Menschen mit höherem Bildungsniveau neigen eher dazu, sich politisch zu engagieren, sei es durch Wählen, das Teilnehmen an politischen Diskussionen oder das Engagement in zivilgesellschaftlichen Organisationen. Dies ist zum Teil darauf zurückzuführen, dass Bildung politisches Wissen vermittelt, aber auch darauf, dass Bildung das Vertrauen in die eigenen politischen Fähigkeiten stärkt – ein Konzept, das in der Politikwissenschaft als „politische Selbstwirksamkeit" bezeichnet wird.

Eine Studie des Pew Research Centers aus den USA ergab beispielsweise, dass Menschen mit Hochschulbildung deutlich häufiger an Wahlen teilnehmen und sich in politischen Diskussionen engagieren als solche ohne Hochschulabschluss. Diese Ergebnisse zeigen, dass Bildung nicht nur das politische Wissen, sondern auch die politische Beteiligung fördert.

Bildungssysteme spielen eine zentrale Rolle in der politischen Sozialisation, indem sie Wissen über politische Systeme vermitteln, Werte wie Demokratie und Partizipation fördern und die politische Identität von Individuen prägen. Die Art und Weise, wie Bildung zur politischen Sozialisation beiträgt, hängt jedoch stark vom jeweiligen politischen und kulturellen Kontext ab. In demokratischen Systemen zielt Bildung oft darauf ab, kritische und aktive Bürger hervorzubringen, während in autoritären Systemen Bildung dazu genutzt wird, Gehorsam und Konformität zu fördern.

Indem Bildung als Träger politischer Sozialisation verstanden wird, können wir die Mechanismen besser erkennen, durch die politische Systeme stabilisiert oder verändert werden. Bildung ist somit nicht nur ein Mittel des Wissenserwerbs, sondern auch ein zentraler Bestandteil der politischen Kultur einer Gesellschaft.

Bildung und wirtschaftliche Ideologien

Bildung ist eine der wichtigsten Institutionen moderner Gesellschaften, nicht nur weil sie Wissen und Fähigkeiten vermittelt, sondern auch, weil sie Werte, Normen und Ideologien weitergibt. Ein wesentlicher Aspekt dabei ist die Verbreitung wirtschaftlicher Ideologien durch Bildung. In den Bildungssystemen vieler Länder wird das Verständnis von Wirtschaft, Märkten und Arbeit in einer bestimmten ideologischen Perspektive geformt, die häufig tief in den herrschenden ökonomischen Strukturen und Interessen verankert ist.

Wirtschaftliche Ideologien prägen unser Verständnis von grundlegenden ökonomischen Konzepten wie Eigentum, Arbeit, Märkten, Staatseingriffen und Verteilungsgerechtigkeit. Diese Ideologien werden nicht nur durch expliziten Unterricht in Wirtschaftswissenschaften vermittelt, sondern durch eine Vielzahl subtiler Mechanismen, die in Lehrplänen, Schulbüchern, institutionellen Strukturen und den Einstellungen von Lehrkräften verankert sind. Bildung ist daher ein zentrales Werkzeug, durch das wirtschaftliche Ideologien verbreitet, hinterfragt oder gefestigt werden.

In diesem Absatz wird untersucht, wie Bildungssysteme wirtschaftliche Ideologien vermitteln und welche Auswirkungen dies auf das Verständnis und die Haltung von Individuen und Gesellschaften gegenüber wirtschaftlichen Fragen hat. Dabei wird auf die Hauptströmungen wirtschaftlicher Ideologien – wie Kapitalismus, Sozialismus und Neoliberalismus – eingegangen und analysiert, wie sie in den Bildungssystemen unterschiedlicher Länder und historischer Kontexte präsent sind.

Bildung hat einen doppelten Auftrag: Einerseits vermittelt sie grundlegende Fähigkeiten wie Lesen, Schreiben und Rechnen, die notwendig sind, um in der Arbeitswelt und der Gesellschaft erfolgreich zu sein. Andererseits formt sie das Verständnis der Lernenden über die Welt, in der sie leben, und über die Funktionsweise der wirtschaftlichen Systeme, die diese Welt prägen. Ökonomische Inhalte werden sowohl explizit – etwa durch Unterricht in Wirtschaft, Sozialwissenschaften oder Politik – als auch implizit durch die Struktur und Organisation des Bildungssystems vermittelt.

Lehrpläne spielen eine entscheidende Rolle bei der Verbreitung wirtschaftlicher Ideologien. Sie legen fest, welche Themen behandelt werden und welche ökonomischen Konzepte und Theorien Schülerinnen und Schülern vermittelt werden. In vielen Bildungssystemen liegt der Fokus auf marktorientierten Theorien und Konzepten, die den Kapitalismus als das natürliche und einzige erfolgreiche Wirtschaftsmodell darstellen. Dies ist besonders in westlichen Ländern der Fall, wo wirtschaftlicher Erfolg oft mit marktwirtschaftlichen Prinzipien wie Wettbewerb, Eigentum und individueller Verantwortung verknüpft wird.

Der österreichische Wirtschaftswissenschaftler Friedrich August von Hayek betonte in seinen Schriften, dass die Bildung eine entscheidende Rolle dabei spielt, den Geist junger Menschen für den freien Markt zu formen. Ein ähnliches Argument findet sich bei den Verfechtern des Neoliberalismus, die glauben, dass Bildungssysteme dazu beitragen sollten, die Prinzipien von Wettbewerb und Effizienz zu fördern.

Schulbücher sind ein weiteres wichtiges Mittel, durch das wirtschaftliche Ideologien vermittelt werden. Studien haben gezeigt, dass Schulbücher oft ein verzerrtes Bild der Wirtschaft vermitteln, das marktwirtschaftliche Prinzipien als selbstverständlich und universell darstellt, während alternative Modelle wie Sozialismus oder Planwirtschaft entweder nur am Rande erwähnt oder als gescheitert dargestellt werden. Diese Darstellung kann dazu führen, dass Schülerinnen und Schüler eine unkritische Haltung gegenüber dem bestehenden wirtschaftlichen System entwickeln und wenig Raum für alternative wirtschaftliche Vorstellungen bleibt.

Beispielsweise wird in vielen Schulbüchern der Kapitalismus als das Wirtschaftssystem dargestellt, das Wohlstand und Fortschritt schafft, während Sozialismus und Kommunismus als ineffizient und repressiv beschrieben werden. Dies reflektiert die hegemoniale Stellung marktwirtschaftlicher Ideologien in vielen westlichen Bildungssystemen, die oft die komplexen und ambivalenten Seiten verschiedener Wirtschaftsmodelle ausblenden.

Lehrkräfte sind nicht nur Übermittler von Lehrplaninhalten, sondern auch Akteure, die durch ihre eigene ideologische Haltung die wirtschaftliche Sozialisation ihrer Schülerinnen und Schüler beeinflussen. Lehrkräfte vermitteln nicht nur explizites Wissen über wirtschaftliche Systeme, sondern sie prägen auch die Art und Weise, wie ökonomische Themen diskutiert und verstanden werden.

In vielen Ländern wird von Lehrkräften erwartet, eine neutrale Haltung gegenüber ökonomischen und politischen Fragen einzunehmen, doch die Realität ist oft komplexer. Lehrkräfte bringen ihre eigenen Überzeugungen und Weltanschauungen in den Unterricht ein, was den Lernprozess ihrer Schülerinnen und Schüler beeinflussen kann. In

Systemen, in denen der Kapitalismus als selbstverständlich betrachtet wird, werden Lehrkräfte, die alternative Wirtschaftsmodelle unterstützen, möglicherweise als „abweichend" oder „politisch" angesehen.

Je nach politischem und ökonomischem System eines Landes werden unterschiedliche wirtschaftliche Ideologien durch das Bildungssystem gefördert. Im Folgenden werden drei der bedeutendsten wirtschaftlichen Ideologien – Kapitalismus, Sozialismus und Neoliberalismus – näher beleuchtet und analysiert, wie sie durch Bildungssysteme vermittelt werden.

Kapitalismus ist die dominierende wirtschaftliche Ideologie in den meisten westlichen Ländern, und Bildungssysteme spielen eine zentrale Rolle bei der Reproduktion kapitalistischer Werte und Überzeugungen. In kapitalistischen Bildungssystemen wird das Individuum oft als ökonomischer Akteur betrachtet, der sich in einem Wettbewerb um knappe Ressourcen befindet. Dies wird durch die Betonung von Leistung, Wettbewerb und Eigenverantwortung im Unterricht verstärkt.

Schülerinnen und Schüler werden darauf vorbereitet, in einer kapitalistischen Arbeitswelt zu bestehen, indem sie lernen, wie Märkte funktionieren, wie Unternehmen Gewinne maximieren und welche Rolle der Staat in einer marktwirtschaftlichen Ordnung spielt. Der Fokus liegt dabei oft auf wirtschaftlichem Wachstum und individuellem Erfolg, während Fragen der sozialen Gerechtigkeit oder der Verteilung von Wohlstand weniger Beachtung finden.

Beispiele für die Reproduktion kapitalistischer Ideologien finden sich auch in der Art und Weise, wie Schulen organisiert sind. Die Struktur des Bildungssystems spiegelt oft den Wettbewerb wider, der auch in der Arbeitswelt vorherrscht: Schülerinnen und Schüler konkurrieren um Noten, Schulabschlüsse und spätere Berufschancen. Diese Form der Konkurrenz wird als natürliche und notwendige Bedingung des Lebens in einer marktwirtschaftlichen Gesellschaft dargestellt.

Im Gegensatz zum Kapitalismus legt der Sozialismus Wert auf Kollektivität, Gleichheit und die gemeinschaftliche Kontrolle der Produktionsmittel. In sozialistischen Bildungssystemen wird der Fokus stärker auf kollektive Verantwortung und soziale Gerechtigkeit gelegt, anstatt auf individuelle Leistung und Wettbewerb. Sozialistische Bildungssysteme betonen oft die Rolle des Staates und der Gemeinschaft bei der Gestaltung der Wirtschaft und der Gesellschaft.

Ein historisches Beispiel für sozialistische Bildung ist das Bildungssystem der ehemaligen Sowjetunion. Hier spielte Bildung eine entscheidende Rolle bei der Verbreitung sozialistischer Ideologie. Schulbücher, Lehrpläne und Lehrkräfte förderten die Prinzipien des Marxismus-Leninismus und stellten den Kapitalismus als unterdrückerisches und ausbeuterisches System dar. Die Bildung sollte nicht nur Wissen vermitteln, sondern auch die „neue sozialistische Persönlichkeit" formen, die bereit ist, sich für das Gemeinwohl einzusetzen.

In modernen sozialistischen Staaten, wie beispielsweise Kuba, spielt Bildung weiterhin eine wichtige Rolle bei der Verbreitung sozialistischer Ideale. Der Schwerpunkt liegt auf der Förderung von Solidarität und sozialer Gerechtigkeit sowie auf der gemeinsamen Verantwortung für das wirtschaftliche Wohl des Landes.

Der Neoliberalismus ist eine wirtschaftliche Ideologie, die seit den 1980er Jahren in vielen westlichen Ländern vorherrschend ist und auf eine Minimierung staatlicher Eingriffe und eine Maximierung von Marktmechanismen abzielt. In Bildungssystemen spiegelt sich der Neoliberalismus in der Betonung von Wettbewerb, Effizienz und individueller Verantwortung wider.

Neoliberale Reformen in der Bildung haben zur Einführung von Marktprinzipien in den öffentlichen Bildungssektor geführt. In vielen

Ländern wurde die Schulwahl liberalisiert, private Bildungseinrichtungen gefördert und das Bildungswesen zunehmend nach marktwirtschaftlichen Kriterien organisiert. Bildung wird dabei oft als Investition in das „Humankapital" betrachtet, wobei der individuelle Erfolg auf dem Bildungsmarkt eng mit dem wirtschaftlichen Erfolg verknüpft ist.

Kritiker des neoliberalen Bildungssystems argumentieren, dass dieser Ansatz zu einer Verschärfung sozialer Ungleichheiten führt, da der Zugang zu hochwertiger Bildung zunehmend von der finanziellen Situation der Eltern abhängt. Zudem wird der Zweck der Bildung auf wirtschaftliche Verwertbarkeit reduziert, während ihre soziale und kulturelle Funktion in den Hintergrund tritt.

Trotz der dominanten Rolle bestimmter wirtschaftlicher Ideologien in vielen Bildungssystemen gibt es auch Ansätze, die Bildung als Raum für die Vermittlung alternativer ökonomischer Vorstellungen nutzen. Progressive Pädagogikansätze, die auf die Ideen von Philosophen wie Paulo Freire oder John Dewey zurückgehen, betonen die Bedeutung von Bildung als Werkzeug zur Befreiung und zur Schaffung eines kritischen Bewusstseins.

In solchen Ansätzen wird die Bildung als ein Raum betrachtet, in dem Schülerinnen und Schüler lernen, wirtschaftliche Ideologien kritisch zu hinterfragen und alternative Wirtschaftssysteme zu erforschen. Beispielsweise könnte ein kritischer Unterricht in Wirtschaft nicht nur den Kapitalismus, sondern auch Sozialismus, Genossenschaftsmodelle, Gemeinwohlökonomie und andere alternative Wirtschaftsformen umfassen. Solche Ansätze bieten die Möglichkeit, ökonomische Ungleichheiten und Machtverhältnisse sichtbar zu machen und eine politische und wirtschaftliche Alphabetisierung zu fördern, die über die Mainstream-Ideologien hinausgeht.

Bildungssysteme sind nicht neutral, wenn es um die Vermittlung wirtschaftlicher Ideologien geht. Sie spielen eine zentrale Rolle bei der Reproduktion, Legitimation und Verbreitung ökonomischer Überzeugungen, die tief in den herrschenden politischen und wirtschaftlichen Strukturen verankert sind. Dabei können Bildungssysteme sowohl kapitalistische als auch sozialistische oder neoliberale Werte vermitteln, je nach der politischen und wirtschaftlichen Ausrichtung des jeweiligen Landes.

Die Art und Weise, wie wirtschaftliche Ideologien durch Bildung vermittelt werden, hat einen erheblichen Einfluss auf die politischen und wirtschaftlichen Einstellungen von Individuen und Gesellschaften. In einer Welt, in der wirtschaftliche Ungleichheiten und soziale Spannungen zunehmen, ist es wichtiger denn je, die Rolle der Bildung bei der Verbreitung wirtschaftlicher Ideologien kritisch zu hinterfragen und alternative ökonomische Vorstellungen in den Bildungsdiskurs einzubringen. Bildung hat das Potenzial, nicht nur wirtschaftliche Systeme zu legitimieren, sondern auch Räume für kritisches Denken und gesellschaftlichen Wandel zu schaffen.

Bildung, Globalisierung und ideologischer Wandel

Die Welt hat sich im Zuge der Globalisierung tiefgreifend verändert. Die zunehmende wirtschaftliche, politische und kulturelle Vernetzung hat nicht nur Auswirkungen auf die Art und Weise, wie Länder und Menschen miteinander interagieren, sondern auch auf die Bildungssysteme weltweit. Bildung ist in dieser globalisierten Welt zu einem entscheidenden Faktor für die individuelle und gesellschaftliche Entwicklung geworden. Durch Bildungssysteme werden nicht nur Wissen und Fähigkeiten vermittelt, sondern auch Ideologien und Weltanschauungen geprägt. Mit der Globalisierung haben sich diese Ideologien erheblich gewandelt, und Bildung spielt eine Schlüsselrolle in diesem Prozess.

Dieser Text untersucht die Verbindungen zwischen Bildung, Globalisierung und ideologischem Wandel und zeigt, wie Bildungssysteme weltweit von den Kräften der Globalisierung beeinflusst wurden. Dabei wird der Fokus auf die Art und Weise gelegt, wie Globalisierung neue Ideologien hervorgebracht hat, die durch Bildung vermittelt werden, sowie auf die Herausforderung, diese Veränderungen in einer zunehmend vernetzten Welt zu bewältigen. Der Text beleuchtet zudem die Auswirkungen der Globalisierung auf den Bildungssektor, das Aufeinandertreffen von lokalen und globalen Ideologien und die Rolle der Bildung in der Aushandlung dieses Spannungsfelds.

Die Globalisierung hat das 21. Jahrhundert in vielen Bereichen geprägt, und Bildung bildet hierbei keine Ausnahme. Bildung ist ein Instrument, durch das Individuen und Gesellschaften in der Lage sind, sich in der globalisierten Welt zu orientieren und erfolgreich zu agieren. Gleichzeitig wirkt Globalisierung auf die Bildungssysteme ein, indem sie neue Anforderungen, Ideologien und Herausforderungen mit sich bringt.

Bildungssysteme weltweit haben sich im Zuge der Globalisierung stark verändert. Zum einen gibt es einen zunehmenden Austausch von Ideen, Konzepten und Modellen zwischen verschiedenen Bildungssystemen. Diese Transnationalität von Bildungsideen zeigt sich etwa in der Verbreitung von Bildungsreformen, die sich an internationalen Vorbildern orientieren, wie dem angelsächsischen Hochschulmodell oder den Standards der Organisation für wirtschaftliche Zusammenarbeit und Entwicklung (OECD). In vielen Ländern wurden Bildungssysteme internationalisiert, etwa durch die Einführung von Standardtests wie dem PISA-Test, die den Erfolg von Bildungssystemen in einem globalen Kontext messen.

Zum anderen hat die Globalisierung zu einer erhöhten Mobilität von Studierenden und Fachkräften geführt. Menschen haben heute mehr denn je die Möglichkeit, ihre Ausbildung in einem anderen Land zu absolvieren und sich in globalen Arbeitsmärkten zu positionieren. Dies führt zu einer stärkeren Harmonisierung von Bildungssystemen, da internationale Abschlüsse und Qualifikationen zunehmend anerkannt werden. Diese Vereinheitlichung bringt jedoch auch Herausforderungen mit sich, da nationale Bildungssysteme unter Druck geraten, globale Standards zu erfüllen, ohne ihre lokalen Besonderheiten zu verlieren.

Bildung ist nicht nur ein Instrument, um auf die Anforderungen der globalisierten Welt vorbereitet zu werden, sondern auch ein Mittel, durch das globale Ideologien vermittelt werden. In einer globalisierten Welt wird die Vorstellung, dass Bildung primär nationalstaatlich organisiert und verortet ist, zunehmend infrage gestellt. Stattdessen tritt eine Vorstellung von Bildung als globales Gemeingut in den Vordergrund, die auf universelle Werte wie Menschenrechte, Nachhaltigkeit und internationale Zusammenarbeit abzielt.

Globale Institutionen wie die Vereinten Nationen, die Weltbank oder die OECD haben einen enormen Einfluss auf die Gestaltung von Bildungssystemen weltweit. Sie setzen Standards und fördern Bildungsprogramme, die globale Ideologien wie Neoliberalismus, Wettbewerbsorientierung und Marktlogik in den Vordergrund stellen. So wird beispielsweise durch internationale Bildungsprogramme wie die „Education for All"-Initiative oder die „Sustainable Development Goals" der Vereinten Nationen eine ideologische Vorstellung von Bildung als Mittel zur Schaffung einer globalen Wissensgesellschaft propagiert.

Die Globalisierung hat zu einem tiefgreifenden ideologischen Wandel geführt, der sich in vielen Bereichen des Lebens – einschließlich der Bildung – manifestiert. Es sind vor allem drei Hauptströmungen, die diesen Wandel kennzeichnen: der Neoliberalismus, die Wissensgesellschaft und der kosmopolitische Humanismus. Diese Ideologien haben nicht nur die Art und Weise verändert, wie Bildung vermittelt wird, sondern auch, welche Ziele Bildung verfolgt und wie sie in globalen und lokalen Kontexten verstanden wird.

Der Neoliberalismus ist eine der prägendsten wirtschaftlichen und politischen Ideologien, die die Globalisierung vorangetrieben haben. Er basiert auf den Prinzipien des freien Marktes, des Wettbewerbs und der Deregulierung und sieht den Staat primär in einer unterstützenden Rolle, die die Voraussetzungen für freie Märkte schafft, aber nicht direkt eingreift. Diese Ideologie hat auch das Bildungssystem in vielen Ländern stark beeinflusst.

Im Zuge neoliberaler Bildungsreformen wurden Bildungseinrichtungen zunehmend marktwirtschaftlichen Prinzipien unterworfen. Dies zeigt sich in der Einführung von Bildungswettbewerben, der Privatisierung von Bildungseinrichtungen und der Förderung von Effizienz und Leistungsmessung. Bildung wird in einem neoliberalen Kontext häufig als Investition in das Humankapital betrachtet, die vor allem darauf abzielt, die Wettbewerbsfähigkeit von Individuen und Nationen in einer globalisierten Wirtschaft zu erhöhen.

Diese neoliberale Logik hat sich in vielen Ländern in der Form von Bildungsreformen manifestiert, die auf Wettbewerb und Leistung abzielen. Ein Beispiel hierfür ist die Einführung von Standardtests wie dem PISA-Test, der nicht nur den Lernerfolg der Schülerinnen und Schüler misst, sondern auch die Leistung von Bildungssystemen im internationalen Vergleich bewertet. Solche Tests fördern eine marktorientierte Vorstellung von Bildung, die den Wert von Bildung in wirtschaftlichen Begriffen wie „Rendite" und „Effizienz" ausdrückt.

Eine weitere wichtige ideologische Strömung, die durch die Globalisierung gefördert wurde, ist die Idee der Wissensgesellschaft. In der

Wissensgesellschaft wird Wissen als der entscheidende Produktionsfaktor und die zentrale Ressource einer modernen Wirtschaft betrachtet. Bildung spielt in diesem Modell eine Schlüsselrolle, da sie die notwendige Grundlage für die Produktion und Verwertung von Wissen schafft.

Die Idee der Wissensgesellschaft hat weitreichende Auswirkungen auf Bildungssysteme weltweit. Sie führt dazu, dass Bildungseinrichtungen verstärkt auf die Vermittlung von Fähigkeiten und Kompetenzen ausgerichtet werden, die in einer globalisierten, wissensbasierten Wirtschaft gefragt sind. Dies zeigt sich in der zunehmenden Betonung von „Skills" wie Problemlösung, Kreativität, technologischem Know-how und lebenslangem Lernen.

Bildungssysteme, die auf die Wissensgesellschaft ausgerichtet sind, stellen daher weniger traditionelle Bildungsideale wie Gelehrsamkeit und allgemeine Bildung in den Vordergrund. Stattdessen betonen sie die „Verwertbarkeit" von Bildung, also die Frage, wie gut sich die erlernten Fähigkeiten und Kenntnisse auf dem Arbeitsmarkt umsetzen lassen. Dies führt zu einer zunehmenden Kommerzialisierung von Bildung, bei der Hochschulen und Schulen unter Druck geraten, ihre Angebote an den Anforderungen der globalen Wirtschaft auszurichten.

Neben den marktorientierten Ideologien hat die Globalisierung auch eine Ideologie des kosmopolitischen Humanismus hervorgebracht, die Bildung als ein universelles Menschenrecht und globales Gemeingut betrachtet. Diese Ideologie betont die Bedeutung von Bildung für die Förderung von Gerechtigkeit, Frieden und nachhaltiger Entwicklung auf globaler Ebene.

Bildung wird in diesem Zusammenhang als Mittel zur Schaffung einer globalen Zivilgesellschaft betrachtet, die auf den Prinzipien der Menschenrechte, der globalen Gerechtigkeit und der ökologischen Nachhaltigkeit beruht. Diese Vorstellung von Bildung als globales Gemeingut zeigt sich in internationalen Bildungsinitiativen wie den „Sustainable Development Goals" (SDGs) der Vereinten Nationen, die das Ziel verfolgen, bis 2030 allen Menschen weltweit Zugang zu hochwertiger Bildung zu verschaffen.

Die Idee des kosmopolitischen Humanismus fordert Bildungssysteme heraus, sich stärker mit globalen Fragen auseinanderzusetzen und Schülerinnen und Schüler auf die Herausforderungen einer globalisierten Welt vorzubereiten. Dies erfordert nicht nur die Vermittlung von Wissen und Fähigkeiten, sondern auch die Förderung von globaler Verantwortung und interkulturellem Verständnis.

Bildungssysteme sind nicht nur Instrumente der ideologischen Sozialisation, sondern auch Arenen, in denen unterschiedliche Ideologien aufeinanderprallen und miteinander in Wettbewerb treten. Mit der Globalisierung hat dieser ideologische Wettbewerb an Intensität zugenommen, da lokale und nationale Bildungssysteme zunehmend den globalen Kräften und Ideologien ausgesetzt sind.

Eines der größten Spannungsfelder, das sich im Zuge der Globalisierung auf Bildungssysteme auswirkt, ist der Konflikt zwischen lokalen und globalen Ideologien. Während globale Institutionen wie die Weltbank, die OECD oder die Vereinten Nationen verstärkt globale Bildungsstandards und -initiativen propagieren, die auf universellen Werten wie Menschenrechten und Wettbewerbsfähigkeit basieren, stehen nationale Bildungssysteme häufig unter dem Druck, ihre eigenen kulturellen und ideologischen Traditionen zu bewahren.

In vielen Ländern, insbesondere im Globalen Süden, gibt es Widerstand gegen die Dominanz globaler Bildungsstandards, die oft als „westlich" oder „neokolonial" wahrgenommen werden. In diesen Kontexten wird Bildung nicht nur als Mittel zur Vorbereitung auf den globalen Arbeitsmarkt betrachtet, sondern auch als ein Ort der kulturellen Identitätsbildung und der Bewahrung lokaler Werte und Traditionen.

Ein Beispiel hierfür ist der Bildungssektor in Indien, wo traditionelle Bildungsideen, die auf den Lehren von Mahatma Gandhi und Rabindranath Tagore basieren, zunehmend mit globalen Bildungsreformen in Konflikt geraten, die auf Wettbewerb und Leistung abzielen. Dieser Konflikt zeigt sich auch in der zunehmenden Kommerzialisierung des Bildungssektors, die von vielen als Bedrohung für die kulturelle und soziale Rolle von Bildung in Indien betrachtet wird.

Bildung ist jedoch nicht nur eine Arena für den ideologischen Wettbewerb, sondern auch ein Raum für Widerstand und Transformation. Bildungssysteme bieten die Möglichkeit, dominante Ideologien zu hinterfragen und alternative Vorstellungen von Wirtschaft, Gesellschaft und Politik zu entwickeln.

Kritische Pädagogik, ein Ansatz, der von Pädagogen wie Paulo Freire inspiriert wurde, sieht Bildung als ein Mittel zur Befreiung und zur Schaffung von kritischem Bewusstsein. Freire argumentierte, dass Bildung nicht nur der Anpassung an bestehende Machtstrukturen dienen sollte, sondern auch als Werkzeug zur Veränderung dieser Strukturen eingesetzt werden kann. In einer globalisierten Welt eröffnet dieser Ansatz neue Möglichkeiten, um alternative ökonomische, politische und soziale Vorstellungen zu entwickeln, die über die dominanten neoliberalen und marktorientierten Ideologien hinausgehen.

Die Globalisierung hat das Verhältnis zwischen Bildung und Ideologie tiefgreifend verändert. Bildungssysteme weltweit sind zu zentralen Arenen für die Verbreitung globaler Ideologien geworden, die sich auf den Markt, die Wissensgesellschaft und universelle Menschenrechte stützen. Gleichzeitig stehen Bildungssysteme unter dem Druck, lokale Werte und kulturelle Traditionen zu bewahren, was zu einem Spannungsfeld zwischen globalen und lokalen Ideologien führt.

In diesem Spannungsfeld spielen Bildungssysteme eine doppelte Rolle: Sie sind sowohl Instrumente der ideologischen Sozialisation als auch Räume für Widerstand und Transformation. In einer globalisierten Welt, in der der Wettbewerb um ökonomische und kulturelle Hegemonie intensiver wird, wird Bildung zu einem entscheidenden Faktor für die Art und Weise, wie Individuen und Gesellschaften ihre Rolle in der globalen Gemeinschaft verstehen und gestalten.

13. RECHTSSTAATLICHKEIT UND DEMOKRATIE

Rechtsstaatlichkeit und Demokratie sind zentrale Konzepte in der Gestaltung moderner politischer Systeme. Sie bilden die Grundlage für die Entwicklung und Aufrechterhaltung von Gesellschaften, die auf Prinzipien der Gerechtigkeit, Gleichheit und Bürgerfreiheiten basieren. Im Folgenden beschreibe ich die Bedeutung der Rechtsstaatlichkeit und der Demokratie, ihre Wechselwirkungen und die Herausforderungen, denen sie im globalen Kontext gegenüberstehen.

Rechtsstaatlichkeit ist ein Prinzip, das besagt, dass alle Bürger, einschließlich der Machthaber, an das Gesetz gebunden sind. Es ist ein fundamentales Konzept, das für das Funktionieren einer demokratischen Gesellschaft unerlässlich ist. Die Rechtsstaatlichkeit sichert ab, dass:

- Gesetze öffentlich bekannt, stabil und gerecht sind;
- Gesetze gleichmäßig angewendet werden;
- die Erstellung von Gesetzen transparent ist und Bürgerbeteiligung zulässt;
- juristische Verfahren fair und unparteiisch sind.

Demokratie bezieht sich auf ein politisches System, in dem die Macht durch das Volk ausgeübt wird, sei es direkt oder durch gewählte Vertreter. Die Demokratie ist charakterisiert durch:

- freie und faire Wahlen;
- die Trennung der Gewalten;
- den Schutz der Grundrechte und Freiheiten des Einzelnen;
- pluralistische Meinungsbildung und -äußerung.

Historische Entwicklung

Die historische Entwicklung von Rechtsstaatlichkeit und Demokratie ist eng mit den philosophischen, politischen und sozialen Strömungen verbunden, die sich über Jahrhunderte in verschiedenen Teilen der Welt entfaltet haben. Die Ursprünge dieser Konzepte können bis in die antike Welt zurückverfolgt werden, doch ihre moderne Ausprägung begann wesentlich später, während der Aufklärung in Europa. Dieser erweiterte Abschnitt untersucht die Schlüsselmomente in der Entwicklung der Rechtsstaatlichkeit und der Demokratie, angefangen bei den antiken Zivilisationen bis hin zu den demokratischen Bewegungen des 18. und 19. Jahrhunderts.

Die Idee der Demokratie nahm ihre erste konkrete Form in den Stadtstaaten des antiken Griechenlands, insbesondere in Athen, an. Die athenische Demokratie, eingeführt durch Reformen von Solon und später erweitert durch Kleisthenes und Perikles im 5. Jahrhundert v. Chr., war eine direkte Demokratie, in der Bürger (ausschließlich freie Männer) in der Volksversammlung über Gesetze debattierten und abstimmten.

In Rom entwickelte sich die Rechtsstaatlichkeit parallel zur Expansion der römischen Republik. Die römische Rechtstradition, kodifiziert in Gesetzen wie den Zwölftafelgesetzen, betonte die Bedeutung von Gesetzen, die öffentlich zugänglich und durch das Volk ratifiziert waren, um Willkür und Machtmissbrauch zu vermeiden.

Ein signifikantes frühes Beispiel für die Rechtsstaatlichkeit ist die Magna Carta von 1215, die als Reaktion auf die tyrannische Herrschaft von König Johann Ohneland in England entstand. Diese Urkunde beschränkte die königliche Macht und legte den Grundstein für das Konzept des rechtlichen Schutzes individueller Freiheiten. Das englische Common Law entwickelte sich ebenfalls in dieser Zeit und betonte die Bedeutung von Präzedenzfällen und gerichtlicher Unabhängigkeit.

Die Renaissance in Europa förderte ein Wiedererwachen des Interesses an den demokratischen Idealen der Antike sowie eine verstärkte Betonung des Individualismus. Humanistische Gelehrte wie Erasmus von Rotterdam forderten die Anwendung von Vernunft und moralischen Prinzipien in der Regierung. Gleichzeitig führte die Reformation zu einem Hinterfragen der absoluten Autorität und legte den Grundstein für spätere säkulare Regierungskonzepte.

Die Aufklärung brachte Denker wie John Locke, Montesquieu und Jean-Jacques Rousseau hervor, deren Ideen die modernen Konzepte von Demokratie und Rechtsstaatlichkeit wesentlich geprägt haben. Locke's Theorien von der Regierung als einem Vertrag zwischen Bürgern und ihren Herrschern, Montesquieus Plädoyer für die Gewaltenteilung und Rousseaus Konzept der Volkssouveränität wurden zu Eckpfeilern demokratischer Regierungssysteme.

Die amerikanische Revolution (1775–1783) und die darauf folgende Verfassung waren direkt von diesen Aufklärungsideen beeinflusst und etablierten ein System, das auf Rechtsstaatlichkeit und repräsentativer Demokratie basierte. Die Französische Revolution (1789) folgte kurz darauf mit ähnlichen, wenn auch radikaleren, Ansprüchen auf Demokratie und Rechtsstaatlichkeit, obwohl sie in den Terror der Jakobiner mündete.

Die historische Entwicklung von Rechtsstaatlichkeit und Demokratie zeigt, wie tief diese Konzepte in der menschlichen Geschichte verwurzelt sind und wie sie sich über Jahrhunderte hinweg entwickelt und verändert haben. Jedes Zeitalter hat seine eigenen Herausforderungen und Interpretationen dieser Prinzipien hervorgebracht, die wiederum die Basis für zukünftige Generationen bildeten, um Gerechtigkeit und menschliche Freiheit weiter zu definieren und zu verteidigen.

Wechselwirkungen zwischen Rechtsstaatlichkeit und Demokratie

Rechtsstaatlichkeit und Demokratie sind eng miteinander verknüpft und bedingen einander:

- Rechtsstaatlichkeit in Demokratien: In einer Demokratie gewährleistet die Rechtsstaatlichkeit, dass die Regierung ihre Macht nicht missbraucht und die Rechte der Bürger respektiert werden. Ohne Rechtsstaatlichkeit könnte eine Demokratie leicht in eine Tyrannei der Mehrheit oder in autoritäre Herrschaft abgleiten.
- Demokratische Prinzipien und Rechtsstaatlichkeit: Demokratische Verfahren, wie freie und faire Wahlen, sichern die Legitimität der Gesetzgebung und tragen dazu bei, dass Gesetze im Sinne der Rechtsstaatlichkeit geschaffen und umgesetzt werden.

Herausforderungen und Bedrohungen

Erosion der Rechtsstaatlichkeit

Die Erosion der Rechtsstaatlichkeit ist ein komplexes und beunruhigendes Phänomen, das in vielen Ländern weltweit zu beobachten ist. Sie bezeichnet einen Prozess, bei dem die grundlegenden Prinzipien der Rechtsstaatlichkeit — wie die Gleichheit vor dem Gesetz, die Unabhängigkeit der Justiz und der Schutz der Grundrechte — zunehmend untergraben werden.

Welche Ursachen, Manifestationen und Auswirkungen hat dieser Prozess langfristig für demokratische Gesellschaften?

Ein häufiger Auslöser für die Erosion der Rechtsstaatlichkeit sind politische Übergriffe, bei denen Regierungen oder einzelne politische Akteure versuchen, die Justiz zu kontrollieren oder zu manipulieren, um politische Ziele zu erreichen. Beispiele hierfür sind das Untergraben der Unabhängigkeit von Richtern durch politisch motivierte Ernennungen, Entlassungen oder Einschüchterungen.

Korruption untergräbt die Rechtsstaatlichkeit, indem sie die Fairness und Transparenz von rechtlichen und administrativen Prozessen beeinträchtigt. Sie führt dazu, dass Gesetze und Vorschriften nicht gleichmäßig durchgesetzt werden und dass Entscheidungsträger eher im eigenen Interesse als im öffentlichen Interesse handeln.

In einigen Fällen führt die systematische Schwächung wichtiger politischer Institutionen, wie Parlamente und unabhängige Medien, zur Erosion der Rechtsstaatlichkeit. Ohne eine starke Kontrolle durch diese Institutionen haben exekutive Mächte freiere Hand, Gesetze und Verordnungen zu missbrauchen.

Eine häufige Manifestation der Erosion der Rechtsstaatlichkeit ist die selektive Durchsetzung von Gesetzen, bei der bestimmte Gruppen oder Individuen bevorzugt oder benachteiligt werden. Dies kann politische Gegner, Minderheiten oder kritische Stimmen betreffen, die sich gegen die Regierung aussprechen.

Die direkte Untergrabung der Justiz durch die Exekutive ist ein klares Zeichen für die Erosion der Rechtsstaatlichkeit. Dies kann durch die Einschränkung der gerichtlichen Überprüfung, das Übergehen gerichtlicher Entscheidungen oder durch direkte Angriffe auf die Glaubwürdigkeit der Justiz geschehen.

Ein weiteres alarmierendes Zeichen ist die Erosion von Bürgerrechten, einschließlich der Einschränkung der Meinungsfreiheit, der Versammlungsfreiheit und anderer grundlegender Freiheiten. Dies wird oft im Namen der nationalen Sicherheit oder der öffentlichen Ordnung gerechtfertigt, kann aber dazu dienen, Dissens zu unterdrücken und eine autoritärere Regierungsform zu etablieren.

Die langfristige Erosion der Rechtsstaatlichkeit führt zu einem tiefgreifenden Verlust des öffentlichen Vertrauens in die Institutionen, die eine Gesellschaft regieren. Dies kann zu politischer Apathie, erhöhter sozialer Spannung und im schlimmsten Fall zu politischer Instabilität führen.

Rechtsstaatlichkeit ist eine Grundvoraussetzung für nachhaltige Entwicklung. Ihre Erosion kann Investitionen abschrecken, den fairen Wettbewerb behindern und zu ineffizienter Ressourcenallokation führen, was den sozialen und wirtschaftlichen Fortschritt hemmt.

Die vielleicht schwerwiegendste Auswirkung ist die Förderung autoritärer Regierungsformen, die oft mit Menschenrechtsverletzungen und der Unterdrückung von Grundfreiheiten einhergehen. In solchen Umgebungen kann die Rückkehr zu einer voll funktionierenden Demokratie äußerst schwierig sein.

Die Erosion der Rechtsstaatlichkeit stellt eine fundamentale Bedrohung für die Demokratie und das Wohlergehen einer Gesellschaft dar. Die Bekämpfung dieser Erosion erfordert ein konzertiertes Vorgehen von Regierungen, Zivilgesellschaft und internationalen Organisationen, um die Unabhängigkeit der Justiz zu stärken, Korruption zu bekämpfen und die Achtung der Menschenrechte zu fördern. Nur durch solche Maßnahmen können die Prinzipien der Rechtsstaatlichkeit und der Demokratie effektiv verteidigt und erhalten werden.

Demokratische Rückbildung

Die demokratische Rückbildung, oft auch als demokratische Erosion bezeichnet, beschreibt einen Prozess, bei dem die zentralen Merkmale einer funktionierenden Demokratie — einschließlich freier und fairer Wahlen, der Achtung von Bürgerrechten und der Gewaltenteilung — schrittweise untergraben werden. Dieses Phänomen hat in den letzten Jahrzehnten weltweit an Bedeutung gewonnen, da selbst etablierte Demokratien Anzeichen einer Rückbildung zeigen. Die folgende Analyse bietet einen detaillierten Überblick über die Mechanismen, Manifestationen und Folgen der demokratischen Rückbildung.

Die Ursachen der demokratischen Rückbildung sind vielfältig und oft miteinander verknüpft. Politische Faktoren umfassen oft eine starke Polarisierung, die es schwierig macht, Kompromisse zu finden und die politische Stabilität zu wahren. Wirtschaftliche Unsicherheit und Ungleichheit können das Vertrauen in demokratische Institutionen weiter untergraben, indem sie das Gefühl verstärken, dass das aktuelle System die Bedürfnisse der Bevölkerung nicht erfüllt.

Eine weitere wesentliche Ursache ist das Aufkommen charismatischer, autoritärer Führer, die die öffentliche Unzufriedenheit nutzen, um breite Unterstützung für eine zentralisierte Macht zu gewinnen. Solche Führer können demokratische Institutionen schwächen, indem sie kritische Medien mundtot machen, die Unabhängigkeit der Justiz untergraben und politische Gegner marginalisieren.

Eine Schlüsselstrategie in der demokratischen Rückbildung ist die Erosion der Gewaltenteilung. Regierungen, die den demokratischen Rückgang vorantreiben, versuchen oft, die legislative und judikative Gewalt zu schwächen oder direkt zu kontrollieren. Dies kann durch Gesetzesänderungen geschehen, die die Macht des Parlaments einschränken, oder durch die Besetzung von Gerichten mit loyalen Richtern.

Die Kontrolle oder Einschüchterung der Medien ist ein weiterer Mechanismus der demokratischen Rückbildung. Freie Medien sind entscheidend für die Aufrechterhaltung der Transparenz und Rechenschaftspflicht in einer Demokratie. Durch die Einschränkung der Pressefreiheit können Regierungen verhindern, dass Missstände öffentlich werden und Kritik am politischen System unterdrücken.

Die Manipulation von Wahlen ist oft ein Vorbote der demokratischen Rückbildung. Techniken können die Einschränkung des Wahlrechts, die Veränderung von Wahlkreisen zum Vorteil der herrschenden Partei (Gerrymandering) und die Beeinträchtigung der Unabhängigkeit von Wahlbehörden umfassen. Solche Taktiken untergraben die Legitimität des demokratischen Prozesses und konsolidieren die Macht in den Händen weniger.

Die demokratische Rückbildung führt oft zu einer Schwächung des Rechtsstaats. Wenn die Gesetze nicht mehr gleichmäßig angewendet werden oder wenn die Unabhängigkeit der Justiz kompromittiert wird, können die Grundprinzipien der Gerechtigkeit und Gleichheit nicht aufrechterhalten werden. Dies untergräbt das Vertrauen der Bürger in das gesamte politische System.

Eine direkte Folge der demokratischen Rückbildung ist oft eine Abnahme der Bürgerfreiheiten, einschließlich der Meinungs- und Versammlungsfreiheit. Dies kann zu einer Atmosphäre der Angst und Selbstzensur führen, die die öffentliche Diskussion und politische Beteiligung einschränkt.

Die demokratische Rückbildung verschärft häufig soziale und politische Spaltungen. Wenn Menschen das Gefühl haben, dass das politische System ihre Interessen nicht mehr vertritt oder unfair ist, kann dies zu sozialer Unruhe und sogar zu Gewalt führen.

Die demokratische Rückbildung ist ein komplexes und tiefgreifendes Phänomen, das die Grundfesten der Demokratie erodieren kann. Um diese Herausforderung zu bewältigen, ist es entscheidend, die Unabhängigkeit der Institutionen zu stärken, die Bildung und das Bewusstsein der Bürger zu fördern und eine Kultur der politischen und sozialen Inklusion zu pflegen. Nur durch solche Maßnahmen kann die Integrität demokratischer Systeme langfristig gesichert werden.

Lösungsansätze und Zukunftsperspektiven

Die Stärkung institutioneller Strukturen ist entscheidend für die Aufrechterhaltung und Förderung der Rechtsstaatlichkeit und der Demokratie. Institutionen, die unabhängig und stark genug sind, um Regierungshandeln zu überprüfen und zu moderieren, bilden das Rückgrat jeder stabilen demokratischen Gesellschaft. Dieser Abschnitt untersucht, warum die Stärkung der Institutionen so wichtig ist, welche spezifischen Institutionen unterstützt werden müssen und wie dies effektiv umgesetzt werden kann.

Institutionen umfassen eine breite Palette von Einrichtungen, von legislativen Körperschaften und Gerichten bis hin zu Wahlbehörden und Medien. Sie sind die Strukturen, die das Funktionieren der Regierung regeln, die Rechtsstaatlichkeit sicherstellen und grundlegende Bürgerrechte schützen.

Die Unabhängigkeit dieser Institutionen von der Exekutive ist entscheidend. Ohne Unabhängigkeit können Institutionen nicht effektiv als Checks and Balances gegen die Machtübernahme oder den Machtmissbrauch durch die Exekutive wirken. Die Gewährleistung ihrer Autonomie schützt demokratische Prozesse und fördert eine gerechte Verwaltung des Gesetzes.

Die Judikative muss frei von politischem Druck sein, um ihre Rolle als Wächter der Verfassung und als unparteiischer Schiedsrichter in rechtlichen Streitigkeiten effektiv ausüben zu können. Maßnahmen zur Stärkung der Justiz umfassen:

- Sicherstellung der richterlichen Unabhängigkeit durch transparente und faire Ernennungsverfahren.
- Schutz vor politischen Eingriffen, etwa durch die Garantie von Lebenszeitämtern oder festen Amtszeiten für Richter.
- Angemessene Finanzierung der Gerichtssysteme, um Effizienz und Zugänglichkeit zu gewährleisten.

Legislative Körperschaften sollten die Macht haben, Gesetzgebung effektiv zu überprüfen und die Exekutive zur Rechenschaft zu ziehen. Zur Stärkung der Parlamente gehört:

- Förderung der Transparenz in legislativen Prozessen durch öffentliche Anhörungen und leicht zugängliche Dokumentation.
- Stärkung der Ausschüsse, die eine wichtige Rolle in der Überwachung der Regierungstätigkeit spielen.
- Unterstützung von Minderheitenrechten innerhalb des Parlaments, um sicherzustellen, dass alle Stimmen gehört werden und zur Entscheidungsfindung beitragen.

Die Integrität von Wahlen ist ein Kernmerkmal der Demokratie. Wahlbehörden müssen unabhängig und stark genug sein, um freie und faire Wahlen zu garantieren. Dazu zählt:

- Unabhängige Kontrolle und Überwachung von Wahlen, frei von externen Einflüssen.
- Technologische und logistische Ressourcen, um Manipulationen vorzubeugen und eine hohe Wahlbeteiligung zu fördern.
- Klare und transparente Wahlverfahren und -regeln, die das Vertrauen der Öffentlichkeit stärken.

Freie und unabhängige Medien sind essenziell für eine informierte Wählerschaft und eine funktionierende Demokratie. Unterstützung für Medienfreiheit beinhaltet:

- Schutz vor staatlicher Zensur und Einschüchterung.
- Förderung des Pluralismus und der Vielfalt der Medienlandschaft, um eine breite Palette von Meinungen und Informationen zu gewährleisten.
- Rechtliche Rahmenbedingungen, die journalistische Arbeit schützen und fördern.

Internationale Organisationen und Abkommen können eine wichtige Rolle bei der Unterstützung und Überwachung der Stärkung von Institutionen spielen. Durch die Teilnahme an internationalen Konventionen können Länder sich verpflichten, bestimmte Standards einzuhalten und sich regelmäßigen Überprüfungen zu unterziehen.

Die Einbindung der Zivilgesellschaft ist entscheidend für die Überwachung und Unterstützung starker Institutionen. NGOs, Bürgerinitiativen und andere zivilgesellschaftliche Gruppen können helfen, Transparenz zu fördern, Missstände aufzudecken und Reformen voranzutreiben.

Die Stärkung der Institutionen ist fundamental für die Wahrung und Förderung der Rechtsstaatlichkeit und der Demokratie. Sie erfordert ein kontinuierliches Engagement sowohl auf nationaler als auch auf internationaler Ebene und die aktive Beteiligung aller Sektoren der Gesellschaft. Nur durch solide, unabhängige Institutionen kann eine echte Demokratie gedeihen und den Herausforderungen der modernen Welt effektiv begegnen.

Rechtsstaatlichkeit und Demokratie sind nicht nur theoretische Konzepte, sondern praktische Notwendigkeiten für das Wohlergehen und die Stabilität moderner Gesellschaften. Sie sind unerlässlich, um Gerechtigkeit, Frieden und gemeinsamen Wohlstand zu fördern. Ihre Förderung erfordert kontinuierliche Anstrengungen und Engagement auf allen Ebenen der Gesellschaft.

14. INTERNATIONALE BEZIEHUNGEN

Die Analyse der internationalen Beziehungen (IB) im Kontext des Faschismus bietet ein tiefgehendes Verständnis dafür, wie faschistische Ideologien die Politik zwischen den Nationen beeinflusst haben und weiterhin beeinflussen. Faschismus, eine autoritäre politische Ideologie, die in verschiedenen Formen in mehreren Ländern auftrat, hatte und hat erhebliche Auswirkungen auf internationale Beziehungen, von diplomatischen Beziehungen bis hin zu militärischen Konflikten. In diesem Kapitel untersuche ich die Wechselwirkungen zwischen faschistischen Regimen und der internationalen Gemeinschaft, analysiere historische Entwicklungen und beleuchte aktuelle Tendenzen, die faschistische Elemente in der globalen Politik erkennen lassen.

Der Aufstieg des Faschismus in der ersten Hälfte des 20. Jahrhunderts markierte eine entscheidende Wende in den internationalen Beziehungen. Diese Regime propagierten nationalistische, expansionistische und oft rassistische Politiken, die direkt zu Konflikten wie dem Zweiten Weltkrieg führten. Der Faschismus beeinflusste auch andere Länder, darunter Spanien, Portugal und in geringerem Maße Länder in Lateinamerika und Asien, was die globalen Machtverhältnisse weiter veränderte.

Faschistische Außenpolitik

Faschistische Außenpolitik während des 20. Jahrhunderts war gekennzeichnet durch ihre aggressive und expansionistische Natur, die tief in der Ideologie des Faschismus verwurzelt war. Die Regime in Italien, Deutschland und anderen faschistischen Staaten verfolgten Ziele, die stark von imperialistischen Ambitionen und einem tiefen Misstrauen gegenüber anderen Nationen und politischen Systemen geprägt waren. Diese Abschnitt bietet einen detaillierten Überblick über die zentralen Aspekte und Ereignisse der faschistischen Außenpolitik, die die internationale Ordnung nachhaltig beeinflussten.

Unter Benito Mussolini strebte Italien nach der Wiederherstellung der Größe, die es in der Zeit des Römischen Reiches erlebt hatte. Mussolini sah die Mittelmeerregion und Afrika als natürliche Einflussgebiete für Italien an, was 1935 zur Invasion Äthiopiens führte. Diese Aggression war ein deutlicher Bruch mit den Normen des Völkerrechts und signalisierte den Beginn einer aggressiven Außenpolitik, die auf Expansion und imperialer Dominanz basierte.

Italien spielte auch eine aktive Rolle im Spanischen Bürgerkrieg (1936-1939), indem es die nationalistischen Kräfte unter Francisco Franco mit Truppen und Material unterstützte. Diese Intervention zielte darauf ab, ein faschistisch gesinntes Regime in Spanien zu etablieren und damit einen ideologischen Verbündeten in Westeuropa zu gewinnen.

Die Außenpolitik des nationalsozialistischen Deutschlands war tief von Adolf Hitlers Vorstellung des "Lebensraums" geprägt, wie er in "Mein Kampf" dargelegt wurde. Hitler glaubte, dass das deutsche Volk mehr Raum für seine Expansion benötige, was die Annexion von Teilen Osteuropas rechtfertigte. Dieses Konzept führte direkt zum Angriff auf Polen 1939, was den Beginn des Zweiten Weltkriegs markierte.

Trotz seiner tiefgreifenden antikommunistischen und antislawischen Ideologie schloss Hitler 1939 den Molotow-Ribbentrop-Pakt mit der Sowjetunion, was zeigt, wie flexibel faschistische Außenpolitik in ihrer Strategie sein konnte. Dieser Pakt war primär ein pragmatisches Mittel, um einen Zweifrontenkrieg zu vermeiden, während Deutschland seine militärische Expansion in Westeuropa vorbereitete.

Obwohl Japans Regierungsform nicht immer klar als faschistisch definiert wird, teilte das Militärregime viele Merkmale faschistischer

Staaten, einschließlich einer aggressiven Expansion und rassistischen Ideologien. Japans Außenpolitik in den 1930er und 1940er Jahren zielte darauf ab, Ostasien unter japanischer Führung zu vereinen, was zu massiven Territorialgewinnen auf Kosten Chinas, Koreas und Südostasiens führte.

Die Entscheidung Japans, 1941 Pearl Harbor anzugreifen, war ein kühner und entscheidender Schritt, der die USA direkt in den Zweiten Weltkrieg brachte. Diese Aktion spiegelte die extremen Risiken wider, die faschistische Regime in ihrer Außenpolitik zu nehmen bereit waren, und zeigte ihre Bereitschaft, große Kriege zu initiieren, um ihre Ziele zu erreichen.

Die faschistische Außenpolitik im 20. Jahrhundert war durch eine Kombination aus ideologischem Fanatismus, aggressivem Expansionismus und oft rücksichtslosem Pragmatismus gekennzeichnet. Diese Politik führte zu einigen der verheerendsten Konflikte der modernen Geschichte, einschließlich des Zweiten Weltkriegs. Das Verständnis dieser Dynamiken ist entscheidend, um die Auswirkungen von ideologiegetriebenen Außenpolitiken in der internationalen Arena vollständig zu erfassen und die Lehren für die heutige globale Ordnung zu ziehen.

Theoretische Ansätze zum Verständnis von Faschismus und IB

Realismus und Faschismus

Der Realismus ist eine der prägenden Theorien in den internationalen Beziehungen (IB), die besonders dazu beiträgt, das Verhalten von Staaten unter faschistischen Regimen zu verstehen. Diese Theorie, die das Streben nach Macht und das Überleben des Staates in einem anarchischen internationalen System betont, bietet wichtige Einblicke in die Außenpolitik von faschistisch regierten Staaten. Der folgende Abschnitt analysiert, wie der Realismus die faschistische Außenpolitik interpretiert und welche Implikationen dies für das Verständnis historischer und möglicherweise aktueller politischer Dynamiken hat.

Der Realismus basiert auf der Annahme, dass das internationale System anarchisch ist, d.h., es gibt keine übergeordnete Autorität, die das Verhalten von Staaten reguliert. Staaten sind die Hauptakteure in den IB und handeln in einem Selbsthilfesystem, in dem Sicherheit und Macht die obersten Ziele sind. Realisten wie Hans Morgenthau und Kenneth Waltz argumentieren, dass Staaten rational agieren, um ihre Macht zu maximieren und ihre nationale Sicherheit zu gewährleisten.

In der realistischen Theorie sind Macht und Sicherheit zentral. Macht wird oft als militärische Stärke verstanden, kann aber auch wirtschaftliche Kapazitäten, politische Stabilität und diplomatische Einflüsse umfassen. Sicherheit wird durch die Balance of Power erreicht, entweder durch internes Machtgleichgewicht (Aufrüstung) oder durch externe Allianzen.

Faschistische Regime, wie das Nazi-Deutschland und das faschistische Italien, veranschaulichen die realistische Dynamik durch ihren Expansionismus. Ihr Streben nach Territorialgewinnen wurde von realistischen Theoretikern als rational betrachtet im Sinne der Sicherung von Ressourcen, strategischer Tiefe und Einfluss. Beispielsweise wurde Hitlers Drang nach "Lebensraum" im Osten als eine Sicherheitsstrategie interpretiert, die darauf abzielte, das Deutsche Reich dauerhaft zu stärken.

Die außenpolitischen Manöver faschistischer Staaten können auch durch das Konzept der Machtbalance erklärt werden. Der Molotow-Ribbentrop-Pakt zwischen Nazi-Deutschland und der Sowjetunion illustriert, wie faschistische Staaten temporäre Allianzen eingehen können, die auf realistischen Kalkulationen beruhen, um eine günstige Machtbalance zu erreichen oder zu erhalten.

Das Sicherheitsdilemma, ein zentrales Konzept im Realismus, wird in der faschistischen Außenpolitik deutlich. Die Aufrüstung und Expansion faschistischer Staaten führten zu Misstrauen und Gegenreaktionen anderer Staaten, was letztendlich die Unsicherheit und die Wahrscheinlichkeit von Konflikten erhöhte. Dies war besonders evident im Vorfeld des Zweiten Weltkriegs, als die aggressive Politik Deutschlands und Italiens andere europäische Mächte alarmierte und zur Bildung neuer Allianzen führte.

Eine Kritik am Realismus, insbesondere in der Analyse faschistischer Regime, ist die Vernachlässigung moralischer und ethischer Überlegungen. Faschismus beinhaltete oft rassistische und menschenverachtende Ideologien, die in realistischen Analysen unterbewertet werden können. Kritiker argumentieren, dass ein rein machtbasiertes Verständnis der IB die Gefahren faschistischer Politik nicht vollständig erfassen kann.

Realisten tendieren dazu, kurzfristige Gewinne durch Macht und Sicherheit zu betonen. Die langfristigen Folgen von faschistischer Aggression — wie dauerhafte Instabilität, Krieg und die moralischen Kosten — werden oft unterschätzt oder übersehen.

Der Realismus bietet wertvolle Einblicke in das Verhalten von Staaten unter faschistischen Regimen in den internationalen Beziehungen. Er erklärt, wie das Streben nach Macht und Sicherheit zu aggressiven Außenpolitiken führen kann. Jedoch müssen realistische Ansätze durch andere theoretische Perspektiven ergänzt werden, um die vollständige Bandbreite der Dynamiken und Konsequenzen faschistischer Politik zu verstehen. Die Analyse faschistischer Außenpolitik erfordert ein umfassendes Verständnis, das über traditionelle Machtanalysen hinausgeht und moralische sowie langfristige strategische Überlegungen berücksichtigt.

Ideologische Ansätze in den internationalen Beziehungen (IB) bieten eine tiefgreifende Perspektive auf das Verhalten von Staaten, indem sie die Bedeutung von Ideen, Werten und Überzeugungen betonen. Im Kontext des Faschismus ermöglichen diese Ansätze ein Verständnis dafür, wie tief verwurzelte ideologische Überzeugungen die Außenpolitik von Staaten formen und beeinflussen können. Dieser Abschnitt erweitert die Diskussion über ideologische Ansätze, indem er die spezifischen Mechanismen und Auswirkungen faschistischer Ideologie auf die internationalen Beziehungen detailliert betrachtet.

Ideologien sind kohärente Systeme von Überzeugungen, die komplexe Realitäten vereinfachen und politische Programme sowie Handlungen legitimieren. In den IB untersuchen ideologische Ansätze, wie diese Glaubenssysteme die Wahrnehmungen von Staatsmännern prägen und ihre Entscheidungen auf der internationalen Bühne beeinflussen. Für faschistische Regime bedeutet dies, dass ihre aggressiven und oft expansiven Außenpolitiken durch eine ideologische Brille betrachtet werden, die Rassismus, Nationalismus und eine Überlegenheitsmentalität einschließt.

Der Konstruktivismus, ein bedeutender ideologischer Ansatz in den IB, argumentiert, dass die internationalen Beziehungen sozial konstruiert sind und durch menschliche Interaktion, soziale Normen und kulturelle Praktiken geformt werden. Im Falle des Faschismus zeigt dieser Ansatz, wie faschistische Ideologien nicht nur innenpolitische Entscheidungen beeinflussen, sondern auch die Art und Weise, wie Staaten ihre nationalen Interessen definieren und verfolgen.

Faschistische Ideologien fördern oft eine starke kollektive Identität und zeichnen klare Bilder von Freunden und Feinden. Diese binäre Weltsicht kann internationale Beziehungen stark beeinflussen, indem sie die Außenpolitik auf Konfrontation statt auf Kooperation ausrichtet. Beispielsweise führte die rassistische und antislawische Ideologie des Nazi-Regimes zu einer aggressiven Politik gegenüber Osteuropa und der Sowjetunion.

Faschistische Staaten können sich durch einen „missionarischen Imperialismus" auszeichnen, bei dem sie glauben, dass es ihre Bestimmung ist, andere Nationen zu dominieren oder zu „zivilisieren". Dies war besonders bei der Expansion des Dritten Reiches und des imperialen Japans zu beobachten, wo ideologische Überzeugungen dazu beitrugen, territoriale Eroberungen und die Unterwerfung anderer Völker zu rechtfertigen.

Ideologische Überzeugungen können in faschistischen Staaten auch dazu dienen, Gewalt und Aggression als notwendige Mittel zur Erreichung nationaler oder rassischer Ziele zu legitimieren. Dies verstärkt oft die Bereitschaft dieser Staaten, internationale Normen und Gesetze zu missachten, was zu Konflikten und Kriegen führen kann.

Einer der Hauptkritikpunkte an ideologischen Ansätzen ist die Schwierigkeit, Ideologien präzise zu operationalisieren und ihre direkten Auswirkungen auf staatliches Handeln zu messen. Ideologien sind oft vielschichtig und können sich über Zeit verändern, was ihre wissenschaftliche Untersuchung kompliziert macht.

Ideologien interagieren mit einer Vielzahl anderer Faktoren, einschließlich wirtschaftlicher Interessen, strategischer Kalkulationen und innenpolitischer Dynamiken. Es ist daher notwendig, ideologische Ansätze mit anderen theoretischen Perspektiven in den IB zu kombinieren, um ein umfassendes Verständnis der internationalen Politik zu entwickeln.

Ideologische Ansätze in den internationalen Beziehungen bieten wichtige Einsichten in das Verhalten von Staaten unter faschistischen Regimen. Sie zeigen, wie tiefgehend Ideologien die Außenpolitik prägen können, von der Gestaltung nationaler Identitäten bis zur Rechtfertigung von Kriegen. Um die komplexe Natur internationaler Beziehungen vollständig zu verstehen, ist es jedoch entscheidend, ideologische Analysen mit anderen theoretischen Ansätzen und empirischen Beobachtungen zu verknüpfen.

Auswirkungen des Faschismus auf die moderne Welt

Langzeitfolgen für internationale Institutionen

Die Erfahrungen mit faschistischen Regimen im 20. Jahrhundert haben tiefgreifende und dauerhafte Auswirkungen auf die Entwicklung und Funktionsweise internationaler Institutionen gehabt. Diese Perioden der Geschichte beleuchten nicht nur die Bedrohungen, die der Faschismus für das internationale System darstellte, sondern auch, wie internationale Organisationen als Reaktion darauf gestaltet und reformiert wurden, um Frieden und internationale Kooperation zu fördern. Dieser Abschnitt untersucht die langfristigen Auswirkungen des Faschismus auf internationale Institutionen und deren Governance-Strukturen.

Die direkteste und sichtbarste Auswirkung des Faschismus auf internationale Institutionen war die Gründung der Vereinten Nationen im Jahr 1945. Nach den verheerenden Konsequenzen des Zweiten Weltkriegs und der Aggression durch faschistische Staaten wie Deutschland und Italien, erkannten weltweite Führer die dringende Notwendigkeit einer stärkeren internationalen Organisation, die den Frieden sichern und die Wahrscheinlichkeit eines weiteren weltweiten Konflikts verringern sollte.

Die Charta der Vereinten Nationen wurde mit dem Ziel entworfen, Krieg zu verhindern, internationale Sicherheit und Stabilität zu fördern und die Menschenrechte zu schützen. Die Erfahrungen mit faschistischen Missachtungen der Souveränität und der Menschenrechte waren entscheidend dafür, dass in der Charta ein umfassendes System kollektiver Sicherheit und rechtlicher Normen verankert wurde, das die internationale Zusammenarbeit in den Vordergrund stellte.

Der Aufstieg und Fall faschistischer Regime führte auch zu bedeutenden Entwicklungen im Bereich des Völkerrechts. Die Nürnberger und Tokioter Prozesse, die nach dem Zweiten Weltkrieg stattfanden, waren bahnbrechend, da sie die Prinzipien festlegten, dass Individuen und Staatsführer für Kriegsverbrechen und Verbrechen gegen die Menschlichkeit zur Verantwortung gezogen werden können. Dies stellte einen signifikanten Fortschritt in der internationalen Rechtsprechung dar und beeinflusste die spätere Entwicklung des Internationalen Strafgerichtshofs.

Die globalen Schrecken des Faschismus trugen zur Formulierung und Annahme der Allgemeinen Erklärung der Menschenrechte im Jahr 1948 bei. Dieses Dokument, das als Reaktion auf die faschistischen Gräueltaten konzipiert wurde, hat die Menschenrechte in den Mittelpunkt internationaler Bemühungen gestellt und zahlreiche weitere internationale Verträge und Konventionen zum Schutz dieser Rechte inspiriert.

In den Jahrzehnten nach dem Zweiten Weltkrieg erweiterten internationale Institutionen wie die Vereinten Nationen ihre Mitgliedschaft erheblich, teilweise als Reaktion auf die Dekolonisierung, die teilweise durch die Instabilität begünstigt wurde, die durch den Krieg verursacht wurde. Diese Erweiterung veränderte die Dynamik internationaler Institutionen und führte zu einer globaleren und repräsentativeren Perspektive in internationalen Angelegenheiten.

Die langfristigen Auswirkungen des Faschismus haben internationale Institutionen auch dazu veranlasst, ihre Strategien und Strukturen anzupassen, um neuen globalen Herausforderungen besser begegnen zu können. Dazu gehören der Kalte Krieg, der Aufstieg des Terrorismus und jüngere Herausforderungen wie der Klimawandel und globale Gesundheitskrisen. Die Grundlage für diese Anpassungsfähigkeit liegt in den ursprünglichen Reaktionen auf die Bedrohungen durch den Faschismus.

Die langfristigen Auswirkungen des Faschismus auf internationale Institutionen sind tiefgreifend und vielschichtig. Sie haben nicht nur zur Schaffung neuer Strukturen und Normen geführt, sondern auch die Art und Weise, wie Staaten und internationale Akteure auf globale Herausforderungen reagieren, dauerhaft geformt. Die Lehren aus dieser Ära bleiben entscheidend für das Verständnis und die Weiterentwicklung internationaler Kooperation und rechtlicher Rahmenbedingungen.

Aktuelle rechtsextreme und neofaschistische Bewegungen

In den letzten Jahrzehnten hat ein Wiederaufleben rechtsextremer und neofaschistischer Bewegungen in mehreren Ländern weltweit zu bedeutenden sozialen und politischen Veränderungen geführt. Diese Bewegungen, die oft nationalistische, xenophobe und autoritäre Ideologien fördern, beeinflussen nicht nur die Innenpolitik der Länder, in denen sie aktiv sind, sondern auch die internationalen Beziehungen. Dieser Abschnitt untersucht die Merkmale dieser Bewegungen, ihre Auswirkungen auf die internationale Politik und die Herausforderungen, die sie für globale Sicherheit und Demokratie darstellen.

Aktuelle rechtsextreme und neofaschistische Bewegungen zeichnen sich durch eine Rückkehr zu autoritären, nationalistischen und oft rassistischen Ideologien aus, die an die historischen Faschismen des 20. Jahrhunderts erinnern. Sie befürworten eine strikte Einwanderungspolitik, lehnen multikulturelle Integration ab und propagieren häufig einen übersteigerten Nationalismus, der sich gegen vermeintliche Bedrohungen durch Globalisierung und ausländische Einflüsse richtet.

Viele dieser Gruppen nutzen moderne Technologien und soziale Medien, um Unterstützung und Mitgliedschaft zu gewinnen. Ihre Strukturen variieren von lose verbundenen Netzwerken bis hin zu straff organisierten Parteien, die aktiv an nationalen Wahlen teilnehmen. Beispiele für solche Parteien sind der Front National in Frankreich (jetzt Rassemblement National), die Alternative für Deutschland (AfD) und andere ähnliche Gruppen in Europa und darüber hinaus.

Rechtsextreme und neofaschistische Bewegungen fordern oft die Prinzipien der liberalen Demokratie heraus und fördern Politiken, die internationale Institutionen und Normen untergraben können. Ihre Rhetorik und Politik haben in einigen Ländern zu einer Polarisierung der Gesellschaft und zu einer Erosion des Vertrauens in demokratische Institutionen geführt, was die internationale Stabilität beeinträchtigen kann.

In Ländern, in denen rechtsextreme Parteien signifikanten politischen Einfluss erlangt haben, kann dies zu einer Neuausrichtung der Außenpolitik führen. Dies umfasst oft eine skeptische oder feindliche Haltung gegenüber supranationalen Organisationen wie der Europäischen Union und der NATO sowie eine Präferenz für bilaterale, auf nationalen Interessen basierende Außenpolitik, die multilaterale Kooperationen ablehnt.

Es gibt wachsende Belege dafür, dass rechtsextreme und neofaschistische Gruppen über nationale Grenzen hinweg Netzwerke bilden. Diese Allianzen suchen oft Unterstützung bei gleichgesinnten Gruppen in anderen Ländern, was zu einer Art "internationalen rechtsextremen Bewegung" führt, die gemeinsame Ziele verfolgt und Ressourcen teilt.

Die Bekämpfung des Aufstiegs rechtsextremer und neofaschistischer Bewegungen erfordert eine koordinierte internationale Antwort. Dies kann verbesserte Überwachung und Informationsaustausch zwischen Ländern, die Durchsetzung internationaler Gesetze gegen Hassverbrechen und Extremismus und die Stärkung demokratischer Normen und Institutionen umfassen. Aufklärungsprogramme, die über die Gefahren des Extremismus informieren und die Werte der Toleranz und des multikulturellen Zusammenlebens fördern, sind entscheidend, um der ideologischen Anziehungskraft dieser Bewegungen entgegenzuwirken. Bildungsinitiativen, die kritisches Denken und Medienkompetenz fördern, können dazu beitragen, die Anfälligkeit für extremistische Propaganda zu verringern.

Rechtsextreme und neofaschistische Bewegungen stellen eine ernsthafte Herausforderung für die internationale Ordnung und Demokratie dar. Ihre Auswirkungen auf die internationale Politik sind tiefgreifend und potenziell destabilisierend. Es bedarf einer umfassenden Strategie, die sowohl präventive Maßnahmen als auch aktive politische Gegenmaßnahmen umfasst, um ihre negativen Auswirkungen zu minimieren und die Grundlagen einer offenen, demokratischen und friedlichen Weltordnung zu stärken.

Die Interaktion zwischen Faschismus und internationalen Beziehungen bietet wichtige Einblicke in die Art und Weise, wie Ideologien globale Politik beeinflussen können. Ein tiefes Verständnis dieser Wechselwirkungen ist entscheidend, um die Herausforderungen der Gegenwart zu navigieren, insbesondere im Hinblick auf das Aufkommen ideologisch motivierter Konflikte. Die internationale Gemeinschaft muss wachsam bleiben und weiterhin Mechanismen zur Förderung von Frieden und Stabilität stärken, um die negativen Auswirkungen von Ideologien wie dem Faschismus entgegenzuwirken.

15. ZUKUNFTSPERSPEKTIVEN

Die zukünftige Entwicklung der internationalen Beziehungen wird nicht nur durch geopolitische und ökonomische Veränderungen geprägt, sondern auch durch ideologische Strömungen wie Faschismus, Neofaschismus und Konservatismus. Diese Ideologien beeinflussen nationale Politiken und internationale Beziehungen auf komplexe Weise.

Faschismus und Neofaschismus

Faschismus hat das 20. Jahrhundert geopolitisch geprägt. Obwohl der klassische Faschismus mit dem Ende des Zweiten Weltkriegs als politisches Regime endete, leben Elemente seiner Ideologie in Form des Neofaschismus weiter. Diese neofaschistischen Bewegungen beeinflussen weiterhin die Politik in zahlreichen Ländern und werfen wichtige Fragen über ihre Rolle in der internationalen Politik auf.

Faschismus ist eine Form der radikalen autoritären Ultrarechten, die die Nation oder Rasse über das Individuum stellt und eine zentralisierte autokratische Regierungsführung bevorzugt, oft unter der Kontrolle eines diktatorischen Führers. Kerncharakteristika des Faschismus umfassen strengen Nationalismus, Desinteresse an Menschenrechten, starke Regulierung der Wirtschaft und die Unterdrückung politischer Opposition.

Neofaschismus bezieht sich auf Nachkriegsbewegungen und -parteien, die direkt oder indirekt durch die Ideologien und Praktiken des historischen Faschismus inspiriert sind. Diese Bewegungen teilen viele der gleichen Ziele und Merkmale, darunter Xenophobie, Antisemitismus, Skepsis gegenüber der liberalen Demokratie, und die Verherrlichung der angeblichen Vergangenheit der Nation. Im Gegensatz zum historischen Faschismus operieren neofaschistische Gruppen jedoch oft innerhalb der bestehenden politischen Systeme, die sie unterwandern möchten.

In Europa haben neofaschistische Parteien wie der Front National in Frankreich (jetzt Rassemblement National), die Alternative für Deutschland (AfD) und andere ähnliche Gruppen in Osteuropa an politischem Einfluss gewonnen. Diese Parteien nutzen häufig wirtschaftliche Unsicherheit und soziale Unzufriedenheit, um Unterstützung für ihre nationalistischen und oft fremdenfeindlichen Agenden zu mobilisieren.

In den USA und in einigen Ländern Südamerikas wie Brasilien sind neofaschistische oder ultranationalistische Strömungen in der politischen Landschaft ebenfalls erkennbar. Diese Bewegungen nutzen ähnliche rhetorische Strategien, darunter die Betonung der nationalen Erneuerung und die Ablehnung des politischen Establishments.

Neofaschistische Bewegungen tendieren dazu, multilaterale Institutionen und Vereinbarungen abzulehnen, da sie diese als Bedrohung für die nationale Souveränität betrachten. Dies hat direkte Auswirkungen auf internationale Kooperationen, insbesondere in Bereichen wie Klimapolitik, Menschenrechte und Handel.

Die ideologische Aggressivität und die oft gewaltsame Rhetorik neofaschistischer Gruppen stellen eine Sicherheitsbedrohung dar, sowohl national als auch international. Ihre Propaganda kann zu transnationalen terroristischen Akten und zu einer Verstärkung von Radikalisierung und politischer Gewalt führen.

Die Bekämpfung des Neofaschismus erfordert eine Kombination aus polizeilichen Maßnahmen, Bildungsinitiativen und der Stärkung demokratischer Institutionen. International kann dies durch verstärkte Zusammenarbeit in der Überwachung extremistischer Gruppen und in der Durchsetzung von Gesetzen gegen Hassreden und -verbrechen erfolgen.

Um den zugrundeliegenden Ursachen des Neofaschismus entgegenzuwirken, ist es entscheidend, Politiken zu fördern, die soziale, wirtschaftliche und politische Integration unterstützen. Dies schließt Maßnahmen zur Bekämpfung von Armut, Bildungsungleichheiten und der Marginalisierung bestimmter Bevölkerungsgruppen ein.

Faschismus und Neofaschismus bleiben bedeutende Kräfte in der internationalen Politik, deren Einflüsse die globale Ordnung herausfordern und potenziell destabilisieren können. Ein umfassendes Verständnis und proaktive internationale Strategien sind notwendig, um ihre Auswirkungen zu mindern und die Grundlagen einer friedlichen und gerechten Weltordnung zu bewahren.

Konservatismus

Konservatismus als politische Philosophie betont die Bedeutung von Tradition, sozialer Stabilität und die Bewahrung bewährter Praktiken und Institutionen. In den internationalen Beziehungen reflektiert der Konservatismus eine Präferenz für staatliche Souveränität, nationale Interessen und oft eine skeptische Haltung gegenüber radikalen Veränderungen in der globalen Ordnung.

Der Konservatismus als politische Ideologie entstand als Reaktion auf die revolutionären Umwälzungen in Europa, insbesondere die Französische Revolution. Frühe konservative Denker wie Edmund Burke betonten die Bedeutung von Tradition und kontinuierlicher Entwicklung und warnten vor den Gefahren abrupter gesellschaftlicher Veränderungen. Im 19. und frühen 20. Jahrhundert adaptierten konservative Kräfte diese Ideen, um Antworten auf die Industrialisierung und die sich verändernden sozialen Strukturen zu formulieren.

Während des Kalten Krieges manifestierte sich der Konservatismus oft in einer starken Anti-Kommunismus-Haltung. In den USA und vielen westlichen Ländern unterstützten konservative Regierungen eine Außenpolitik, die darauf abzielte, den Einfluss der Sowjetunion einzudämmen und liberale demokratische Werte weltweit zu fördern. Diese Periode war geprägt von einer starken Betonung militärischer Stärke, politischer Allianzen wie der NATO und einer grundsätzlichen Skepsis gegenüber internationalen Organisationen, die als Bedrohung der nationalen Souveränität angesehen wurden.

In der zeitgenössischen Ära zeigen sich konservative Ansätze in einer kritischen Haltung gegenüber der Globalisierung und multilateralen Institutionen. Konservative Politiker und Denker argumentieren oft, dass internationale Abkommen und Organisationen wie die Vereinten Nationen die Fähigkeit eines Staates untergraben können, unabhängige politische Entscheidungen zu treffen und seine eigenen nationalen Interessen zu verfolgen.

Konservatismus in den internationalen Beziehungen betont stark die Bedeutung der nationalen Souveränität und das Recht von Staaten, ihre eigenen Angelegenheiten ohne externe Einmischung zu regeln. Diese Haltung spiegelt sich in der Unterstützung für strenge Einwanderungskontrollen, das Recht auf Selbstverteidigung und eine allgemeine Präferenz für bilaterale gegenüber multilateralen Abkommen wider.

Eine Herausforderung für den Konservatismus in der modernen Welt ist die Notwendigkeit, auf globale Herausforderungen wie den Klimawandel, internationale Migration und transnationale Terrorismus zu reagieren. Diese Phänomene erfordern oft kooperative und multilaterale Ansätze, die im Widerspruch zur konservativen Präferenz für nationale Unabhängigkeit stehen können.

Konservative Politiken werden oft kritisiert, weil sie zu Isolationismus und exzessivem Nationalismus neigen könnten, was internationale Beziehungen belasten und die globale Stabilität untergraben könnte. Kritiker argumentieren, dass in einer zunehmend vernetzten Welt eine zu starke Betonung der nationalen Souveränität zu Missverständnissen und Konflikten führen kann.

Der Konservatismus spielt eine bedeutende Rolle in den internationalen Beziehungen, da er die Bedeutung von Stabilität, traditionellen Werten und nationaler Souveränität betont. Während diese Ansätze in bestimmten Kontexten zur Sicherung der nationalen Interessen beitragen können, erfordern globale Herausforderungen oft flexible und adaptive Antworten, die über traditionelle konservative Ansätze hinausgehen. Zukünftige Strategien sollten darauf abzielen, die Stärken des Konservatismus zu nutzen, während sie gleichzeitig die Notwendigkeit für internationale Kooperation und Dialog anerkennen.

Aufstieg des Populismus und autoritärer Tendenzen

In den letzten Jahrzehnten haben populistische und autoritäre Bewegungen weltweit an Bedeutung gewonnen, ein Phänomen, das tiefgreifende Auswirkungen auf die internationale Politik hat. Diese Bewegungen zeichnen sich durch ihre Kritik an etablierten politischen Eliten und ihre oft einfache Darstellung komplexer sozialer, wirtschaftlicher und politischer Fragen aus. Der folgende Abschnitt untersucht die Ursachen dieses Trends, seine Hauptmerkmale und die daraus resultierenden Herausforderungen für die globale Ordnung.

Ein wesentlicher Faktor für den Aufstieg populistischer Bewegungen ist die zunehmende wirtschaftliche Unsicherheit, die viele Menschen erfahren. Die Globalisierung und technologische Veränderungen haben zu Jobverlusten und einer wachsenden Einkommensschere geführt. Populistische Führer nutzen diese Unzufriedenheit, indem sie einfache Lösungen und die Rückkehr zu einer vermeintlich besseren Vergangenheit versprechen.

Viele Gesellschaften erleben schnelle kulturelle und demografische Veränderungen, einschließlich erhöhter Migration und veränderter sozialer Normen. Diese Veränderungen verunsichern manche Bevölkerungsgruppen, was Populisten ausnutzen, um gegen "die Anderen" – oft Migranten oder religiöse Minderheiten – zu hetzen und sich als Verteidiger traditioneller Werte zu positionieren.

In vielen Ländern hat eine allmähliche Erosion demokratischer Institutionen und Prozesse stattgefunden. Korruption, Ineffizienz und ein Mangel an Transparenz haben das Vertrauen in die traditionelle Politik untergraben. Populistische und autoritäre Führer behaupten oft, sie könnten diese Probleme lösen, indem sie "stark" handeln, was tatsächlich oft eine Zentralisierung der Macht bedeutet.

Ein zentrales Merkmal populistischer Bewegungen ist ihre Anti-Establishment-Rhetorik. Populisten stellen sich als Außenseiter dar, die gegen die korrupten Eliten kämpfen, und sprechen direkt "das Volk" an. Diese Rhetorik ist oft mit einer Ablehnung von Experten und einer Missachtung von Fakten verbunden.

Populistische und autoritäre Leader betonen stark die nationale Souveränität und kritisieren internationale Institutionen und Abkommen, die sie als Einschränkung nationaler Autonomie sehen. Dies führt oft zu einem Rückzug aus multilateralen Verpflichtungen und einer Präferenz für bilaterale Beziehungen, die sie als vorteilhafter steuern können.

Moderne populistische und autoritäre Bewegungen nutzen geschickt soziale Medien, um ihre Botschaften zu verbreiten und direkte Verbindungen zu ihren Anhängern aufzubauen. Dies umgeht traditionelle Medien und ermöglicht eine selektive Präsentation von Informationen, die oft polarisierend und emotional aufgeladen ist.

Der Aufstieg des Populismus und Autoritarismus kann die internationale Kooperation erschweren, da populistische Regierungen oft unvorhersehbar agieren und sich gegen Kompromisse sträuben. Dies kann internationale Bemühungen in Bereichen wie Klimaschutz, Handel und Sicherheit unterminieren.

Populistische Politik fördert oft Isolationismus und einen aggressiven Nationalismus, der zu Konflikten und Spannungen auf internationaler Ebene führen kann. Der Rückzug aus internationalen Abkommen und Organisationen schwächt die globale Governance und fördert ein klima der Unsicherheit und des Misstrauens.

Langfristig könnte der globale Trend zu Populismus und Autoritarismus demokratische Normen und Werte erodieren, was zu einer zunehmend fragmentierten und konfliktreichen Weltordnung führt. Die Verteidigung der Demokratie und die Stärkung internationaler Normen sind daher entscheidend, um diesen Herausforderungen zu begegnen.

Der Aufstieg des Populismus und autoritärer Tendenzen stellt eine ernsthafte Herausforderung für die internationale Ordnung dar. Um diese zu bewältigen, ist eine koordinierte Antwort demokratischer Staaten notwendig, die sowohl auf die Stärkung internationaler Institutionen als auch auf die Förderung interner sozialer und wirtschaftlicher Reformen abzielt. Nur so können die Grundlagen für eine stabile, friedliche und integrative internationale Gemeinschaft erhalten und gestärkt werden.

Fragmentierung der internationalen Gemeinschaft

Die zunehmende Fragmentierung der internationalen Gemeinschaft stellt eine der bedeutendsten Herausforderungen für die globale Ordnung dar. Diese Tendenz wird durch eine Vielzahl von Faktoren angetrieben, darunter geopolitische Spannungen, wirtschaftliche Divergenzen, kulturelle und ideologische Unterschiede sowie die Auswirkungen von Populismus und Autoritarismus. Diese Fragmentierung beeinträchtigt die internationale Zusammenarbeit, was wiederum die Fähigkeit der Weltgemeinschaft mindert, auf globale Herausforderungen effektiv zu reagieren.

Eine der Hauptursachen für die Fragmentierung ist das Wiederaufleben von geopolitischen Rivalitäten, insbesondere zwischen Großmächten wie den USA, China und Russland. Diese Staaten verfolgen oft ihre nationalen Interessen auf Kosten internationaler Kooperation und tragen damit zur Bildung konkurrierender Machtblöcke bei.

Die wachsenden wirtschaftlichen Disparitäten zwischen und innerhalb von Ländern tragen ebenfalls zur Fragmentierung bei. Die Globalisierung hat zwar vielen Regionen wirtschaftliche Vorteile gebracht, aber auch zu erheblichen sozioökonomischen Ungleichheiten geführt. Diese Ungleichheiten können nationalistische und protektionistische Tendenzen fördern, die wiederum multilaterale Handelsbeziehungen und Kooperationen untergraben.

Kulturelle und ideologische Differenzen, verstärkt durch Migrationsströme und demografische Veränderungen, führen zu Spannungen innerhalb und zwischen Staaten. Diese Differenzen werden oft von populistischen Bewegungen ausgenutzt, die eine Rückkehr zu "traditionellen Werten" fordern und gegen die vermeintliche Homogenisierung der globalen Kultur ankämpfen.

Die rasante Entwicklung der Technologie und insbesondere der digitalen Kommunikation hat ebenfalls eine fragmentierende Wirkung.

Während Technologie die globale Vernetzung fördert, ermöglicht sie auch die Bildung von Informations-Echokammern und stärkt subnationale und transnationale Identitäten, die sich von traditionellen nationalstaatlichen Bindungen lösen.

Die Fragmentierung führt zu einer Erosion der Autorität und Effektivität multilateraler Institutionen wie den Vereinten Nationen, der Welthandelsorganisation und internationalen Klimaabkommen. Wenn Staaten sich zurückziehen oder diese Institutionen unterminieren, schwächt dies die globale Fähigkeit, koordinierte Antworten auf internationale Krisen und Herausforderungen zu formulieren.

Die zunehmende Fragmentierung kann auch zu einer Zunahme von Konflikten führen, sowohl zwischen als auch innerhalb von Staaten. Geopolitische Rivalitäten, wirtschaftlicher Nationalismus und kulturelle Konflikte können alle zu Spannungen führen, die ohne starke internationale Vermittlungsmechanismen schwer zu kontrollieren sind.

Schließlich beeinträchtigt die Fragmentierung die Fähigkeit der internationalen Gemeinschaft, auf globale Herausforderungen wie Klimawandel, Pandemien und transnationalen Terrorismus effektiv zu reagieren. Diese Probleme erfordern koordinierte globale Strategien, die durch Desintegration und Konkurrenzdenken unterminiert werden.

Um der Fragmentierung entgegenzuwirken, ist eine Stärkung der internationalen Governance erforderlich. Dies könnte durch Reformen der bestehenden Institutionen geschehen, um sie inklusiver und repräsentativer zu gestalten und ihre Fähigkeit zu verbessern, auf die Bedürfnisse aller Staaten einzugehen.

Die internationale Gemeinschaft sollte den Dialog und die multilaterale Kooperation fördern, um Vertrauen aufzubauen und gemeinsame Lösungen zu entwickeln. Dies beinhaltet die Unterstützung von diplomatischen Initiativen, die Zusammenarbeit in Wissenschaft und Forschung sowie kulturelle Austauschprogramme.

Bildungsinitiativen, die das Bewusstsein für die Vorteile internationaler Kooperation und die Kosten der Isolation erhöhen, sind entscheidend. Bildung kann auch dazu beitragen, Vorurteile abzubauen und das Verständnis für kulturelle Unterschiede zu fördern, was eine wichtige Grundlage für internationale Solidarität ist.

Die Fragmentierung der internationalen Gemeinschaft ist eine komplexe Herausforderung, die eine Vielzahl von Antworten erfordert. Durch die Stärkung internationaler Institutionen, die Förderung von Kooperation und Dialog sowie durch Bildung und öffentliche Aufklärungsarbeit kann die internationale Gemeinschaft hoffentlich eine stabilere, friedlichere und integrativere globale Ordnung schaffen.

Menschenrechte und demokratische Werte

Menschenrechte und demokratische Werte sind grundlegende Prinzipien, die als Eckpfeiler der modernen internationalen Ordnung gelten. Diese Werte beeinflussen nicht nur die Innenpolitik von Staaten, sondern auch ihre Außenpolitik und internationale Beziehungen. In einer Zeit, in der autoritäre Tendenzen und Populismus global zunehmen, stehen Menschenrechte und demokratische Prinzipien unter wachsendem Druck. Dieser Abschnitt untersucht die Bedeutung dieser Werte in den internationalen Beziehungen, die Herausforderungen, denen sie gegenüberstehen, und die Strategien zu ihrer Förderung und Verteidigung.

Menschenrechte, wie sie in der Allgemeinen Erklärung der Menschenrechte von 1948 festgelegt sind, beinhalten Rechte, die jeder Person zustehen, unabhängig von Nationalität, Wohnort, Geschlecht, nationaler oder ethnischer Herkunft, Religion, Sprache oder anderen

Status. Sie umfassen das Recht auf Leben, Freiheit, Meinungsfreiheit, Bildung und faire Rechtsprechung.

Demokratische Werte umfassen Prinzipien wie freie und faire Wahlen, die Rechtsstaatlichkeit, die Trennung der Gewalten, Pluralismus und die Achtung von Minderheitenrechten. Diese Werte gewährleisten, dass Regierungen rechenschaftspflichtig, transparent und responsiv gegenüber den Bedürfnissen ihrer Bürger sind.

In vielen Teilen der Welt erleben wir einen Trend hin zu autoritären Regierungsformen, die oft demokratische Institutionen schwächen und Menschenrechte missachten. Autoritäre Führer nutzen oft nationale Krisen oder externe Bedrohungen, um ihre Macht zu konsolidieren, indem sie Notstandsgesetze erlassen, die Medienfreiheit einschränken und die politische Opposition unterdrücken.

Selbst in traditionell demokratischen Ländern gibt es Anzeichen für eine Erosion demokratischer Normen. Dies äußert sich in politischer Polarisierung, dem Abbau von Vertrauen in öffentliche Institutionen und einem Rückgang der Bürgerbeteiligung. Diese Trends untergraben die Demokratie von innen und schwächen ihre Fähigkeit, als globales Modell zu dienen.

Konflikte, wirtschaftliche Instabilität und soziale Ungleichheiten führen oft zu schwerwiegenden Menschenrechtsverletzungen, einschließlich Völkermord, Folter, willkürlicher Inhaftierung und Diskriminierung. Solche Verletzungen sind nicht nur eine Tragödie für die betroffenen Individuen und Gemeinschaften, sondern destabilisieren ganze Regionen und schaffen internationale Sicherheitsherausforderungen.

Die Förderung von Menschenrechten und Demokratie erfordert eine verstärkte internationale Zusammenarbeit. Organisationen wie die Vereinten Nationen, die Europäische Union und der Internationale Strafgerichtshof spielen eine entscheidende Rolle bei der Überwachung und Durchsetzung von Menschenrechtsnormen und der Unterstützung demokratischer Institutionen.

Eine starke und aktive Zivilgesellschaft ist entscheidend für die Aufrechterhaltung von Menschenrechten und demokratischen Werten. NGOs, Medien, akademische Institutionen und individuelle Aktivisten können Druck auf Regierungen ausüben, Menschenrechte zu respektieren und demokratische Reformen durchzuführen.

Bildung spielt eine zentrale Rolle bei der Förderung von Menschenrechten und demokratischen Werten. Schulen und Universitäten sollten Programme anbieten, die das Bewusstsein für diese Themen schärfen und die Bedeutung von aktiver Bürgerschaft und politischer Beteiligung vermitteln.

Menschenrechte und demokratische Werte sind unverzichtbar für eine stabile und friedliche Weltordnung. Angesichts der aktuellen Herausforderungen ist es entscheidend, dass die internationale Gemeinschaft zusammenarbeitet, um diese Prinzipien zu stärken und zu verteidigen. Durch die Förderung von Bildung, die Unterstützung der Zivilgesellschaft und die Stärkung internationaler Institutionen können wir dazu beitragen, eine gerechtere und demokratischere globale Gemeinschaft aufzubauen.

Die zukünftige Entwicklung der internationalen Beziehungen wird stark von der Art und Weise abhängen, wie die Weltgemeinschaft auf den Aufstieg des Faschismus, Neofaschismus und extremen Konservatismus reagiert. Durch die Stärkung demokratischer Institutionen, die Förderung von Bildung und die Aufrechterhaltung eines offenen internationalen Dialogs können diese Herausforderungen effektiv angegangen werden. Die internationale Gemeinschaft muss wachsam bleiben und proaktiv handeln, um die Grundlagen einer friedlichen und gerechten globalen Ordnung zu sichern.

Weitere Bücher vom Autor

Im Online-Shop, direkt beim Verlag ------->

oder

www.thalia.de	www.amazon.de
www.lovelybooks.de	www.lehmanns.de
www.buecher.de	www.bookshop.de
www.seidel-millinger.de	www.eurobuch.at

Ralf Schönert
Kreuzwege der Macht

Der politische Katholizismus in der modernen Welt

Einband: Kartoniert / Broschiert, Paperback
Sprache: Deutsch
ISBN-13: 9783759778338
Umfang: 392 Seiten